天下一统为一家
——鄂尔泰的西南治理

张姗 著

中国社会科学出版社

图书在版编目(CIP)数据

天下一统为一家:鄂尔泰的西南治理/张姗著. —北京:中国社会科学出版社,2020.4
ISBN 978-7-5203-6231-3

Ⅰ.①天… Ⅱ.①张… Ⅲ.①民族事务—行政管理—研究—西南地区—清代 Ⅳ.①D691.72

中国版本图书馆 CIP 数据核字(2020)第 054583 号

出 版 人	赵剑英
责任编辑	张 湉
责任校对	姜志菊
责任印制	李寡寡

出　　版	中国社会科学出版社
社　　址	北京鼓楼西大街甲 158 号
邮　　编	100720
网　　址	http://www.csspw.cn
发 行 部	010-84083685
门 市 部	010-84029450
经　　销	新华书店及其他书店
印　　刷	北京明恒达印务有限公司
装　　订	廊坊市广阳区广增装订厂
版　　次	2020 年 4 月第 1 版
印　　次	2020 年 4 月第 1 次印刷
开　　本	710×1000　1/16
印　　张	15
插　　页	2
字　　数	203 千字
定　　价	78.00 元

凡购买中国社会科学出版社图书,如有质量问题请与本社营销中心联系调换
电话:010-84083683
版权所有　侵权必究

序　一

　　土司制度是元明清中央王朝在中国西南等少数民族地区分封各民族首领世袭官职，统治当地人民的一种制度。《明史·土司传》记载："迨有明踵元故事，大为恢拓，分别司郡州县，额以赋役，听我驱调，而法始备矣。然其道在于羁縻。彼大姓相擅，世积威约，而必假我爵禄，宠之名号，乃易为统摄，故奔走惟命。"[①] 土司制度的特点是在原土著首领统治区域设立土司，不改变当地原有的经济制度、政治制度，土著首领接受中央任命的官职，世袭统治原来的地方。改土归流就是废除土司的统治，变土司制为流官制。

　　明清时期的"西南"主要是指武陵山以西以南地区，《明史》为湖广、四川、云南、贵州、广西土司立传，说明土司制度是特指在这些地区实施的统治制度。《明史·土司传》开篇述论说："西南诸蛮，有虞氏之苗，商之鬼方，西汉之夜郎、靡莫、邛、莋、僰、爨之属皆是也。自巴、夔以东及湖、湘、岭峤，盘踞数千里，种类殊别。历代以来，自相君长。"[②] 民国人撰《清史稿》时的"西南"同指武陵山区及以西以南地区。《清史稿·土司传》开篇述论说：

[①] （清）张廷玉等撰：《明史》卷310 列传189《土司》，中华书局1974年点校本，第7981页。

[②] 同上。

"西南诸省,水复山重……曰苗、曰蛮,史册屡纪,顾略有区别。无君长不相统属之谓苗,各长其部割据一方之谓据蛮。若粤之僮、之黎,黔、楚之瑶、四川之倮㑩、之生番,云南之野人,皆苗之类。"①因此,历史文献中记述的西南是广义的大西南概念。本书主要是以广西、云南、贵州的改土归流及苗疆的开辟为研究对象,探讨鄂尔泰西南治理中的民族观念及对策,研究的区域是狭义的西南地区。

改土归流是我国政治制度发展史上的一项重大改革,它加强了明清中央政府对西南少数民族的统治,改变了当地落后闭塞和割据纷争的状态,促进了各民族之间经济文化交流,有利于统一的多民族国家的巩固和发展。实行"改土归流"之后,统一多民族国家的中央集权得到了巩固,西南少数民族的经济社会和文化得到了发展,中华民族共同体意识得到进一步加强。鄂尔泰西南改土归流是清史、南方民族史研究的热点问题,学术界多有涉及,并不乏真知灼见,张姗博士的研究较为细致地、完整地梳理了鄂尔泰西南治理时期的相关奏折、史料,详细回溯了鄂尔泰西南治理的历史背景,从民族观、民族地区治策的角度,对改土归流、开辟苗疆以及治理"汉奸"进行了再认识,有颇多新意,主要表现在以下几个方面:

首先,关于雍正帝民族思想的研究具有新意。清朝统治者以少数民族的身份入主中原,但认为自己是秉承了中国道统,实现了国家政治上的高度统一,康熙帝曾说"自古得天下之正,莫如我朝",②认为努尔哈赤、皇太极两位先祖并没有夺取明朝江山的想法,只是由于李自成农民起义军推翻了明朝,满洲人才出兵打败农民起义军,是合法地继承了明朝对中国统治的"道统"。雍正帝则认为"中国之一统始于秦,塞外之一统始于元,而极盛于我朝,自古中外

---

① (清)赵尔巽等撰:《清史稿》卷512列传299《土司一》,中华书局1977年点校本,第14203页。
② 《清圣祖实录》卷275,康熙五十六年十一月辛未条,中华书局1985年影印本,第6册,第695页。

一家，幅员极广，未有如我朝者也。"① 他还说："本朝之为满洲，犹中国之有籍贯"，"我朝肇基东海之滨，统一诸国，君临天下，所承之统，尧舜以来中外一家之统也。所用之人、大小文武，中外一家之人也。所行之政，礼乐征伐，中外一家之政也。内而直隶各省臣民，外而蒙古极边诸部落，自我朝入主中土……俱归版图，是中国之疆土。开拓广远，乃中国臣民之大幸，何得尚有华夷中外之分论哉。"② 大一统国家内各民族都是一家人，没有内外、华夷之别。张姗博士详细解读了雍正皇帝"天下一统、华夷一家"思想的来龙去脉，认为"雍正皇帝摒弃华夷之辨，合中外为一家的民族观念较前朝相比，是具有进步性与包容性的"，"雍正帝的民族思想与鄂尔泰对西南民族的治理，存在互相影响的关系"。正如其研究中指出的：雍正帝"华夷一家"思想的前提是"天下一统"，即各族均要认同清朝廷所代表的国家，回溯中国历史，国家政治上的一体的确是各民族成为一家人的基础。

其次，对鄂尔泰西南改土归流的研究具有新意。鄂尔泰西南改土归流是本书研究的主题之一，作者详细梳理分析了鄂尔泰西南改土归流的史料，认为鄂尔泰的西南改土归流是对雍正帝所提倡的"天下一统，华夷一家"民族观的实践。在"大一统"观念指导下，通过改土归流及开辟苗疆等措施，将西南边疆纳入清廷的直接统治范围，是实现"华夷一家"的基本前提。本书认为，雍正帝和鄂尔泰对于西南地区反叛朝廷的"苗夷"使用歧视贬损的词句，其对西南边疆民族的认识依然有其历史局限性。

再次，对鄂尔泰治理"汉奸"的研究具有新意。本书探讨了鄂尔泰治理西南民族中所涉及的"汉奸"人群，其中关于进行人口贩

---

① 《清世宗实录》卷83，雍正七年七月丙午条，中华书局1985年影印本，第8册，第99页。
② 《清世宗实录》卷86，雍正七年九月癸未条，中华书局1985年影印本，第8册，第147—149页。

卖的"川贩"与"汉奸"的关系，作者根据鄂尔泰奏折中记载，提出"川贩"是"汉奸"中较为特殊的一类，否定了此前研究中"川贩"与"汉奸"具有本质区别的观点。由于"汉奸"问题不仅威胁到清政府在西南地区的统治深入，也暴露了西南地区特别是贵州地区吏治的松弛，因此鄂尔泰对"汉奸"问题极为重视。关于鄂尔泰对"汉奸"的整治，为了禁止贵州苗疆地区"汉奸"的进入，鄂尔泰采取了"苗汉分离"的政策，作者认为此举不仅没有消灭"汉奸"，而且影响了民族之间的交流交往交融，是矫枉过正的做法。

张姗博士《天下一统为一家——鄂尔泰的西南治理》一书通过大量丰富的史料研究，把鄂尔泰的民族观念与民族地区治理对策放在雍正帝民族思想及清前期西南历史变化的大背景下分析考量，宏观与微观结合，深入细致地阐述了鄂尔泰在西南治理的各项措施，是近年西南土司制度研究中不可多得的佳作，对深化西南边疆民族史的研究具有重要的价值。拜读此书，收获颇丰。特书此弁言。

苍　铭
2019 年 2 月 22 日于德国哥廷根

序　二

　　清代雍正时期担任云贵总督，并在稳定西南地区统治的过程中发挥重要作用的鄂尔泰，是该时期西南地方史、西南民族史研究中不可忽视的人物之一。关于他在西南地区的治理措施，尤其是他在民族地区大力推行的"改土归流"，前人研究中已有许多讨论。然而，虽然鄂尔泰的大部分措施都是针对西南民族，但前人对于鄂尔泰民族观念的分析并不够充分，而这种民族观念是如何影响并体现在其所实行的措施中，目前也尚缺乏系统的研究。张姗博士《天下一统为一家——鄂尔泰的西南治理》一书恰是尝试解决这一问题的研究之作，其通过对大量鄂尔泰奏折等一手史料的详细解读与周密分析，进而提炼出鄂尔泰的民族观念、治理对策以及两者之间的相互关系。

　　史料是史学研究的基础。查阅雍正时期的奏折并不困难，比如著名的《朱批谕旨》，名古屋大学东洋史学研究室的奏折研读课程利用的便是《朱批谕旨》，张姗博士最初查阅的也是这个版本的奏折。但是后来在写作过程中，其发现中国第一历史档案馆《雍正朝汉文朱批奏折汇编》收录的奏折版本更佳，于是不惜从头再来。不似按照人名编排的《朱批谕旨》，《雍正朝汉文朱批奏折汇编》采用编年体，从35000余件奏折中挑选出鄂尔泰一人的奏折，需颇费一番周折。张姗博士不仅完成了这项烦琐的任务，而且将《雍正朝汉文朱批奏折汇编》收录的鄂尔泰奏折按照时间与名称做成了索引表格，为后来者的研究提供了极大便利。

　　本书的研究内容分为两个部分，第一章与第二章为背景研究，第三章、第四章、第五章为主题研究。背景研究从雍正帝的民族观、雍正帝与鄂尔泰的君臣关系入手，研究角度独特新颖，其中第一章在概述清代之前历朝对西南地区的治理、雍正时期西南民族概况的基础上，重点探讨了《大义觉迷录》中所体现出的雍正帝的民族观，第二章从雍正帝的人才观、鄂尔泰的自身素养、西南地区的战略位置等三个方面论述鄂尔泰被派往到西南的必然性。主题研究主要包括鄂尔泰对西南民族首领土司、西南民族民众、"汉奸"三个群体的治理，较前人研究成果，本书均提出新的研究发现。比如，本书认为无论对于西南民族首领土司，还是对于普通民众，鄂尔泰始终没有放弃"剿抚并用"，只是根据具体情况"剿""抚"侧重点有所不同。又如以往研究多把贵州"生苗"作为与朝廷对立的一个整体，本书关注到苗人内部也有矛盾和恩怨仇杀，其内部矛盾为鄂尔泰实行"以苗击苗""以苗制苗"提供了机会。再如，本书关注到西南地区"汉奸"这一特殊群体，根据奏折中的具体记载纠正了以往研究中的某些误解，并阐明鄂尔泰企图通过"苗汉分离"政策解决"汉奸"问题但收效甚微。这些都是难得的独到之见。

　　由于史料有限且往往较为分散，研究帝王以外的具体历史人物的民族观念与民族政策较为不易，虽然本书做出了出色的尝试，但是也仍有继续拓展的空间，比如本书的研究史料主要限于鄂尔泰的奏折，同时期的雍正帝宠臣李卫也曾负责过西南地区的治理，如果能将两人进行一些对比研究，或许可以进一步显示鄂尔泰民族观念与对策的特性。另外，结合本书的研究主题，无论是奏折还是实录，现存的文献史料应存在编者的取舍选择和粉饰问题，本书在利用这些资料时如能给予更充分的考虑，所得结论或许能更加接近历史本来的面目。当然，瑕不掩瑜，整体而言，本书思路清晰，资料翔实，论证严谨，文笔流畅，富有创见，是一部高质量的学术专著。

张姗博士经过中国中央民族大学、中国留学基金委员会、日本名古屋大学三方的层层选拔，获得中国留学基金委员会提供的全额奖学金来到日本留学，十分不易。留学期间她学习努力刻苦，不仅在规定的时间内完成了博士毕业论文，而且大学专业是历史学、第一外语是英语的她还成功考取了"日本语能力测试"一级证书。作为张姗博士的导师，我的邮箱里至今保存着她第一次与我联系时的电子邮件，邮件时间是2008年12月8日。当时中国留学基金委员会"国家建设高水平大学公派研究生项目"开展的时间还不长，名古屋大学东洋史学研究室以及我本人还没有太多接收这个项目留学生的经验，转眼已经过去了十余年，其后凡有中国学生想通过这个项目来东洋史学研究室留学时，张姗博士总是热情地为其介绍经验。

20世纪90年代，在京都大学读书的我获得日本政府留学奖学金前往中国云南大学历史系留学，也因此成为第一位获得中国民族史专业博士学位的日本留学生。在云南大学博士毕业后，我回到日本开始在高校任教，其后有很长一段时间里我鲜有机会再接触到中国民族史专业的学者与学生，那时名古屋大学东洋史学研究室的留学生也较少，张姗博士是我辅导的第一位留学生，她的到来对我本人研究的"国际化"起到了很大的帮助。最近几年，报考名古屋大学东洋史学专业的中国留学生越来越多，其中不乏和她一样从事中国西南民族史研究的学生，入学之后我都会向他们介绍张姗博士就读时的学习表现，希望他们以她为榜样。很高兴得知她的博士论文在多次修改之后将要出书，也很荣幸能为其作序，希望张姗博士在以后的学术研究中能取得更进一步的发展，也希望她能为中日两国的友好文化交流做出自己的贡献。

林谦一郎
2019 年 2 月 20 日于日本名古屋大学东洋史学研究室

前　言

鄂尔泰，清代雍正帝的心腹大臣，治理西南近六年，从政历经康、雍、乾三朝，留存奏折数百篇，成为雍正时期历史研究，特别是政治史和西南民族史研究中不可忽视的人物之一。国内外历史学界均从不同角度对其进行了相关研究，其中，以"改土归流"方面的研究开展最早，成果最为丰富。近年来，从"开辟苗疆"角度对鄂尔泰的研究开始逐渐增多，同时，有关鄂尔泰兴修水利、发展经济、提倡文教、打击人口贩卖等多方面的研究成果也不断问世。鄂尔泰的治理对象以西南民族①为主，但在上述众多研究中，就笔者目

---

① 现代研究中普遍使用的"民族""少数民族"的概念，在雍正时期尚未出现、成形。对于"民族"一词的解读与定义，民族学、人类学等学科均进行了长期的研究。根据相关考证，"民族"一词最早见于《南齐书》，但对"民族"对应的西文 nation、volk 及其含义的理解，主要来自日本翻译的西学著作，具体相关研究状况可参考郝时远《中文"民族"一词源流考辨》（《民族研究》2004 年第 6 期）。根据《汉语大词典》的解释，"少数民族"的含义为："多民族国家中人口居于少数的民族。在我国，少数民族有汉族以外的蒙古、回、藏、维吾尔、苗、彝、壮、布依、朝鲜、满、俄罗斯等五十多个。"（《汉语大词典》，上海辞书出版社 2007 年版）。相关研究显示："少数民族"一词在 1924 年的《中国国民党第一次代表大会宣言》里就已经出现。中国共产党是在 1926 年针对西北的回族、蒙古族时开始提出并使用"少数民族"一词，此后逐渐扩大其所指的具体民族范围。1949 年中华人民共和国成立以后，"少数民族"一词开始普遍用于文件法规及社会生活中。（金炳镐：《我国"少数民族"一词的出现及使用情况探讨》，《黑龙江民族丛刊》1987 年第 4 期）为使行文表达更加方便简洁，本书根据语境，需要统称雍正时期西南地区的"夷""苗""猓"等众多族群时使用了"民族"或者"少数民族"的称呼，特此说明。

前所见，尚未发现有从民族观念角度对其进行研究的成果。至于鄂尔泰的民族对策，除针对其治理西南中个别事件的研究外，也尚未有整体研究。因此，笔者试图以鄂尔泰的西南治理为基础，通过鄂尔泰奏折等文献史料，探究其民族观念及对策。

绪论部分主要介绍了鄂尔泰研究现状及相关文献使用情况。成果综述方面，首先按照内容侧重的不同，将鄂尔泰研究进行了分类总结说明，在此基础上，指出目前研究中存在的问题：如偏重"改土归流"与"开辟苗疆"；不够注重深度挖掘，内容多有重复之作；过多强调人物评价等，并对这些问题发表了个人的看法。有关鄂尔泰的研究资料，本书着重介绍了目前关于雍正朝奏折的收录情况，并使《朱批谕旨》《宫中档雍正朝奏折》《雍正朝汉文朱批奏折汇编》三者的联系与区别得以明确：《朱批谕旨》问世最早，收录奏折只是雍正朝全部奏折中的十分之二三，内容在原折基础上有所删减修改。《宫中档雍正朝奏折》由台北"故宫"博物院对馆藏的雍正时期的奏折原件影印而成。《雍正朝汉文朱批奏折汇编》为中国第一历史档案馆将其所馆藏的雍正朝汉文奏折与《宫中档雍正朝奏折》所收汉文奏折合编而成，成书最晚，收录奏折数量最多且包含未经修改的原折。

除了绪论与结语，本书的主体部分共分为五个章节，前两章为背景研究，后三章为主题研究。具体而言，背景研究内容主要包括：雍正时期西南民族概况及雍正帝的民族观，鄂尔泰被雍正帝重用治理西南之缘由探究；主题研究内容主要包括：鄂尔泰对土司的治理、对民众的治理以及对"汉奸"的治理三个部分。

清代之前历朝对西南地区的长期治理，形成了清代雍正时期西南治理的基础。广泛分布在西南地区的各民族，是鄂尔泰西南治理的最主要对象。第一章将从清代之前历朝对西南地区的治理、雍正时期西南民族概况，以及雍正帝的民族观三个方面，展开鄂尔泰西南治理的背景研究。《大义觉迷录》的颁行与传世，使之成为不少学者分析研究清代民族思想特别是雍正时期民族思想的依据。纵观这些研究成果特别是中国学者的研究，以肯定雍正帝为主，特别是对其在《大义觉迷录》中所宣扬的"天下一统、华夷一家"的民族思想大加褒扬。本书在肯定雍正帝民族思想具有进步性的同时，也指出其具有一定的前提性与局限性，甚至在《大义觉迷录》中有自相矛盾之处。雍正帝的民族思想与鄂尔泰对西南民族的治理，存在互相影响的关系。

雍正帝与鄂尔泰之间的君臣关系对于鄂尔泰的西南治理影响颇深，但以往少有学者从这一角度进行分析研究。第二章从雍正帝的人才观、鄂尔泰的自身素质、西南地区的战略位置三个方面分析了鄂尔泰被雍正帝重用治理西南的缘由。以"用人"为先的雍正帝崇实行、恶虚名，为政期间通过各种途径广招人才、唯才是用，在"人才"有限的情况下，优先向川陕云贵等事务繁杂、军事意义重要的边疆地区派遣才员能吏。当时的西南地区，除为边境之地外，还是清廷与蒙藏势力对峙较量中的必争之地。满洲出身，科举入仕，为人处世内敛谨慎的鄂尔泰，在担任江苏布政使期间表现出了卓越的实政能力，从而成为雍正帝派往西南治理边疆的必然人选。

第三章主要研究鄂尔泰在土司治理中所体现的民族观念及对策。最初，鄂尔泰认识到一些土司的危害之后，企图通过保甲等管理制度，将其纳入清廷直接统治体系之中。保甲推行受挫后，鄂尔泰决心推行改土归流，但是根据不同地区的实际情况，改流并非针对所有土司。对于必须改流的土司，鄂尔泰视"计擒"与"令自投献"为上策，"兵剿"与"勒令投献"为下策。在剿抚并用、恩威并施的改流过程中，与以往研究所持的"先剿后抚""先抚后剿"或者"重剿""重抚"等分析不同，笔者认为鄂尔泰最初并未形成既定的剿抚方针，是剿是抚主要还是取决于当地土司对于改流的态度和反抗的激烈程度。对于通过招抚就可实现改流或者根本就无须改流的地区，鄂尔泰采取了"以汉化夷、以夷治夷"的民族对策；对于反复起事的地区，则采取了"先威后恩，以夷制夷"的民族对策。

第四章篇幅最长，因为此前的研究多将鄂尔泰治理西南民族民众与治理土司混为一谈，而已有的"开辟苗疆"研究，多以描述战事特别是孤立描述某场战事为主，对事件之间的相互联系以及鄂尔泰政策出台的前因后果缺乏整体性考量。本书在大量利用鄂尔泰奏折与雍正帝朱批的基础上，试图通过还原鄂尔泰治理苗疆的整个过程，梳理其治苗思想演变的原因、过程、结果以及影响。鄂尔泰的治苗分为黔中南与黔东南两个区域，前者包括长寨事件及其后的生苗招抚；后者分为八寨事件，丹江之战、清水江之招抚，进剿清水江，古州大局全定四个阶段。与治理土司一样，根据生苗对朝廷统治的反应，鄂尔泰对生苗的认识逐渐变化，"剿抚并行"对策的侧重点也随之不同。另外，根据鄂尔泰奏折记载，笔者对于此前研究中无人提及的其对滇南"凶猓"、广西"贼蛮"的治理，也进行了梳理与说明。最后，本书指出不少学者习惯把西南民族作为一个毫无内部矛盾的整体，其不仅有意、无意地忽略了鄂尔泰"以苗击苗""以苗制苗"的民族对策，而且对鄂尔泰治理西南民族的评价也相对有失客观与公允。

第五章的研究对象是鄂尔泰治理西南民族中所涉及的"汉奸"人群。首先，关于进行人口贩卖的"川贩"与"汉奸"的关系，根据鄂尔泰奏折中的记载，"川贩"是"汉奸"中较为特殊的一类，否定了此前研究中"川贩"与"汉奸"具有本质区别的观点。有关鄂尔泰对"汉奸"的整治，本书着重分析了以前学者未曾利用的奏折内容，明确了鄂尔泰在贵州特别是在没有设置营汛的地区曾试图通过"苗汉分离"政策来杜绝"汉奸"问题的产生。

本书在结语部分就鄂尔泰西南治理中的民族观念及对策，又补充说明了两点。首先，雍正帝的民族思想与鄂尔泰的西南治理互相影响，比起民族出身，两人在用人论人治人时都更看重政治取向。其次，鄂尔泰对土司、民众、"汉奸"的治理对策既有区别也有联系：三者的实力差别以及其对清廷在西南统治危害的不同，导致了鄂尔泰对其态度及应对上的差异。同时，大体代表着鄂尔泰"剿抚"侧重点转变的土司"米贴之变"与生苗"丹江之战"，在发生时间上的相近，说明了在治理土司与生苗时，每一方的进展都影响着鄂尔泰整个西南治理的对策。最后，笔者从文献资料的利用与论文观点的提炼整合两个方面说明了未解决的问题，以待今后更为深入的研究。

最后，本书附录包括《清史稿》鄂尔泰传、《清史列传》鄂尔泰传、鄂尔泰奏折影印件选录、《宫中档雍正朝奏折》所录鄂尔泰奏折索引、《雍正朝汉文朱批奏折汇编》所录鄂尔泰奏折索引五个部分。《清史稿》鄂尔泰传、《清史列传》鄂尔泰传有助于读者了解鄂尔泰的生平。鄂尔泰奏折，是本书研究资料的最主要来源，结合正文内容，笔者从鄂尔泰对土司、西南民族民众、"汉奸"的治理三方面入手，挑选了《雍正朝汉文朱批奏折汇编》中《雍正四年八月初六日管云贵总督事鄂尔泰奏陈宜重流官职守宜严土司考成以靖边地管见折》、《雍正九年九月初二日云南总督鄂尔泰奏报下江滚塘等寨剿抚已竣古州大局全定折》、《雍正五年正月二十五日云贵总督鄂尔泰奏覆候补通判管斾所陈严禁汉奸等五事折》三篇奏折的影印件，以期读者对鄂尔泰奏折与雍正帝朱批之间的互动往来有更加直观的感受。《宫中档雍正朝奏折》所录鄂尔泰奏折索引为杨启樵在《雍正帝及其密折制度研究》一书中所作，鉴于不少中国的台湾学者及日本学者仍惯用《宫中档雍正朝奏折》，本书将其附于书后以便其查询使用。在《宫中档雍正朝奏折》之后出版的《雍正朝汉文朱批奏折汇编》，综合收录了中国第一历史档案馆与台北"故宫"博物院馆藏的雍正朝汉文奏折，是目前所能查询到收录雍正时期奏折最为全面丰富的资料汇编，但由于其按编年体收录奏折，若从中专门查询一人奏折，多有不便，笔者以其为基础，在 35000 条奏折中逐一挑选整理出 463 条鄂尔泰奏折，按照奏折日期制作成索引表格，希望能为其他研究者继续开展鄂尔泰的相关研究提供便利。

目　　录

绪论 …………………………………………………………………（1）

第一章　雍正时期西南民族概况及雍正帝的民族观 …………（27）
第一节　清代之前历朝对西南地区的治理 ……………………（28）
第二节　雍正时期西南民族概况 ………………………………（33）
第三节　雍正帝的民族观 ………………………………………（35）
第四节　小结 ……………………………………………………（46）

第二章　鄂尔泰被雍正帝重用治理西南之缘由探究 …………（49）
第一节　雍正帝的人才观 ………………………………………（50）
第二节　鄂尔泰的自身素养 ……………………………………（61）
第三节　雍正时期西南地区的战略位置 ………………………（67）
第四节　小结 ……………………………………………………（69）

第三章　鄂尔泰对土司的治理 …………………………………（78）
第一节　鄂尔泰对土司问题的认识 ……………………………（78）
第二节　鄂尔泰对土司的治理 …………………………………（83）
第三节　小结 ……………………………………………………（94）

第四章　鄂尔泰对民众的治理 (96)
 第一节　长寨事件 (97)
 第二节　鄂尔泰对黔东南"生苗"的治理 (104)
 第三节　鄂尔泰对滇南"凶猓"、广西"贼蛮"的治理 (123)
 第四节　小结 (129)

第五章　鄂尔泰对"汉奸"的治理 (132)
 第一节　鄂尔泰对"汉奸"问题的认识 (134)
 第二节　鄂尔泰对"汉奸"的治理 (135)
 第三节　小结 (140)

结语 (141)

参考文献 (147)

附录一　《清史稿》鄂尔泰传 (154)

附录二　《清史列传》鄂尔泰传 (160)

附录三　鄂尔泰奏折影印件选录 (168)

附录四　《宫中档雍正朝奏折》所录鄂尔泰奏折索引 (179)

附录五　《雍正朝汉文朱批奏折汇编》所录鄂尔泰奏折索引 (180)

后记 (217)

绪　　论

一　选题缘由

2009年10月，作为一名国家公派留学生，笔者进入日本名古屋大学的东洋史学研究室开始博士后期课程的学习。在此之前，笔者大学本科与硕士就读于中央民族大学历史学专业，一直从事中国西南少数民族历史的学习与研究。注重原始档案史料文献的考证与利用，向来是日本史学研究者的研究传统与专长。在研究室导师林谦一郎先生有关中国西南文献释读的课堂上，笔者注意到了清代雍正时期的云贵广西总督鄂尔泰，并对这位满洲出身的雍正帝宠臣如何看待和治理西南民族产生了浓厚兴趣。尽管学界有关鄂尔泰的研究成果已有许多，但经过对这些成果的搜集整理，笔者发现关于其西南治理中的民族观念及民族对策，专门性研究还屈指可数，有所涉及的研究也仅是就其西南治理中的某个事件而言，并无整体性研究成果。随后，笔者在研究室井上进先生主持的"雍正朱批谕旨研究班"上接触到了雍正时期的朱批奏折，其中就包括数量可观的鄂尔泰奏折。朱批谕旨被宫崎市定先生称为"天下第一痛快之书"，内容丰富，是研究雍正帝及雍正时期历史的重要参考资料。在通读四百余篇鄂尔泰奏折之后，本书的研究内容最终确定——鄂尔泰西南治理中的民族观念及对策，通过利用鄂尔泰与雍正帝的奏折朱批资料及其他相关史料，结合鄂尔泰所处的政治环境与时代背景，从雍正帝的民族思想、两人的君臣关系切入主题，尝试还原鄂尔泰对西南民族土司首领、普通民众以及"汉奸"群体的治理始末，从中总结出其民族观念及对策。

二 研究综述

鄂尔泰（1680—1745）[①] 字毅庵，西林觉罗氏，满洲镶蓝旗人。曾祖图扪于清太宗天聪五年（1631）征明朝，在大凌河之役中，力战而亡，授骑都尉。祖图彦图袭世职，官至户部郎中。父鄂拜，官至国子监祭酒。鄂尔泰自幼兼习汉满文，康熙三十八年（1699），中顺天府乡试举人。四十二年（1703），袭佐领，授三等侍卫。五十五年（1716），迁内务府慎刑司员外郎。雍正元年（1723），充云南乡试考官，特擢江苏布政使。三年（1725），奉旨入京陛见，升为广西巡抚。同年，调云南巡抚，管云贵总督事务。四年（1726），实授云贵总督，加兵部尚书衔。六年（1728），改任云南、贵州、广西三省总督，次年得少保加衔。十年（1732），授保和殿大学士，兼任兵部尚书，办理军机事务。十一年（1733），充八旗通志总裁，兼署吏部。十二年（1734），署镶黄旗满洲都统。乾隆十年（1745）卒，谥文端。即鄂尔泰自十九岁中举人起，至六十五岁辞世，前后历官四十六年之久，迭经康、雍、乾三朝。鄂尔泰既是清初名臣之一，也是最受雍正帝宠爱的大臣之一。[②]

[①] 关于鄂尔泰的出生之年，还有 1677 年说，比如《中国大百科全书·中国历史》（中国大百科全书出版社 1992 年版）、《中国历史大辞典》（上海辞书出版社 2000 年版）、《辞海》（上海辞书出版社 1997 年第 16 版）等。《清史稿》（中华书局 1977 年点校本）卷 288 列传 75《鄂尔泰》、《清史列传》（中华书局 1987 年点校本）卷 14《鄂尔泰》中对此均无记载，本书采用鄂尔泰其子鄂容安所著《鄂尔泰年谱》（中华书局 1993 年点校本）中的 1680 年之说。

[②] 关于鄂尔泰生平的简介，本书参考《清史稿》（中华书局 1997 年点校本）、《清史列传》（中华书局 1987 年点校本）、《鄂尔泰年谱》（中华书局 1993 年点校本）的相关记载。

有关鄂尔泰，国内外历史学界均从不同角度对其进行了相关研究。特别是其在西南地区推行的"改土归流"，研究成果最为丰富。为了更全面地了解鄂尔泰研究的现状，并在此基础上展开新的研究，本书试图对其研究状况进行归纳和总结，并对相关研究史料做一梳理。

（一）关于"改土归流"

改土归流，无论是在中央王朝加强地方管理和边疆统治上，还是在中国西南地区少数民族发展历史上，抑或在中国统一多民族国家的形成巩固上，都具有极其重要的意义。改土归流即改土司制为流官制，土司为当地少数民族的首领，可世袭；流官由中央政府委派，有任期非世袭。因此改土归流的直接目的就是把少数民族地区由土司的间接统治转变为中央的直接统治。改土归流在明代就已经开始，但是在西南地区大规模地开展还是在清代雍正时期，其最具代表性的人物就是鄂尔泰。鄂尔泰既是雍正时期改土归流的提议者，也是其执行者，并且前后持续时间长达近六年。鄂尔泰在云南、贵州、四川、广西的改土归流中，"废除土司之多，新设流官之众，涉及地区和民族之广，都是以往任何时期无法相比的"①。因此，关于鄂尔泰的研究，改土归流是不可忽略与无法回避的内容。

首先，直接以鄂尔泰改土归流为论题的论文中，较早的有冯尔康《鄂尔泰与改土归流》（《文史知识》1983年第7期）。文章论述了鄂尔泰的性格与见识、土司制的弊病和改土归流建议的提出、改土归流实施的过程，肯定了改土归流的积极意义，认为鄂尔泰是一位有见识、有功业的政治家。此后，王缨《鄂尔泰与西南地区的改土归流》（《清史研究》1995年第2期）中更为详细地叙述了雍正时期改土归流的背景与必要性、鄂尔泰制定与实施改土归流政策的过程、鄂尔泰在西南的社会改革，对其进行了高度的评价，认为其不

---

① 李世愉：《清政府对云南的管理与控制》，《中国边疆史地研究》2000年第4期。

仅为康雍乾时代的国力鼎盛准备了条件，而且使得幅员辽阔的大西南进一步纳入了中华民族共同发展的历史轨迹。之后相关论文还有：刘本军《震动与回响——鄂尔泰在西南》（博士学位论文，云南大学，1999年）、《鄂尔泰改土归流的善后措施》（《云南社会科学》1999年第6期）、《论鄂尔泰改土归流的原则和策略——兼对"江外宜土不宜流，江内宜流不宜土"说质疑》（《思想战线》2001年第2期）、李若愚《从化外到化内——鄂尔泰在西南地区的改土归流》（《民族社会学研究通讯》2006年第40期）、刘兴《鄂尔泰在西南地区推行改土归流》（《西部时报》2010年3月16日）等。其中不可不提的是刘本军围绕鄂尔泰西南治理所做的一系列研究。其博士论文《震动与回响——鄂尔泰在西南》以鄂尔泰与改土归流、鄂尔泰与开辟苗疆、鄂尔泰与云南水利三个问题为研究内容，如作者在绪论中所说，此文可以称得上是对鄂尔泰进行系统分析和研究，填补空白之作。文章首先指出之前研究中将改土归流与开辟苗疆混为一谈的误区，认为从未进入中央政府统治范围之内的苗疆地区本无"土司"，因此不能称之为"改土归流"，应将两者加以区分，并分别进行研究和评价。其次，文章认为鄂尔泰是雍正年间西南改土归流的关键人物，作用甚至大过雍正帝，并对魏源《圣武记·雍正西南夷改流记》中鄂尔泰的"改土归流疏"进行了考证。同时，指出鄂尔泰在其改土归流中并未实践过此前研究者一致认为的"江外宜土不宜流，江内宜流不宜土"的说法。文章通过一系列详细具体的史实，试图对鄂尔泰的改土归流、开辟苗疆、对苗政策转变、兴修西南水利等方面进行客观、具体的描述与评价。除此之外，此文的宝贵之处，还在于其文后的"附录一"全面地收集了之前有关雍正朝改土归流、开辟苗疆、云南水利的论文与研究成果，并分门别类地进行了详细的论述。比如，仅雍正改土归流这个方面就从条件、原因、目的、方式、善后措施、作用六个角度，分别叙述了前人的研究观点，为后人了解研究动态，开展相关研究提供了便利。而刘本军其他两篇相关论文《鄂尔泰改土归流的善后措施》《论鄂尔泰改土归流的原则和策略——兼对"江外宜土不宜流，江内宜流不宜土"说质疑》都是在这篇博士论文基础上的延伸之作。在刘本军研究之后出现的李若愚《从化外到化内——鄂尔泰在西南地区的改土归流》从中华民族多元一体格局的角度分析了鄂尔泰的改土归流，刘兴《鄂尔泰在西南地区推行改土归流》除了叙述鄂尔泰改土归流的经过之外，也叙述了其生平事迹。

其次，鄂尔泰在改土归流期间，曾担任云南巡抚，云贵总督，云南、贵州、广西三省总督，故在云南停留时间较长。因此，学界也不乏有关鄂尔泰与云南的研究论文。神户辉夫《鄂尔泰与云南》[①]（《史学论丛》第21号，1990年），利用《宫中档雍正朝奏折》中鄂尔泰与雍正帝的奏折朱批，以两人关系为切入点，从鄂尔泰担任云南乡试副主考起，叙述了其被任命为云南巡抚、云南赴任的过程，介绍了其在云南的统治措施，特别是镇沅土府的改流，同时分析了刘洪度被杀事件，最后叙述了鄂尔泰的离滇。文章认为虽然鄂尔泰的改土归流，功绩卓著，得到了雍正帝的认可，但是由于某些不当的行为，为日后管理中诸多矛盾的产生埋下了隐患。森永恭代《清代雍正时期鄂尔泰的云南统治——改土归流与地域开发》[②]（《京都女子大学大学院文学研究科研究纪要》史学编第6号，2007年）以鄂尔泰在云南时发起的金沙江开凿工事为切入点，从土司制度及改土归流实行的角度，叙述了明清时代中央政府对云南统治的变迁。文章着重分析了雍正时期西南改土归流的时代背景以及鄂尔泰在云南的管理政策，认为伴随着改土归流进行的农地开垦、矿山开发、

---

① 为了便于其他研究者查询资料，本书中出现的日语论文的原出版信息都将在注释中标明。神户辉夫「鄂爾泰と雲南」（『史学論叢』第21号、1990年）。

② 森永恭代「清代雍正期における鄂爾泰の雲南経営－改土帰流と地域開発」（『京都女子大学大学院文学研究科研究紀要』史学編第6号、2007年）。

水利兴修、交通整顿等措施，巩固了清朝政府对云南的统治。张鑫昌、李兴福《鄂尔泰奏折与云南改土归流》（《档案学通讯》2008年第1期）、《鄂尔泰奏折与云南改土归流续》（《档案学通讯》2008年第2期），主要参阅《清代皇帝御批彝事珍档》，同时利用《四库全书·诏令类》及《朱批御旨》，从鄂尔泰奏折入手，研究其在云南的改土归流，并对其进行了评价。论文除了肯定其进步作用外，也指出了改土归流中对少数民族措施不当的缺点。虽然之前的研究也都有利用鄂尔泰奏折，但多以史料依据的形式出现，像此两篇论文直接以奏折为切入点，在中国大陆学界的鄂尔泰研究中还比较少见。提及鄂尔泰的奏折，因数量众多、内容详尽，可以说是研究鄂尔泰特别是其云南统治的第一手资料，同时也是研究雍正时期奏折制度的重要参考史料。比如庄吉发《从鄂尔泰已录奏折谈〈朱批谕旨〉的删改》［《清史论集》（12），台北文史哲出版社2003年版］就有专文研究。在后面关于研究史料的章节里，笔者还将做详细论述，在此就不多做赘言。

同时，除了对鄂尔泰改土归流的直接研究外，因其在西南改土归流中发挥的关键性作用，很多研究改土归流的论文中也不可避免地会涉及鄂尔泰。比较具有代表性的论文如：王锺翰《雍正西南改土归流始末》（《清史新考》，辽宁大学出版社1990年版）叙述了雍正年间改土归流的背景、政策、具体过程和得失，指出无论是鄂尔泰的改土归流还是其后的开设驿站、开浚河道、重视垦荒等措施，目的都是建立清朝政府在西南地区的政治、经济、文化上的直接统治。文章虽然历数了鄂尔泰在改土归流过程中对少数民族的残暴镇压与屠杀事实，但是总结性地指出：从长远历史效果看，从维护祖国统一和中华民族大家庭的角度来看，改土归流是具有进步意义的。而在此之前，江应樑《略论云南土司制度》［《学术研究（云南）》1963年第5期］则认为鄂尔泰改土归流的进步意义少，破坏了地方生产，造成了民族仇视的消极影响。张捷夫《关于雍正西南改土归流的几个问题》（《清史论丛》第 5 辑，中华书局 1984 年版）针对学术界对鄂尔泰改土归流评价不一的情况，主张应根据当时的具体情况与经过，在弄清楚前因后果的情况下再做评断。并以雍正改土归流中三次大规模的用兵事件做例子，认为不肯退出历史舞台的土司们的反抗既不能说是正义的，也不能混同于农民起义，而是改土归流中出现的新矛盾。鄂尔泰在此之后的善后措施，进一步巩固了改土归流的成果。李世愉《试论雍正朝改土归流的原因和目的》[《北京大学学报》（哲学社会科学版）1984 年第 3 期]在肯定鄂尔泰个人作用的同时，指出大规模的改土归流能够在雍正时期进行，有其一系列的客观因素。比如："西南地区与内地联系更加密切，土民与土司的矛盾日益激化，中央政权与土司的矛盾日趋尖锐，改土归流的呼声越来越高，清朝此时已基本实现全国统一、经济发展使得国库日渐充裕等。"方铁《清雍正朝改土归流的原因、策略与效用》（《河北学刊》2012 年第 3 期）利用档案资料，讨论了改土归流的原因、策略、效用，认为雍正时期改土归流主要是为了解决"一些土司或苗酋纵恣不法、危害社会，以及与朝廷争夺土地、矿藏等资源，阻挠驿路开通及外来移民进入等问题"，体现了清朝统治者关心边疆民生。策略上，鄂尔泰根据地区不同，讲究方式方法，虽有些局限性，但改流基本上获得预期效果，并促进了当地的社会稳定、经济发展、调整了民族关系。除此之外，涉及鄂尔泰改土归流过程以及对其评价的论文还有：陈权清《明清改土归流述略》（《湖南师范大学社会科学学报》1983 年第 3 期）、罗友林《评雍正时期的"改土归流"》[《贵州民族学院学报》（哲学社会科学版）1987 年第 3 期]、欧阳熙《略论雍正时期对西南地区的"改土归流"》（《广州师院学报》1989 年第 2 期）、关汉华《论明清两代的改土归流》[《华南师范大学学报》（社会科学版）1990 年第 3 期]、周宗瑾《鄂尔泰在滇政绩述评》(《云南文史丛刊》1991年第2期)、陈怡《评雍正时期西南地区"改土归流"的历史作用》(《黑龙江农垦师专学报》2001年第2期)、秦中应《建国以来关于"改土归流"问题研究综述》(《边疆经济与文化》2005年第6期)等。

最后,因为西南地区面积广大,在区域性改土归流的论文中,也有不少与鄂尔泰有关。比如:张永国《略论贵州"改土归流"的特点》(《贵州文史丛刊》1981年第3期)、覃树冠《清代广西的改土归流》(《广西师范大学学报》1985年第1期)、刘东海《雍正朝在鄂西的改土归流》[《鄂西大学学报》(社会科学版)1987年第4期]、曹相《清朝雍正年间滇西南地区的改土归流》[《云南师范大学学报》(哲学社会科学版)1997年第1期]、周朝云《"改土归流"在昭通》(《昭通师专学报》1998年第Z1期)等。同时,由于改土归流与土司制度紧密相连,因此不少有关土司制度的研究,也涉及了鄂尔泰。代表论著有吴永章《中国土司制度渊源与发展史》(四川民族出版社1988年版)、龚荫《中国土司制度》(云南民族出版社1992年版)、李世愉《清代土司制度论考》(中国社会科学出版社1998年版)等。代表论文数量繁多,具体可参考贾霄锋、王力《近百年来中国土司制度的史料整理及研究综述》(《青海民族研究》2003年第3期)、贾霄锋《二十多年来土司制度研究综述》(《中国边疆史地研究》2004年第4期)两篇综述性文章。

(二) 关于中央王朝对地方的管理

清朝统治者在平定三藩和噶尔丹叛乱、收复台湾后,基本上实现了全国的统一。此时,如何管理幅员辽阔的边疆地区成为一大问题。从改土归流入手有关鄂尔泰的研究已经总结如上,而研究清代西南管理中的论文中,也不乏涉及鄂尔泰之作。最具代表性的是李世愉《清政府对云南的管理与控制》(《中国边疆史地研究》2000年第4期)与林建曾《清朝前期完善贵州省建置、开辟"苗疆"及其影响》(《贵州民族研究》1992年第2期)两篇文章。李世愉《清政府对云南的管理与控制》认为清政府对边疆地区的管理和控制比历代都要严格，其中云贵问题是重点，而云南土司问题尤为突出。在鄂尔泰进行改土归流之后，清政府又通过控制边防要地、选择良吏、控制土人使其知"国法"等措施，巩固了在云南乃至西南地区的统治。林建曾《清朝前期完善贵州省建置、开辟"苗疆"及其影响》认为贵州各地行政建制的完善是在清朝前期。由于明代改土归流和清初的逐步整顿，鄂尔泰在西南地区大力推行改土归流政策时，贵州不仅四大土司，就连众多中小土司，多已经被改土归流。因此，鄂尔泰在贵州的活动主要表现在对"苗疆"的开辟上。鄂尔泰虽然起初提出"计擒为上，兵剿次之，令其自首为上，勒献次之"[①]，但是由于对"苗疆"少数民族的歧视观念再加之当地人民的反抗，鄂尔泰的政策就逐渐变为了血腥镇压的"进剿"。尽管如此，清初开辟"苗疆"也在客观上促进了贵州的政治经济文化发展以及各族人民的交往。除此之外，还有李成鼎《平定三藩后清朝对云南的治理》(《云南日报》2003年10月6日第4版)、赵葆惠《清代前期对贵州的治理与开发》(《韩山师范学院学报》2001年第3期)等相关文章。

(三) 关于对少数民族的统治

西南地区是少数民族聚集地区，无论是改土归流还是开辟"苗疆"，对象都是少数民族。因此，上文提及的研究也都或多或少地涉及了少数民族。但是，为了更加清楚地了解鄂尔泰的民族观及其民族政策，笔者将涉及少数民族相关内容的鄂尔泰研究单独整理并总结如下：

西南少数民族统治方面：上文提及的王锺翰《雍正西南改土归

---

① 《雍正四年九月十九日云南巡抚鄂尔泰奏报剪除彝官清查田地折》，《雍正朝汉文朱批奏折汇编》，江苏古籍出版社1989年影印本，第8册，第115页。

流始末》中的"西南三省少数民族之类别"章节是目前就鄂尔泰在西南统治时的民族情况较为全面且详细的考证与论述。论文依据范承勋等纂《云南通志》、金鉷等纂《广西通志》、鄂尔泰等纂《贵州通志》所载，分别叙述了三省的少数民族的名称、所属、所在地等情况。"西南三省少数民族，名称繁多，大别言之：云南曰彝、曰倮倮，贵州曰苗，广西曰壮、曰瑶。"① 李恩军《评清朝"改土归流"民族政策》（《满族研究》1990年第2期）认为鄂尔泰在西南少数民族地区的改土归流中，依据不同情况分别使用了三种方式，即"以纯粹的武力征伐与军事进攻；根据情况区别加以对待；以军事实力为后盾、剿抚并用，软硬兼施"。

开辟贵州"苗疆"方面：张岳奇《鄂尔泰对黔东南苗族用兵史实》（《贵州文史丛刊》1986年第1期）叙述了鄂尔泰开辟"苗疆"过程中的用兵经过。认为鄂尔泰出于好大喜功的目的，采取错误的武力镇压，给黔东南的苗族人民带来了深重的灾难，也遭到了苗族人民的强烈反抗。最终，鄂尔泰也因此削去了伯爵。此文中所说的"苗族"一词是否准确，笔者认为还有待商榷，因为当时作为少数民族统称的"苗"和现在的"苗族"还是存在差别的。杨胜勇《清朝经营贵州苗疆研究》（博士学位论文，中央民族大学，2003年）指出围绕开辟苗疆政策，提倡"剿抚并用，先行征服，再渐次设治"的张广泗、方显、鄂尔泰得到了雍正帝的支持，而在具体实行期间"经历了由以'抚'为主，到以'剿'为主的变化，而在'剿'或'抚'的同时，势力所到，则编户驻军设治"。对于"剿抚"问题，马国君《论雍正朝开辟黔东南苗疆政策的演变》（《清史研究》2007年第4期）则认为雍正时期开辟苗疆过程中，以方显和鄂尔泰、张广泗为代表的抚剿两派，在苗疆不同区域，抚、剿同时进行，并非是

---

① 王锺翰：《雍正西南改土归流始末》，载《清史新考》，辽宁大学出版社1990年版，第182页。

"抚—剿—抚"或者"先抚后剿"。主抚派几乎未受到重大阻力,进展顺利。主剿派无视当地文化习俗的特殊性,迷信武力,争邀军功,涂炭生灵,最后因苗民抵抗也不得不改变策略。笔者认为,两文结论看似冲突,实际是源于研究对象的不同,前者相对于石礼哈"完全主剿派"与祖秉贵"完全主抚派",把张广泗、方显、鄂尔泰三人归为剿抚并用的一派,而后者则把三人又分为主抚与主剿两派,因此结论不同也属正常。除此之外,关于清代的苗疆,马国君还有若干论文发表,比如马国君、聂太广《略论清朝经营黔东南苗疆政策的演变》(《曲靖师范学院学报》2010年第2期)把清朝对黔东南苗疆的经营分为绥抚期、开辟期、苗汉分治期、开放期四个时期,其中在开辟期一段着重叙述了鄂尔泰武力征服苗疆的过程及产生的影响,在承认其对清政府深入苗疆上所做的贡献之外,指出残酷用兵使得激化的民族矛盾成为之后苗疆反复起事的原因。马国君、李红香《略论王朝文献对少数民族历史的书写——以雍正朝开辟黔东南苗疆的战例为中心》(《曲靖师范学院学报》2011年第5期)以雍正朝鄂尔泰开辟黔东南苗疆过程中的战例为中心,通过对比冲突双方的军事建制、武器装备、作战谋略、伤亡人数以及战略目标差异来分析王朝文献对少数民族的书写。作者的结论是各方面均处于劣势的苗人在战斗之中的失败,是在开辟行动之初就已经注定的,因此清廷本无须大动干戈地武力开辟,应当像方显招抚苗疆那样循序渐进地开展。而对此没有信心与耐心的鄂尔泰实行屠戮政策,最终使得清廷与苗人两败俱伤。这样的研究角度较比起以往的苗疆研究,较为新颖独特,而经过文献数据分析所得出来的结论比起以往单纯从研究者个人感情出发认为鄂尔泰武力开辟苗疆是错误的说法更加具有说服力。作为开辟"苗疆"过程中的代表性事件——长寨事件,相关研究有罗康隆《试论长寨事件的性质》(《贵州文史丛刊》1993年第4期)。文章认为当时长寨地区无土司可改,经济文化日益发展、民族关系日趋融合，因此"长寨"事件与鄂尔泰在云南及黔东南地区的用兵性质截然不同。即位不久的雍正帝支持鄂尔泰攻打"长寨"并非出于保境安民之意，而是以此来树立自己的威望与巩固自己的统治。而鄂尔泰所率清兵烧村毁寨，杀人抢掠，无恶不作，给当地的苗族、布依族群众带来了一场巨大灾难。由于此文无引文注释作为依据，因此对于其推测与结论，还有待考证。关于长寨事件的奏折资料，哈恩忠《雍正初年镇压长寨苗民史料（上）》（《历史档案》2008年第3期）、《雍正初年镇压长寨苗民史料（下）》（《历史档案》2008年第4期）整理选编了中国第一历史档案馆所藏的宫中、军机处等全宗，鄂尔泰的相关奏折也包括其中。胡积德《清代盘江流域布依族地区改土归流与领主经济向地主经济的转化》（《贵州民族研究》1982年第3期）从经济形态的角度，研究贵州盘江流域的布依族改土归流。神户辉夫《清代雍正朝期的少数民族统治——以贵州省仲家苗为中心》[①]（《大分大学教育学部研究纪要》第17卷2号，1995年）叙述了鄂尔泰对贵州"仲家苗"的武力剿捕过程，并指出由此开始了对贵州、广西苗族的大规模改土归流。除此之外，关于鄂尔泰的开辟"苗疆"，《震动与回响——鄂尔泰在西南》一文中已有详细叙述，并对各家之说有所总结，其中所提及的论文，本书不再重复叙述。

"苗疆"之外的少数民族的相关研究如：李虎《清初壮族地区的改土归流及其影响》（《百色学院学报》2007年第3期）叙述了壮族地区的改土归流背景、过程、作用等，认为鄂尔泰时期基本上完成了壮族地区的改土归流，对壮族的政治、经济、文化发展都产生了深远影响。石邦彦《清朝湘西少数民族地区的改土归流》（《吉首大学学报》1987年第2期）从社会背景、实施过程、手段、意义四方

[①] 神戸輝夫「清代雍正朝期の少数民族統治について—貴州省仲家苗を中心に」（『大分大学教育学部研究紀要』第17巻2号、1995年）。

面叙述了湘西少数民族地区的改土归流。其中,土家族聚居区的改土归流始于雍正四年(1726)鄂尔泰的改土归流提议被批准,至雍正七年(1729)结束。苗族集居地区则始于康熙四十二年(1703),终于雍正八年(1730)。胡庆钧《清初以来彝族的土司制度与改土归流》(《明清彝族社会史论丛》,上海人民出版社1981年版)认为虽然鄂尔泰的血腥屠杀使得镇雄、乌蒙、东川等地迅速取得改土归流胜利,但是建昌、凉山、雷波等彝族地区的改土归流基本失败。关于镇雄、乌蒙、东川地区的改土归流,神户辉夫有一系列的研究论文。《清代雍正朝期的改土归流政策——乌蒙、镇雄两土府》[①](《大分大学教育学部研究纪要》第15卷2号,1993年)通过对《明清彝族社会史论丛》及《宫中档雍正朝奏折》的参考,概述了乌蒙、镇雄两地的改土归流。其中指出与雍正帝在内地一贯主张的"先恩后威"政策不同,在乌蒙地区,无论是雍正帝还是鄂尔泰都主张和实行"先威后恩"政策,从而可以体现出两人的少数民族政策。《清代雍正朝期的少数民族统治——以改土归流后的乌蒙府为中心》[②](《大分大学教育学部研究纪要》第16卷1号,1994年)通过乌蒙地区的彝族反抗的具体事例,来分析清代雍正时期对少数民族进行的统治。此外,这两篇文章中都涉及了鄂尔泰与岳钟琪的矛盾,以及在处理两人矛盾上雍正帝对鄂尔泰的支持。《清代云南省武定县彝族那氏土司的活动》[③](《大分大学教育福祉科学部研究纪要》第24卷2号,2002年)根据《清代武定彝族那氏土司档案史料校编》分析雍正年间以那德宏为代表的武定那氏土司的政治、经济活动,其

---

① 神戸輝夫「清代雍正朝期の改土帰流政策－烏蒙・鎮雄両土府の場合」(『大分大学教育学部研究紀要』第15卷2号、1993年)。

② 神戸輝夫「清代雍正朝期の少数民族統治について－改土帰流後の烏蒙府を中心に」(『大分大学教育学部研究紀要』第16卷1号、1994年)。

③ 神戸輝夫「清代雲南省武定県彝族那氏土司の活動について」(『大分大学教育福祉科学部研究紀要』第24卷2号、2002年)。

中着重讲述了那氏土司协助清朝政府在彝族地区特别是在乌蒙地区进行改土归流，体现了鄂尔泰提出的"以彝制彝"政策。那氏土司也因对改土归流的拥护与协助，在乌蒙之战后，受到了中央政府的奖励。

（四）水利、经济、整治人口贩卖及其他

鄂尔泰在西南统治中，为了配合改土归流和开辟"苗疆"的进展，还开展了很多其他的措施。

水利方面：樊西宁《鄂尔泰与云南水利》（《中国水利》1984年第3期）较早地关注了鄂尔泰的云南水利事业，初步研究了其水利思想及建设实践。刘本军《鄂尔泰与西南少数民族地区的水利建设》（《思想战线》1998年第10期）试图从鄂尔泰对西南水利的认识、措施、成果三方面入手，进行更为详细与深入的研究，并且此文作为一个章节被收入其博士论文《震动与回响——鄂尔泰在西南》中。此后，梁盼《鄂尔泰与云南治水》（《中国水利》2006年第14期）叙述了鄂尔泰在云南的农业治水、交通水运治水，认为这些措施有力地推动了云南及周边省份社会经济的发展。郭玉富《清雍正年间滇中及滇南地区的水利治理》［《云南民族大学学报》（哲学社会科学版）2009年第5期］按照县制区划，着重叙述了鄂尔泰在云南期间对滇中及滇南地区的水利建设。文章认为其水利事业既灌溉农田，促进了农业发展，同时开辟了水路交通，促进了云南与两广的商业往来。

经济方面：范同寿《鄂尔泰及其经济活动浅析》（《贵州社会科学》1984年第3期）描述了鄂尔泰在云南的兴修水利、奖励农耕、改善交通、整饬矿盐等经济活动，并从鄂尔泰的阶级属性角度对其进行了分析和评价。张明富《鄂尔泰与云贵边省经济开发》［《东北师大学报》（哲学社会科学版）1994年第5期］分析了鄂尔泰的边疆开发战略，从垦荒辟田、发展农业，开矿，开路浚河、发展交通三个方面叙述了其经济开发的具体措施，认为其在经济建设上的成就，与其政治上的功绩相比毫不逊色。

整治贩卖人口方面：哈恩忠在《略论雍正年间清政府对贵州贩卖人口的整饬——以鄂尔泰打击川贩为中心》（《贵州文史丛刊》2006年第2期）、《铁拳出击——200多年前鄂尔泰在贵州惩治人贩子》（《中国档案报》2004年10月8日第001版）两篇文章中分析了雍正时期在贵州从事贩卖人口并借机蛊惑"苗民"的"川贩"得以存在的原因与条件，鄂尔泰对其认识的变化，着重叙述了鄂尔泰在雍正四年（1726）和雍正七年（1729）对贵州"川贩"的集中打击。尽管取得了一定的成效，但是具有长期性、持续性、隐蔽性、形式多样性的贩卖人口现象并没有被彻底铲除。张中奎在《略论满清政府严禁西南人口贩卖政策之流变——以"改土归流"前后的贵州为例》（《贵州文史丛刊》2005年第3期）、《论清代前期贵州苗疆人口贩卖屡禁不止的原因》[《中南民族大学学报》（人文社会科学版）2009年第2期)]两文中对鄂尔泰在贵州打击"川贩"及清朝政府对严禁人口贩卖政策的"禁""纵"变化进行了分析，从外部环境、政策变化、贵州流官的腐败、"诸苗抢杀捆买"的风气四个方面总结了人口贩卖屡禁不止的原因。

除了上述三方面，还有从整体角度对鄂尔泰进行研究与评价的论文，如王缨《试述鄂尔泰对西南的社会改革》（《中国历史博物馆馆刊》1995年第2期）、赵秉忠《论枢臣鄂尔泰》（《辽宁师范大学学报》1997年第3期）、吴光范《清朝鄂尔泰治滇史评》（《云南日报》2001年12月26日）等。

（五）存在问题

纵观上述研究成果，目前有关鄂尔泰的研究成果已经不少，涉及改土归流、开辟苗疆、地方管理、对少数民族的统治、水利、经济、整顿人口贩卖、社会改革等多个方面。尽管如此，笔者认为目前的鄂尔泰研究还存在以下几个方面的问题，有待进一步探讨。

1. 偏重"改土归流""开辟苗疆"

改土归流，仍是目前鄂尔泰研究中最多的选题。研究内容涉及改土归流的背景、过程、目的、影响、评价等多个方面。除此之外，"开辟苗疆"的研究也逐渐增多，并且产生了这两者是否是同一回事的争论①，延续至今仍未达成共识。暂且不论"改土归流"与"开辟苗疆"的关系，笔者认为若是以此两项来总结概括鄂尔泰的西南治理，主观上就是强调了政治甚至是军事活动，因为无论是"改"还是"开辟"都带有一定的强制性，从而弱化了鄂尔泰在西南对待土司的非改流方式以及对于少数民族民众的非武装治理。同时，无论"改土归流"还是"开辟苗疆"的研究，大部分都是从中央征服及管理地方的角度入手，从而使得笼统的"地方"掩盖了西南地区当时具体的民族情况及民族关系，即便谈及民族也容易将西南民族中的土司阶层与普通民众混为一谈。至于鄂尔泰的民族观念及对策，除了个别战役的案例分析之外，目前也还没有系统全面的分析之作。阅读鄂尔泰奏折，其实不难发现他对于土司和普通民众的态度及对策是有所区别的。因此不同于学界普遍采取的"改土归流""开辟苗疆"两分法，笔者根据治理对象的不同将鄂尔泰的西南治理分为对土司的治理、对民众的治理、以及对"汉奸"的治理三部分，通过

---

① 对于"改土归流"与"开辟苗疆"的关系，有的学者认为在苗疆当时尚无土司，更谈何改流，因此两者自然属于两回事，应严格区分开来，比如张永国《略论贵州"改土归流"的特点》(《贵州文史丛刊》1981 年第 3 期)、刘本军《震动与回响》(博士学位论文，云南大学，1999 年)；也有学者认为"开辟苗疆"是清朝在西南地区推行"改土归流"政策中的一个重要环节，比如马国君、黄健琴《略论清代对贵州苗疆"生界"的经营及影响》[《三峡论坛》(三峡文学·理论版) 2011 年第 4 期]、张中奎《改土归流与苗疆再造》(中国社会科学出版社 2012 年版)。对此，首先笔者反对将"土"的含义无限扩大，甚至把"改土"等同于"地方管理"，进而将"开辟苗疆"纳入其中。从字面意思来看，"改土归流"就是针对"土司"的活动，对于没有土司的"苗疆"地区的治理不应该算在"改土归流"范围内。当然，笔者也不赞同将其完全独立分开，作为鄂尔泰治理西南中的两大重举，两者都是为了配合清王朝的统治深入边疆地方而为，在时间上具有同步性，在空间上也有临近交叉。因此，笔者认为若讨论两者关系，既应该将其视为两个事件不要混为一谈，同时也要注重两者的紧密联系。

分析鄂尔泰对于不同对象的不同认识与举措以及对其之间关系的调整，来探讨研究鄂尔泰的民族观念及对策。

2. 深度挖掘相对缺乏，内容存有重复之作

虽然有关鄂尔泰研究的论文数量不少，但是大多都是笼统概括的叙述之作，涉及细节的也多以几次大的用兵为主，比如多篇论文都是有关雍正五年（1727）的镇沅用兵，雍正六年（1728）的橄榄坝用兵，雍正八年（1730）乌蒙、东川、镇雄用兵的史实叙述。当然，作为改土归流中的重大事件，不可避免地会对其有所涉及。但除此之外，鄂尔泰在云南的六年内，还做了很多其他的事情，而相关研究就相对较少。在研究资料的选取使用上，过往的不少研究偏重利用第二手资料，对于奏折、实录等原始资料利用不足，从而使得研究流于表面，深度不够。需要指出的是，近年来这种"重政治，轻经济、文化及其他"的研究方向已经有所改变，从"改土归流"之外的角度来研究鄂尔泰的论文正在不断涌现，研究深度也开始逐渐增加。本书研究鄂尔泰，自然也不可能绕开上述事件，但除了一些此前研究中忽略的史实与细节外，本书将不再对用兵事件过程重复描述，而是以事件为背景，通过鄂尔泰与雍正帝的奏折朱批往来，重点分析两人特别是鄂尔泰在此过程中所体现出的民族观念及对策。

3. 过多强调人物评价

关于鄂尔泰的研究成果中，人物评论并不少见。即便只是针对其所进行的"改土归流"一项，就有"完全否定说"，"完全肯定说"，"保留性肯定说"三种评价，并且争论尚有延续之势。[①] 研究历史人物，当然可以而且也需要对其进行评论，但是在评价标准不一致的前提下进行争论，在笔者看来意义并不大。总结对鄂尔泰的评论，简而言之：从中央王朝一统天下的角度对于鄂尔泰的评价多

---

① 秦中应：《建国以来关于"改土归流"问题研究综述》，《边疆经济与文化》2005年第6期。

是褒扬，称其为今天中国多民族国家的形成做出了贡献；从地方少数民族的立场出发对鄂尔泰则是批评激烈，把其描绘成一个为了建功立业不惜屠杀少数民族群众的刽子手形象。这种反差并不为奇，因为评价的角度与立场不一样，得出来的结论自然也不一样。史学研究，仁者见仁，智者见智，本无可厚非，但是笔者认为：评价历史人物，应该以当时之事、当时之势论当时之人，最终目的仍然是还原历史真实，追究历史根源；而不应该是站在今人的角度，依照自己的主观思想甚至是个人感情，以事后诸葛的姿态对古人评头论足，至于各执一词的争论不休更是没有必要。对于历史资料的使用也是如此，笔者在研究过程中发现，不少利用鄂尔泰奏折的学者，为了说明鄂尔泰的"穷兵黩武"，便把其奏折中关于下令进剿的言语全部挑选出来以作证明。这样的研究看似有理有据，但实际上却是"断章取义"，忽略历史事件发展的前因后果、发展变化。因此，吸取以上经验教训，笔者在本书中没有太多针对鄂尔泰的评价之言，只是就事论事，并且试图理清事情发展中的来龙去脉。

纵观上述研究成果，可以看出关于改土归流，仍是鄂尔泰研究中较多的专题。研究内容多针对改土归流的背景、过程、目的、影响、评价等方面。其中，有些研究已经基本达成一致，比如关于背景与目的的研究。但是在影响和评价上，因为角度和标准的不同，还存在较大分歧。另外，在研究内容方面，存有不少重复之作；在文献史料的运用方面，不少研究采用的为二手资料，对于鄂尔泰奏折等一手资料的利用还不够充分。综上，鄂尔泰研究的深度与广度都有待进一步加强

三 研究史料

（一）有关鄂尔泰的主要文献资料

鄂尔泰作为清初名臣，与其有关的清代资料并不少。其中，关

于其生平经历，《清史稿》有《鄂尔泰》列传，《清史列传》中也有《鄂尔泰》专篇。对比两者记载内容，可以发现取舍详略内容上有所不同。而对其更为详细的记载史料，应属其子鄂容安所撰《襄勤伯鄂文端公年谱》。收录此年谱的中华书局点校本《鄂尔泰年谱》，还在附录部分收有11篇记载鄂尔泰的其他资料，其中包括上文提及的《清史稿》《清史列传》中的鄂尔泰章节。除此之外，在《清世宗实录》及众多地方志中，也有不少关于鄂尔泰的记录，而今人研究成果如《清代人物传稿》[①]中也有《鄂尔泰》专篇。但是，比这些更为直接了解鄂尔泰的史料还当属其亲笔所写的奏折。

奏折虽在康熙朝时就已经出现，但是被大量使用并且形成一套严密的制度却是在雍正时期。雍正帝试图通过奏折，直接控制地方管理，因此要求朝野大臣及地方官员定期上缴奏折，并逐一阅读批示。作为雍正帝的宠臣，鄂尔泰在任职期间，特别是在云南期间，针对西南的治理情况，写了不少奏折。关于鄂尔泰的奏折数量，庄吉发的研究显示：台北"故宫"博物院"宫中档"现藏雍正时期鄂尔泰奏折原件共计334件，《朱批谕旨》所选刻的奏折即"已录奏折"为289件[②]；杨启樵发现除《朱批谕旨》刊发的鄂尔泰奏折280余件外，台北"故宫"博物院还藏鄂尔泰未刊折40余件，《掌故丛编》、《史料旬刊》等还载有20余件[③]，合计350件左右；陈维新指出台北"故宫"博物院典藏鄂尔泰的奏折数量有500多件[④]。随着档案电子化工作的推进，中国第一历史档案馆与台北"故宫"博物

[①] 张捷夫：《鄂尔泰》，载《清代人物传稿》上编卷9，中华书局1995年版，第60—70页。
[②] 庄吉发：《从鄂尔泰已录奏折谈〈朱批谕旨〉的删改》，载《清史论集》（12），文史哲出版社2003年版，第96页。
[③] 杨启樵：《雍正帝及其密折制度研究》，上海古籍出版社2003年版，第195页。
[④] 陈维新：《鄂尔泰与雍正对云南改土归流的"君臣对话"——台北故宫博物院所藏朱批奏折选件》，《思想战线》2018年第4期。根据笔者的推测，此500余件奏折应既包括雍正时期的鄂尔泰奏折，又包括乾隆时期的鄂尔泰奏折。

院均推出了网上查档服务,虽然档案的全部内容尚未公开,但能够查询到目录一级。截至 2019 年 1 月 14 月,中国第一历史档案馆数字图书馆的检索显示,其馆藏鄂尔泰提交的档案数量为 454 件,具体包括：录副 72 件、朱批奏折 325 件[①]、户科题本 29 件、雨雪粮价单 1 件、赈灾档 21 件、刑科题本 6 件；同时台北"故宫"博物院"清代宫中档奏折及军机处折件"数据库的检索则显示,其馆藏鄂尔泰奏折 341 件。[②] 目前,雍正时期的鄂尔泰奏折主要被收录在《朱批谕旨》《宫中档雍正朝奏折》《雍正朝汉文朱批奏折汇编》,三者之中又以《雍正朝汉文朱批奏折汇编》收录最为全面,据笔者统计,其收录雍正时期的鄂尔泰奏折合计 463 件。

（二）《朱批谕旨》《宫中档雍正朝奏折》《雍正朝汉文朱批奏折汇编》的比较

论及雍正朝的奏折,《朱批谕旨》《宫中档雍正朝奏折》《雍正朝汉文朱批奏折汇编》不可不提。它们之间有什么样的区别,又有着怎样的联系呢？关于三者的专门比较,笔者还未在其他研究中看到,故特作整理如下。

《朱批谕旨》,全称为《世宗宪皇帝朱批谕旨》。雍正十年（1732）,世宗雍正帝特检历年的朱批奏折,命臣僚编纂梓行,以此来教育臣工,训导百姓。乾隆三年（1738）,刊印成书。全书共收录 223 人的 7000 余件汉文奏折及雍正帝的朱批。奏折按照人名编排,奏折多者一人分几册,奏折少者几人合为　册。《朱批谕旨》版本颇多,如殿版、清刻本、上海点石斋石印本等。无论何种版本,内容

[①] 中国第一历史档案馆馆藏鄂尔泰奏折件中包含雍正时期奏折 74 件,包含乾隆时期奏折 251 件。

[②] 台北"故宫"博物院"清代宫中档奏折及军机处折件"数据库中所藏 341 件鄂尔泰奏折中有 340 件为雍正时期奏折,另有 1 件奏折（文献编号 404004205）的具奏日期为嘉庆时期,内容为请安折。由于笔者未能前往台北"故宫"博物院查看原折,但是嘉庆时期鄂尔泰早已去世,因此此折具体情况尚存有疑点。

并无出入，只是版本不同，所分册数也不尽相同。其中，清光绪十三年（1887）上海点石斋石印本，全书 60 册，鄂尔泰奏折为第 25 册至第 28 册，共 4 册。《朱批谕旨》并非雍正朝奏折的全部，这些"已录奏折"只占其总数的十分之二三。另有"未录奏折"与"不录奏折"，比如北平故宫博物院于 1930 年出版了《雍正朱批谕旨不录奏折总目》。由于"纠正错误""整齐格式""润饰文字"以及"因忌讳而篡改"等原因①，《朱批谕旨》中的内容与奏折原件上的内容有所不同。

《宫中档雍正朝奏折》，由台北"故宫"博物院对馆藏的雍正时期的奏折原件影印而成。全书按照时间先后，采用编年体形式，收录了雍正朝约 1000 人的 22357 件奏折，分 32 册。其中，前 27 册为汉文奏折，最后 5 册为满文奏折。1977 年至 1980 年，此书由台北"故宫"博物院出版发行。鄂尔泰奏折分别收录于第 2、3、5、6、7、8、9、10、11、12、13、14、15、16、17、18、21、25、27 册中。

《雍正朝汉文朱批奏折汇编》，为中国第一历史档案馆将其所馆藏的雍正朝汉文奏折 1 万多件与《宫中档雍正朝奏折》所收汉文奏折合编而成。与《宫中档雍正朝奏折》相同，全书采用编年体形式，共收录 1200 余人的 35000 件奏折。其收录的奏折，大多数是皇帝批示过的，也有一小部分未经皇帝批示的"原折"。在皇帝批示过的奏折中，有一些是在编纂《朱批谕旨》过程中形成的"誊清修订折"，其中仍有原件的"修订折"，作为原件"附录"编入。此外，此书卷末还辑录了 5000 余件雍正朝朱笔引见单和履历单。该书由江苏古籍出版社于 1989 年至 1991 年印行，套色影印，精装 40 册。由于此书采用编年体形式，收录上奏人数与奏折数量众多，从中找寻鄂尔泰一人奏折并非易事。受到杨启樵所制"《宫中档雍正朝奏折》所

---

① 杨启樵：《雍正帝及其密折制度研究》，上海古籍出版社 2003 年版，第 201—213 页。

藏鄂尔泰奏折索引"的启发，笔者通过对40册《雍正朝汉文朱批奏折汇编》的阅读整理，制作出其所收录的463件鄂尔泰奏折的索引表，并将上奏时间、奏折名称、所在册数页码一一列出，附于书后，以便后来者查阅使用。

由此可知，三者之中，《雍正朝汉文朱批奏折汇编》收录奏折最全。但是由于《朱批谕旨》问世最早，因此其被研究和利用得最多。最具代表性的就是京都大学人文科学研究所安部健夫、宫崎市定发起的"雍正朱批谕旨研究班"。此研究班成立于1949年，结束于1971年，前后共计20余年。每周一次的研读会上，研究班成员通过集体阅读《朱批谕旨》，然后就史料中的问题，例如历史事件、人物、典章制度等进行自由讨论，其研究成果陆续刊发在《东洋史研究》上。1957年至1963年，《东洋史研究》先后出版过4期"雍正时代史研究"专刊。1986年，东洋史研究会又将上述4期合编为论文集《雍正时代的研究》，共收录论文24篇。同时，研究班还从书中摘出索引卡片12万余张，于1986年编成《雍正朱批谕旨索引稿》。而在研究班结束之后，《朱批谕旨》仍然作为东洋史学研究室大学院生的阅读材料，只是在台北"故宫"博物院出版《宫中档雍正朝奏折》之后，《朱批谕旨》被换成了《宫中档雍正朝奏折》。曾参加过"雍正朱批谕旨研究班"的杨启樵，亲自前往台北"故宫"博物院和北京的中国第一历史档案馆查阅原始资料，对雍正时期的奏折进行了十余年的研究，并用中文和日文分别发表了相关研究成果。如：《清世宗窜改朱批——雍正朱批谕旨原件研究之一》（《钱穆先生八十岁纪念论文集》，香港新亚研究所1974年版）、《北京与台北所藏〈朱批谕旨〉的异同》①（《东方学》1987年74卷）、《揭开雍正皇帝隐秘的面纱》（上海书店出版社2002年版）《雍正帝及其密

---

① 楊啓樵「北京と臺北に所藏されている『朱批諭旨』の異同」（『東方学』74卷、1987年）。

折制度研究》（上海古籍出版社2003年版）。同时，台湾学者庄吉发利用台北"故宫"博物院馆藏的第一手资料，也有一系列相关研究问世。如《清代奏折制度》（台北"故宫"博物院1979年版）、《故宫档案述要》（台北"故宫"博物院1983年版）、《雍正朱批谕旨》（《历史月刊》1988年第2期）、《猷迁·厚颜·煳涂·顽蠢：雍正朱批谕旨常用的词汇》（《故宫文物月刊》1983年第1卷第2期）、《从鄂尔泰已录奏折谈〈朱批谕旨〉的删改》（《清史论集》，台北文史哲出版社2003年版）等。除了这两位代表性学者外，关于雍正时期的奏折及奏折制度，日本和中国台湾地区还有许多成果面世。相比而言，中国大陆学界的相关研究无论在数量上还是质量上，都略显薄弱。

  名古屋大学东洋史学研究室的井上进先生毕业于京都大学东洋史学专业，他将京都大学研读朱批谕旨的课程带到了名古屋大学，而笔者也正是在这个课程中首次接触到了奏折。由于当时课程所用奏折依旧为《朱批谕旨》版本，因此研究进展之初，笔者所利用的鄂尔泰奏折为清光绪十三年（1887）上海点石斋石印本《朱批谕旨》版本。在资料查询过程中，笔者意外发现中华全国图书馆文献缩微复制中心于2005年出版了一套原抄本《朱批鄂太保奏折》，收集了起于雍正元年（1723）十一月二十六日止于雍正九年（1731）九月初二日的鄂尔泰的奏折，原书为清抄本，间有笔墨圈点，内有雍正帝大量的朱笔批谕。经过核对，此版奏折为《朱批谕旨》版本，但是因为是缩微复制放大版本，更便于阅读，因此《朱批鄂太保奏折》与上海点石斋石印本《朱批谕旨》一并成为笔者最初阅读鄂尔泰奏折的来源。其后，随着研究的深入，笔者知晓了《宫中档雍正朝奏折》与《雍正朝汉文朱批奏折汇编》的存在，并经过查询比对，清楚了三者的联系与区别，收录奏折数量最多且包含未经修改原折的《雍正朝汉文朱批奏折汇编》自然当属使用奏折的首选版本。因此，本书综合利用了《朱批谕旨》《朱批鄂太保奏折》《雍正朝汉文朱批奏折汇编》中的鄂尔泰奏折，同一日期名称的奏折内容有所出入时，以《雍正朝汉文朱批奏折汇编》中所载为准。同时，本书所涉及的其他官员与雍正帝的奏折朱批，均选用《雍正朝汉文朱批奏折汇编》版本。奏折之外，本书所利用的实录、正史、地方志等文献资料，都可见于后文，此处就不再赘言。

四 本书的研究内容及主要观点

个人的实践具有社会历史性，对历史人物的研究必须要结合其所处的历史环境。因此，本书的研究内容主要包括两大部分，第一部分是背景研究，既包括清代之前历朝对西南地区的治理、雍正时期西南地区少数民族的概况、雍正帝的民族观，也包括雍正帝与鄂尔泰的君臣关系；第二部分作为主题研究，按照治理对象的不同，将鄂尔泰的西南治理分为对土司的治理、对民众的治理，以及对"汉奸"的治理三个方面，从其治理措施中总结其民族认识及对策。

入主中原并统一全国的清政权为了缓和满汉矛盾，逐渐形成了"天下一统、华夷一家"的民族观念。雍正帝在《大义觉迷录》中对这一观念进行了详细的阐述，主张"摒弃华夷之辨，合中外为一家"，与前朝相比具有一定的进步性与包容性。同时，受限于雍正帝自身所处位置与当时政局形势，这种貌似极具"包容"的民族观念并非提倡各民族完全平等，具有一定的前提性与局限性。雍正帝的民族观念展现出"包容"与"局限"的双重性，其思想通过奏折朱批的往来，反映在鄂尔泰的西南治理之中，并对其产生了一定的影响。同时，鄂尔泰在对西南治理中上报的奏折也影响着雍正帝对于西南民族的认识与看法。除此之外，根据鄂尔泰主持编纂的《云南通志》《贵州通志》以及同时期金鉷主持编纂的《广西通志》，本书对于鄂尔泰治理西南时三省的少数民族种类做了统计。同时，追溯了历朝对于西南地区的治理对策以及明代西南地区土司概况，从而使得鄂尔泰前往西南赴任时面临的环境与形势,得以清晰明朗。

对于雍正帝与鄂尔泰的君臣关系,前文提及的鄂尔泰研究综述中,相关研究成果不多。雍正帝与鄂尔泰之间的君臣关系对于鄂尔泰的西南治理影响匪浅。由于西南地区重要的战略位置,加之三藩及台湾问题都已经得以解决的外部环境,主张"天下一统、华夷一家"的雍正帝势必想要对西南地区进行直接而深入的管理。即便如此,因未有符合自身"人才观"的得力人选,谨慎的雍正帝迟迟未批准地方官员进行"改土归流"的请求,直到鄂尔泰的出现。满洲出身的鄂尔泰因为出众的学识修养、内敛谨慎的为人处世方式、人皆可见的江苏治理政绩以及对雍正帝表现出的赤诚忠心,使之成为雍正帝治理西南边疆的中意人选。雍正帝的信任与支持,是鄂尔泰能够在西南地区持续六年进行治理的前提与保障。

鄂尔泰对土司的治理并非只有"改土归流"一种形式,只是因为改土归流的资料最多,所以被后人研究也最多,甚至成为鄂尔泰对土司治理的代名词。当时在西南还有很多未被改流的土司,甚至在某些地区,鄂尔泰还新设置了一些土司。鄂尔泰对土司的认识及对策一直都在随势而变,对于通过招抚就可实现改流或者根本就无须改流的地区,采取了"以汉化夷、以夷治夷"的民族对策;对于反复起事的地区,则采取了"先威后恩,以夷制夷"的民族对策。

对西南民族民众的治理方面,贵州生苗让鄂尔泰耗时耗力最多。相关研究在近些年才有所增加,但叙述比较笼统,因此本书用了较大篇幅梳理清楚鄂尔泰治理生苗的整个过程。按照地理位置与时间先后,本书把对贵州生苗的治理分为黔中南、黔东南两个部分,前者除长寨事件外,基本上通过招抚就完成了对其生苗的收服;后者与之相反,在经历了最初的招抚失败后,鄂尔泰发动了几次大的进剿。但是,无论何时何地,鄂尔泰都未曾放弃"剿""抚"之间的任何一方,剿抚始终并行,只是根据苗众反应的不同侧重点有所不同，其中，鄂尔泰"以苗制苗"的治苗策略是本书研究的新发现。另外，除了贵州生苗，本书就鄂尔泰对滇南"凶猓"①、广西"贼蛮"的治理进行了补充研究。

针对此前鄂尔泰研究中提及较少的一个群体——"汉奸"，本书根据鄂尔泰奏折中的记载，分析了鄂尔泰对其打击治理的原因、措施。由于"汉奸"既威胁到清政府在西南地区的统治深入，也暴露了西南地区特别是贵州地区吏治的松弛，鄂尔泰在雍正帝的支持下对其进行了两次集中打击。同时，鄂尔泰企图通过实行"苗汉分离"政策，在贵州苗疆地区杜绝"汉奸"的进入，但是这种极端做法不仅没有消灭"汉奸"，而且影响了民族之间的正常交往。

本书在结语部分对鄂尔泰的民族观念及对策又进行了两点补充说明。首先关于官员的民族出身，雍正帝在颁行《大义觉迷录》之前，曾特意把"逆贼"曾静的言论发给远在西南的鄂尔泰，鄂尔泰在奏折中对如何用人、论人、治人发表了观点，其认为比起民族出身，政治取向更为重要。即便满洲臣僚甚至是雍正帝的亲兄弟，若有"不忠"之心，也与"异类"无别。其次，鄂尔泰对土司、民众、"汉奸"的治理对策既有区别也有联系，对三者的治理在时间上具有同步性，在空间上也有临近交叉重合，任何一方的进展情况往往影响着其对其他两项治理的决策。纵观鄂尔泰西南治理始末，其民族观念及民族对策一直以维护清廷的中央统治为标准：顺从则为民，可被招抚；不从则为"丑恶"，须被剿杀。实现"天下一统"是其推行"华夷一家"民族政策的前提与基础。

---

① 关于清代雍正时期西南民族的称呼，鄂尔泰奏折及当时的官修地方志（比如后文将提及的《云南通志》、《贵州通志》、《广西通志》）等档案文献常对其冠以不雅或歧视的名词，为了更加真实客观地反映文献书写者对西南民族的认知与态度，本书均保留了史料原貌，但笔者对这些字眼所体现的民族歧视持批评和摒弃的态度，特此说明，后文不再一一注释。

第一章

雍正时期西南民族概况及雍正帝的民族观

西南地区，是中国常见的地域区划名词，根据不同学科及不同时期的定义，存在不同的地理概念。① 本书中所研究的雍正时期鄂尔泰的西南治理，主要指当时其所管辖的云南、贵州、广西三省。在历史研究中，历史人物与历史事件所处的时间与空间背景至关重要。因此，研究鄂尔泰西南治理中的民族观念及民族对策，既需要了解当时西南民族的概况，也需要清楚当时清朝官方特别是雍正帝对西南民族的看法与认识。历朝对西南地区的长期治理，形成了清代雍正时期西南治理的基础。广泛分布在西南地区的多个民族，无论是土司还是一般的民众，均是鄂尔泰西南治理的对象。古代帝王的民族观念往往会直接影响着大臣们对民族问题的认识与对策，作为雍正帝的重臣，鄂尔泰的西南治理就深受雍正帝民族观的影响。因此，本章将从清代之前历朝对西南地区的治理、雍正时期西南民族概况，以及雍正帝的民族观三个方面，展开鄂尔泰西南治理的背景研究。

---

① 从地形上来说，西南地区主要指四川盆地、云贵高原和青藏高原南部地区。根据不同时期的政区划分与区域经济合作，西南地区的具体范围也不尽相同：除了传统的"川、滇、黔"和"滇、黔、粤"西南三省说，现在还有"川、黔、滇、藏"四省说和"藏、渝、川、黔、滇"五省说以及"桂、渝、川、黔、滇、藏"六省说等多种说法。

第一节　清代之前历朝对西南地区的治理

一　历朝西南管理的范围及对策

自秦用兵岭南，设置南海、桂林、象郡以来，历朝都试图管理西南地区，只是根据中央与地方力量强弱的变化，各朝所管理的范围及程度也不尽相同。汉武帝时期用兵西南夷，在西南地区设置牂牁、越嶲、沈黎、汶山、武都郡，降滇王后，又设置益州郡，初步将今云贵地区纳入版图。东汉增设永昌郡，管辖范围除了云南之外还包括今缅甸、老挝和泰国的北部，但是从管理力度上而言，对于这些地方还多仅是略微管束，并不同于内地的直接深入管理，从《汉书·地理志》《后汉书·郡国志》对这些郡县户口的粗略甚至忽略记载便可得知。三国时期，诸葛亮亲征南中，改益州郡为建宁郡，又将原来区划重新进行了调整，以今云南姚安与云南砚山为中心分别增设云南、兴古二郡。西晋在今云南晋宁设置宁州，实行压迫的军事强硬统治，引起当地各族的激烈反抗。再加之后来的战乱，东晋和其后的南朝对于宁州的统治流于形式，云贵地区逐渐被爨氏掌握。隋朝虽最终放弃了宁州地区，但是爨氏力量也受到了很大打击。唐朝在南方少数民族地区设置剑南（今四川、云南）、江南（今长江南）、岭南（今广东、广西）三道，其下设都督（护）府、州、县，其中在交州设置安南都护府。唐朝中后期，南诏实力不断壮大，逐渐成为雄踞云南地区的地方政权。南诏之后，大理国与两宋王朝共存，成为宋代的"化外之地"。至于广西地区，唐朝分岭南地区为东西两道，设岭南东道治广州，置岭南西道治邕州（今广西南宁）。宋朝为了进行与大理国的马匹交易，对于广西也加强了管理，设有广南西路，使得今桂林至南宁的道路日益兴盛。忽必烈灭大理国后，以中庆（今昆明）为省治，设置云南行省，管理范围包括今云南省、四川西南和中南半岛的一部分，从此云南脱离四川管辖，独立成为直属中央的一省，这一分法在明清两代也得以沿袭。从昆明到北京的驿路也取代此前四川的旧路，成为云南与内地联系的主要通道。同时从云南至湖广驿路的开通，也使得必经之地贵州越来越受到重视，为其在明代的单独设省创造了条件。广西地区作为湖广辖地，在元明时期，都因为内地通云南、安南地区驿道的开通以及驿站的设置成为交通动脉。除此之外，明朝在云南、贵州、广西的卫所设置与军事移民使得当地人口大幅增多，甚至民族构成也随之变化。①

  在土司制度之前，历朝对于少数民族的管理对策多是宽松的"羁縻政策"，只是力度不尽相同。"羁縻"二字在《史记》中已有出现，比如"盖闻天子之于夷狄也，其义羁縻勿绝而已"。《索隐》引《汉官仪》的记载并对"羁縻"进行的解释是："羁，马络头也；縻，牛纼也。〈汉官仪〉中云'马云羁，牛云縻'言制四夷如牛马之受羁縻也。"② 由此可以得知：带有对少数民族歧视的"羁縻"实际上就是中央通过对少数民族首领授予职官称号让其承认并臣服朝廷来实现当地管理的方式，而对于地方及族内的具体事务，中央并不过问。因为既能承认中央朝廷的存在，又保持了地方少数民族首领的相对独立性，所以开始于秦汉，发展于三国、两晋、南北朝，盛行于唐、延续于宋的"羁縻政策"长时间地被中央运用到少数民族地区管理之中。秦对少数民族首领保留"蛮夷君长"称号，增封"王""侯"。两汉在秦的基础上，对于特别效忠的少数民族首领，

---

① 此部分参考论文：王锺翰《雍正西南改土归流始末》(《清史新考》，辽宁大学出版社1990年版)、方铁《历代王朝经营西南边疆的得与失》(《社会科学战线》2012年第7期)；参考论著：方国瑜《中国西南历史地理考释》(中华书局1987年版)、徐兴祥《中国古代民族思想与羁縻政策研究》(云南民族出版社1999年版)、龚荫《中国民族政策史》(四川人民出版社2006年版)。

② (西汉) 司马迁：《史记》卷117《司马相如列传》，中华书局1959年点校本，第3049—3050页。

还给予加官晋爵。三国时期，除了封授"蛮夷君长"为"王""侯""将军""郎将""校尉"等外，还从中吸收特别忠顺者担任地方"太守""都督"，甚至中央"御史中丞"。两晋王朝采取"羁縻招抚"与"军事镇压"相结合的政策。南北朝时期的南朝对于西南少数民族地区的治理，基本上沿袭秦汉以来的做法，对其首领封官加爵，赐予他们"王""侯"爵位和其他虚衔，封授其为当地的"刺史""郡守""县令"。隋朝基本承袭前制，授予少数民族首领"刺史""太守""县令"以及赠予虚衔，在"岭南夷越"地区还封授了不少"俚帅""渠帅"官、爵。唐朝广泛建立羁縻州、县并任用少数民族首领为刺史、县令，使羁縻政策发展到鼎盛时期。这一时期，中央赐予少数民族首领名目繁多甚至是官秩很高的虚衔，比如正一品官秩的"云南王"，以示重视。除此之外，唐朝时的羁縻府州县土官"皆得世袭"，对于出征打仗的少数民族首领授予军职，使得不少人极力为唐王朝效力。宋朝袭用唐制，在少数民族聚居地方设置羁縻州、县、峒，封授少数民族首领担任世袭的州、县、峒长官，但承袭办法方式上较唐代有所发展，有了初步的承袭形式。至元一代，为了加强对少数民族首领的控制与驾驭，创立了"蒙、夷参治"之法，官有"流""土"之分，在西南地区普遍设置各级土司土官职官，这也就是"土司制度"的雏形。"土司制度"之所以有别于此前的"羁縻制度"，主要是因为除了授予当地少数民族首领职位称号之外，元朝任命土官土司需要正式赐予诰敕、印章、虎符、驿传玺书与金（银）字圆符等信物，并制定了承袭、升迁、惩处的规定及朝贡、纳赋等管理制度。明朝在元朝基础上，对于土司制度进行了进一步的补充与完善，但同时明王朝大量建立及使用土兵，其结果就是卫所制度逐渐瓦解，土司势力不断扩大甚至开始与中央对立。对此，明朝中后期又开始通过"改土设流"与"众建诸蛮"削弱土司实力，为清朝的"改土为流"及"改土归流"提供了一定的基础。①

二 明代西南地区的土司概况与改土归流

明洪武十四年（1381），明军平定云南后，继续施行"流土兼治"原则，在云南分地区设置土司土官，"西起永昌（今保山）东至元江这一线以北地区，称为'内地'，是民族杂居地区，主要设置土府、土州、土县，仅个别地区设置土司，设置有楚雄、姚安、鹤庆、寻甸、武定、丽江等土府，罗雄、赵州、路南、剑川、弥勒、师宗、安宁、阿迷、陆凉、沾益等土州，罗次、云南、元谋等土县；西起永昌东至元江这一线以南地区，称为'夷'地，是民族聚居地区，主要设置土司，设置有车里、八百、麓川等宣慰司，南甸、干崖、陇川等宣抚司，潞江、耿马、猛卯等安抚司，茶山、孟连、教化、思陀甸、凤溪、大侯、八寨等长官司；南部边境地带，称为'御夷'地区，设置有'御夷府、州'或'御夷长官司'，即孟定等御夷府，湾甸、镇康等御夷州，芒市等御夷长官司。有明一朝，云南总共设置土司三百三十二家。"与此同时，明朝也对鹤庆土府、寻甸土府、广西土府、芒部土府、元江土府、顺宁土府等二十六家县级以上的土司进行了改土归流。②

明永乐十一年（1413），明代设置贵州等处承宣布政使司，贵州独立成省。明朝把元代时贵州的土官土司通通纳入统治范围，对其实行"土司制度"。与其他省份不同，贵州中下级土司的隶属关系比较特殊，宣慰司、宣抚司、安抚司、长官司和蛮夷长官司属于武职，宣慰司隶于行省都指挥使司，宣抚司、安抚司、长官司和蛮夷长官司或隶于宣慰司，或隶于卫所；土府、土州、土县、土巡检属于文职，土府隶于行省布政使司，土州、土县、土巡检或隶于军民府、

---

① 此部分参考龚荫《中国土司制度》，云南民族出版社 1992 年版，第 1—109 页。
② 同上书，第 460—461 页。

或隶于土府。贵州一带共设置过土司二百二十八家，设置的同时也不断裁革废除一批土司，进行改土归流，所以到清朝伊始，贵州土司仅有一百七十余家。[①] 除了土司统治范围之外，贵州还有一些未有土司统治或者名义上有土司管辖但实际上土司力量非常薄弱的地区，也就是后文将要提到的"生苗地区"。这些地区多因所处深山老林之中，交通不便，相对闭塞，与世隔绝，此前未被纳入到中央或者地方政权的直接管辖范围之内，所以不少学者将鄂尔泰对这些地区的治理称为"开辟苗疆"。

明朝在广西所有民族地区都设置了土司，除继承了元代土官土司之外，还把土司设置从广西西部地区发展到东部地区。随后，明朝通过两方面措施来控制土司：一是对势力过大、经常挑起事端的土司，如田州、思恩两土府，朝廷派兵对其镇压后，采取"众建寡力"政策，将其辖地划分为若干小片，设立许多小土司，分而治之。二是对土司进行军事钳制，建立卫所，在一些民族聚居地区设置土千户所、土百户所，仍以土酋为土千户、土百户。所以虽然明朝广西土司最多时，总数已为三百四十二家，但势力大的并不多。[②]

清初，为了减少统一西南的阻力，对于当地土司采取的是招降的策略。康熙和雍正时期，随着平定三藩与罗卜藏丹津的叛乱，清王朝在西南地区的势力得到深入，不断有新的地区被纳入统治，也不断有新的少数民族首领归附，对此清朝仍以土司制度进行管理。雍正帝还特意嘱托巡抚在少数民族地区要善待奉公的土司，不要生事："云、贵、川、广，猺獞杂处，其奉公输赋之土司，皆当与内地人民一体休养。俾得遂生乐业，乃不虚朕怀保柔远之心。

---

① 龚荫：《中国土司制度》，云南民族出版社1992年版，第746—747页。
② 同上书，第998—999页。

嗣后毋得生事扰累，致令峒氓失所。"① 除了明归降仍袭旧职的土司一千零七十八家外，清初又新增设了七百零一家土司。② 虽然土司受中央册封并需要按时交纳贡赋，但是与直接归中央管理的"流官"相比，依然具有一定独立性，这种独立性与清王朝"天下一统"之间的矛盾愈演愈烈。再加之部分土司暴虐淫纵、作威作福，横征强占、肆意苛派，私建土军、专事劫杀，拥兵自重、仇杀不已，甚至公然抗命朝廷。③ 到雍正时期，各地大臣上书不断，陈述土司危害，要求"改土归流"。雍正三年（1725），重臣鄂尔泰被任命为云南巡抚管云贵总督事负责西南事宜，从而拉开了大规模改土归流的序幕。

第二节 雍正时期西南民族概况

雍正时期鄂尔泰西南治理的范围，主要指当时其所管辖的云南、贵州、广西三省。这些地方民族名称繁多，其下种类分支更是纷杂，延续至今。"在滇曰猓猡④，曰猡猓；⑤ 在黔曰犵，曰犽猺，曰狪家；而在粤则名猺獞，其曰狑、犵、獽，蜑，又猺獞别种也。"⑥ 根据鄂尔泰主持编纂的《云南通志》《贵州通志》以及同时期金鉷负责编

---

① 《清世祖实录》卷3，雍正元年正月辛巳朔，中华书局1985年影印本，第3册，第70页。
② 龚荫：《中国土司制度》，云南民族出版社1992年版，第110—115页。
③ 同上书，第144—146页。
④ 本书所引文献中"猓"亦被写作"倮"，"猡"亦被写作"㑩"，比如所引《雍正朝汉文朱批奏折汇编》（江苏古籍出版社1989年影印本）的奏折内容基本采用"猓""猡"的写法，所引《雍正朝汉文朱批奏折汇编》的目录部分以及《清史稿》（中华书局1977年点校本）、《清史列传》（中华书局1987年点校本）的相关内容均采用"倮""㑩"的写法。基于尊重史料原貌的原则，本书未对其写法进行统一，特此说明。
⑤ 为了保持与原文记载的一致，本书对于现在已经不再使用，电脑无法直接打出的字，采取了拆分结构的方式，特此说明。
⑥ （清）金鉷编：《广西通志》卷92《诸蛮》，美国加利福尼亚大学伯克利分校藏刊本。

纂的《广西通志》①，现将三省的民族情况及类别整理如下：

云南："白人、爨蛮、白猡猡、黑猡猡、撒弥猡猡、妙猡猡、阿者猡猡、干猡猡、鲁屋猡猡、撒完猡猡、海猡猡、阿蝎猓猡、葛猓猡、罗婺、摩察、棘夷、猡黑、樸喇、普特、窝泥、糯比、黑舖、捬鸡、麽些、力些、土人、土獠、怒人、扯苏、山苏、侬人、沙人、蒲人、古宗、西番、峨昌、缥人、哈喇、缅人、结髻、遮些、羯些子、地羊鬼、喇鲁、苗子、黑乾夷、狆人、苦葱、喇鸟、麦岔、罗缅、卡惰、黑濮、嫚且、戞喇、卡瓦、小列密、利米、狱人、大猓黑、小猓黑、野人、喇记、孔答、喇无、比苴、果葱、阿成。"②

贵州："苗有独家、宋家、蔡家、龙家、花苗、白苗、青苗、红苗、黑苗、九股苗、东苗、西苗、克孟牯羊苗、谷兰苗、平伐苗、紫姜苗、阳洞罗汉苗。犵狫有花犵狫、红犵狫、剪头犵狫、猪豖犵狫、打牙犵狫、锅圈犵狫、披袍犵狫、水犵狫。其他有木老、犵兜、狪猱（杨荒）、八番、六额子、棘人、峒人、蛮人、杨保、土人、黑猓猡、白猓猡、瑶人、獞、苗、狄、狌、狑、狪、瑶、獞。"③

广西："瑶、獞、獠、狼、狑、狄、犿、犵、犺、狌、狪、獞、狎、狸、苗、山子、蜑、浪、狹、猓猡、狆家、斑人等。"大类之下，根据经济发展与汉化情况分生（黑）、熟（白），具体称谓也因居住地方的位置、名称，服饰，习俗等不尽相同。④

若按照今日民族之划分，根据《中国土司制度》的记载，元明清时期云南、贵州、广西三省的民族分布范围大体可以总结如下：

---

① 云南、贵州、广西三省的通志版本较多，本书所选版本皆与本书的研究年代最为接近。
② （清）鄂尔泰编：《云南通志》卷24《种人》，中国国家图书馆藏清乾隆元年刻本。
③ （清）鄂尔泰、张广泗编：《贵州通志》卷7《苗蛮》，中国国家图书馆藏清乾隆六年刻本。
④ （清）金鉷编：《广西通志》卷92《诸蛮》、卷93《诸蛮》，美国加利福尼亚大学伯克利分校藏刊本。

云南：中部和北部的较好山地或半山地是彝族居住，在其交通要道的一些地方居有回族；在西部的平坝地区居住着白、纳西族，在西部和北部的山地居住的是傈僳、景颇族，在其草原和高寒地带居住的是藏、西番①、独龙、怒等族；在西南部和南部的平坝或河谷平地居住的是傣、阿昌族，在其丛林山地为哈尼、佤、拉祜、布朗等族居住；在东部的平地为壮族居住；在其丛林边境地带为苗、瑶等族居住；在东北部的山地亦为苗族居住。

贵州：东北部是土家、苗、仡佬等族居住；西北部主要是彝及仡佬族居住；南部是布依、苗等族居住；东南部是苗、侗、水等族居住。

广西：壮族人口最多，主要居住在西部河谷平地；瑶族主要居住在中部山岳地带，苗族主要居住在西北部边境山地；侗、仫佬、毛南等族居住在北部山区；畲族等居住在东南部边境地域，京族居住在南部万尾、巫头和山心岛。②

第三节　雍正帝的民族观

论及中国古代的民族观念，最典型的代表莫过于"华夷有别""华夷之辨"。既不同于以往汉人建立的中原王朝，也不同于此前的其他少数民族政权，由满洲建立的清王朝为了消除汉人的排满思想，确立满洲统治的合法性，并在此基础上实现对其统治版图内的统一管理，逐渐形成并在理论上提出了"天下一统、华夷一家"的民族观。这个理论的明确提出者就是雍正帝，而最能体现其民族观念的则是他于雍正七年（1729）所颁行的《大义觉迷录》。目前，海内外的历史学界已有不少从《大义觉迷录》入手研究雍正帝民族观念

---

①　按照现在中国的民族划分，没有"西番"这个名族称谓。历史上的"西番"已经融入现在的几个民族之内，根据前后文语境，再加之"西番"之前已经有"藏"，笔者认为：此处用"普米"代替比较合适。

②　龚荫：《中国土司制度》，云南民族出版社1992年版，第457、743、997页。

的研究成果①，纵观这些研究特别是中国学界的研究成果，对于雍正帝的民族思想基本上都是极为肯定。笔者虽然同样认可雍正帝较前朝统治者的进步，但通过对《大义觉迷录》以及当时实录、奏折朱批等资料的查阅发现：雍正帝貌似"平等""包容"的民族观念其实是具有一定前提性与局限性的。

一 清代之前"华夷有别"的民族思想

作为一个多民族的国家，中国自古就存在汉族与其他民族之间有所不同的认识。《礼记·王制》记载："中国戎夷，五方之民，皆有性也，不可推移。东方曰夷，被发文身，有不火食者矣。南方曰蛮，雕题交趾，有不火食者矣。西方曰戎，被发衣皮，有不粒食者矣。北方曰狄，衣羽毛穴居，有不粒食者矣。中国、夷、蛮、戎、狄，皆有安居、和味、宜服、利用、备器。五方之民，言语不通，嗜欲不同，达其志，通其欲。"② 其中，"中国"与其他四方之民的区别也就是后来所谓的"华夷之别"。仅从上述文字来看，"华夷之

---

① 中国学界的代表性论文有：何晓芳《论雍正的〈大义觉迷录〉及其民族思想》（《满族研究》1986年第2期）、钱伯城《一次关于政权问题的大辩论——〈雍正大义觉迷录〉书后》（《书屋》1998年第4期）、郭成康《也谈满族汉化》（《清史研究》2000年第2期）、吴洪琳《试论雍正帝的民族思想——〈大义觉迷录〉新解读》[《西北农林科技大学学报》（社会科学版）2004年第6期]、周玲《从〈大义觉迷录〉看雍正的民族思想》（《文山师范高等专科学校学报》2006年第1期）、栾洋、姜胜南《帝王眼中的华夷之分与君臣之伦——从〈大义觉迷录〉看雍正的政治思想》[《燕山大学学报》（哲学社会科学版）2008年第1期)]、库晓慧《析清代"华夷一家"的民族观念——以〈大义觉迷录〉为视角》（《河北青年管理干部学院学报》2009年第2期）、林开强《华夷之别思想的辩驳与消弭——以清雍正年间思想整合运动为中心》（《中华文化论坛》2009年第3期）、衣长春《论清雍正帝的民族"大一统"观——以〈大义觉迷录〉为中心的考察》（《河北学刊》2012年第1期）等。日本学界的相关研究有：小野川秀美「雍正帝と大義覺迷錄」（『東洋史研究』第16卷4号、1958年）、宫崎市定「忠義は民族を超越する」（宫崎氏『雍正帝——中国の独裁君主』、中央公論社、1996年）、平野聰「清帝国の統合における反華夷思想と文化政策」（平野氏『清帝国とチベット問題——多民族統合の成立と瓦解』、名古屋大学出版会、2004年）等。

② （东汉）郑玄：《礼记郑注》卷4《礼制》，校相台岳氏本，新兴书局1981年版，第45页。

别"本应只是针对不同地区的人迥异的生活、饮食习惯及习俗等而言，但这些被贴上文化含义的标签后就衍生出新的意义。华夏族在"华夷之别"中找到了一种文化优越感，认为"华"代表先进文明，而"夷"代表落后野蛮，如《汉书·匈奴传》"夷狄之人贪而好利，被发左衽，人面兽心，是与中国殊章服，异习俗，饮食不同，言语不通，辟居北垂寒露之野，逐草随畜，射猎为生……是故圣王禽兽畜之"。① 《后汉书·南蛮西南夷列传》"凡交趾所统，虽置郡县，而语言各异，重译乃通。人如禽兽，长幼无别。"② 这种观念一直延续下来，进而演变成"华夏理应是统治者，夷狄理应是被统治者"的民族统治观以及"理应用华夏变夷狄"的民族文化观。无论是孟子的"吾闻用夏变夷者，未闻变于夷者也"③，还是明太祖朱元璋的"自古帝王临御天下，中国居内以治夷狄，夷狄居外以奉中国，未闻以夷狄居中国治天下者也……盖我中国之民，天必命中国之人以安之矣，夷狄何得而治哉？"④ 无一不是这种思想的典型表现。反之，少数民族成为统治民族后，同样以己为尊，歧视和压迫其他民族。汉代匈奴势力强大之时，就对汉朝自称为天之骄子，"其明年，单于遣使遗汉书云：南有大汉，北有强胡。胡者，天之骄子也，不为小礼以自烦"⑤。南北朝时期鲜卑贵族视汉人为奴隶，将其贬称之为"汉儿"，比如北齐晚期的鲜卑贵族韩凤常常公开骂汉人朝士"狗汉，大不可耐，唯须杀却"⑥。但是少数民族政权稳定之后，统治阶层又

---

① （东汉）班固：《汉书》卷94《匈奴传下》，中华书局1962年版，第3834页。
② （南朝）范晔：《后汉书》卷86《南蛮西南夷列传》，中华书局1965年版，第2836页。
③ （东汉）赵岐：《孟子赵注》卷5《滕文公上》，校永怀堂本，新兴书局1979年版，第51页。
④ 《明太祖实录》卷26，吴元年十月丙寅，北平图书馆红格本之晒蓝本，"中央研究院"历史语言研究所1962年校印本，第401页。
⑤ （东汉）班固：《汉书》卷94《匈奴传上》，中华书局1962年版，第3780页。
⑥ （唐）李百药：《北齐书》卷50《列传第四十二·韩凤》，中华书局1972年版，第693页。

往往会自觉或者不自觉地受到"华夷之别"思想的影响，为了显示自己统治的正统性，他们总是试图说明自己与华夏（汉）族同源或者具有姻亲血缘关系。比如，十六国时期建立"汉"的匈奴人刘渊，便自称"吾汉氏之甥……且可称汉，追尊后主，以怀人望"，"追尊刘禅为孝怀皇帝，立汉高祖以下三祖五宗神主而祭之"①。与此类似的还有：建立北魏的鲜卑拓跋氏自称是黄帝之后，建立北周的鲜卑宇文氏自称是炎帝之后，建立辽的契丹耶律氏也自称是炎帝之后。②总而言之，无论是汉族作为统治民族还是少数民族作为统治民族，都有一种强烈的自我民族认同意识甚至是排他贬他意识，从而使得"华夷有别"的民族思想一直得以延续并且影响深远。

二 《大义觉迷录》的产生

清朝是中国历史上继元朝之后第二个由少数民族建立的全国统一政权。满洲，其先民可上溯到商周时期的肃慎、汉至西晋时的挹娄、北魏时的勿吉、隋唐时的靺鞨、北宋至明的女真。③ 建州女真首领努尔哈赤统一女真各部后，在明万历四十四年（1616）建立"后金"政权。崇祯九年（1636）皇太极废旧有族名，改称"满洲"，改"后金"为"清"。努尔哈赤曾实行"诛戮汉人，抚养满洲"④ 的民族政策，大规模屠杀汉人，对此皇太极也承认："至辽东人被杀，是诚有之。"⑤ 但随着满洲政权占领地区的扩大和统治人口的增多，皇太极宣布"满汉之人，均属一体。凡审拟罪犯、差徭、公务，毋

---

① （唐）房玄龄：《晋书》卷110《载记·刘元海》，中华书局1974年版，第2649—2650页。
② 龚荫：《中国民族政策史》，四川人民出版社2006年版，第8页。
③ 同上书，第536页。
④ 《清太宗实录》卷64，崇德八年癸未正月丙申朔，中华书局1985年影印本，第2册，第881页。
⑤ 《清太宗实录》卷10，天聪五年辛未冬十月辛丑朔，中华书局1985年影印本，第2册，第137页。

致异同"①。天聪三年（1629），皇太极听取了汉官的建议第一次开科取士，参试人员为满、蒙、汉等各族读书人。天聪五年（1631），皇太极又正式颁布了《离主条例》，禁止满洲贵族滥杀奴隶，严禁对新占领地区的民众进行屠杀掠夺。同时，在满洲八旗之外，创建了蒙古八旗、汉军八旗，极力表现出将满、蒙、汉各族"视同一体"的态度。清军入关后，顺治帝继承皇太极"满汉一体"②观念，"满汉官民，俱为一家"③，"朕自入中原以来，满汉曾无异视"④。其后的康熙帝更是以停修长城来践行其"中外一视"的民族观念。最终对清朝统治者民族观念进行了明确阐述的是雍正帝，而最能体现其民族思想的就是他于雍正七年（1729）颁行的《大义觉迷录》。

雍正六年（1728），深受吕留良"华夷之别"民族思想影响的曾静让弟子张熙投书川陕总督岳钟琪，策动其起兵反清。曾静在致岳钟琪的书中，叙述了当时广泛散播的有关雍正帝夺位、谋父、逼母、弑兄、屠弟、镇压功臣等"流言"，宣扬"华夷之分大于君臣之伦"，并在此理论基础上反对清朝的统治。岳钟琪把此事以及曾静所写之书上报给雍正帝，曾静等人被押解至京由雍正帝亲自审问。雍正帝不仅就曾静著述中以"华夷之辨"为代表的反清观点与其进行辩论，还带头在朝野及全国发动了一场有关"华夷之辨""君臣之义"等总称为"大义"的思想讨论，最终曾静认罪并作《归仁说》。为正天下人之心并宣扬自己的思想，雍正帝将这些辩论的内容连同上谕、《归仁说》等刊印成书，命名为《大义觉迷录》。《大义觉迷

---

① 《清太宗实录》卷1，天命十一年八月丙子，中华书局1985年影印本，第2册，第26页。

② 《清世祖实录》卷43，顺治六年四月庚子，中华书局1985年影印本，第3册，第347页。

③ 《清世祖实录》卷16，顺治二年四月辛巳，中华书局1985年影印本，第3册，第140页。

④ 《清世祖实录》卷43，顺治六年四月庚子，中华书局1985年影印本，第3册，第347页。

录》全书共四卷，内容主要包括雍正帝的"上谕"，曾静、张熙的供词，内阁九卿的奏本，诸王大臣的奏请，以及曾静的著述《归仁说》。其中，曾静的供词以雍正帝问、曾静答的形式记录。刊印之后，雍正帝下令"通行颁布天下各府、州、县、远乡僻壤，俾读书士子及乡曲小民共知之，并令各贮一册于学官之中，使将来后学新进之士，人人观览知悉，倘有未见此书，未闻朕旨者，经朕随时察出，定将该省学政及该县教官从重治罪"①。尽管在雍正帝去世不久，刚即位的乾隆帝就将此书定为禁书并将已经出版的书本全部销毁，而被雍正帝特赦不死的曾静、张熙也被处以凌迟，但是由于此前雍正帝要求全国上下乃至远乡僻壤都要学习此书，因此书中宣扬的民族思想还是得到了一定程度的推广，而此书也成为后来学者研究雍正帝民族观念的第一手资料。

三 雍正帝民族观念的"包容"与"局限"

（一）"华夷一家"

雍正帝在《大义觉迷录》中首先以"满清入主中原君临天下，是否符合正统之道？岂可再以华夷中外而分论？"为题，利用儒家经典反驳了此前的"华夷之别"，从"惟有德者可为天下君"的角度阐述了清朝政权的正统性及"天下一统、华夷一家"的民族观念。

1. 以"德"论正统

"盖生民之道，惟有德者可为天下君。此天下一家，万物一体，自古迄今，万世不易之常经。非寻常之崇聚群分，乡曲疆域之私衷浅见所可妄为同异者也。"② 雍正帝先提出"德"是"为天下君"的条件，不能以其民族或者地域来论。"舜为东夷之人，文王为西夷之

---

① （清）雍正帝：《大义觉迷录》，《近代中国史料丛刊》，文海出版社1966年版，第36辑，第25页。

② 同上书，第1页。

人，曾何损于圣德乎？"① 同时，他引用《书》中经典"皇天无亲，惟德是辅"及孔子曰："故大德者必受命"为自己论证。清朝建立是否符合"德"呢？"明代自嘉靖以后，君臣失德，盗贼四起，生民涂炭，疆圉靡宁，其时之天地，可不谓之闭塞乎？本朝定鼎以来，扫除群寇，寰宇乂安，政教兴修，文明日盛，万民乐业，中外恬熙，黄童白叟，一生不见兵革，今日之天地清宁，万姓沾恩，超越明代者，三尺之童亦皆洞晓。"② 因此，雍正帝试图通过对比明朝末年的民不聊生与清朝建立后的太平盛世，进而说明清朝建立是有"德"的，是符合正统的。至于华夷之说，他则认为是"不务修德行仁"的产物——"盖从来华夷之说，乃在晋宋六朝偏安之时，彼此地丑德齐，莫能相尚，是以北人诋南为岛夷，南人指北为索虏。在当日之人，不务修德行仁，而徒事口舌相讥，已为至卑至陋之见。"③

2. 阐述"夷"的含义及出现原因

对于"夷"这一称呼，雍正帝并没有忌讳，他认为这只能代表地域，并不能说明其他。"且夷狄之名，本朝所不讳。孟子云：'舜东夷之人也，文王西夷之人也。'本其所生而言，犹今人之籍贯耳。"④ "然则'夷'之字样，不过方域之名，自古圣贤不以为讳也……夫满汉名色，犹直隶之各有籍贯，并非中外之分别也"，甚至他还亲自批评当时有人避讳用"夷"等字眼："朕览本朝人刊写书籍，凡遇胡虏夷狄等字，每作空白，又或改易形声。如以夷为彝，以虏为卤之类，殊不可解。揣其意，盖为本朝忌讳，避之以明其敬慎，不知此固背理犯义，不敬之甚者也。"⑤ 对于曾静以衣冠来论华

---

① （清）雍正帝：《大义觉迷录》，《近代中国史料丛刊》，文海出版社1966年版，第36辑，第4—5页。
② 同上书，第6—7页。
③ 同上书，第5页。
④ 同上书，第85页。
⑤ 《清世宗实录》卷130，雍正十一年四月己卯，中华书局1985年影印本，第8册，第696页。

夷的观点，他反驳到穿衣只是因时因地不同而已，与品德、政治能力没有任何关系，"盖衣冠之制度，自古随地异宜，随时异制，不能强而同之，亦各就其服习便安者用之耳。其于人之贤否，政治之得失，毫无关涉也"①。针对吕留良等人把夷狄比做禽兽，承认自己是外夷的雍正帝更是直接驳斥，认为若依其论调，中国之人是禽兽不如，"且逆贼吕留良等，以夷狄比于禽兽，未知上天厌弃内地无有德者，方眷命我外夷为内地主，若据逆贼等论，是中国之人皆禽兽之不若矣，又何暇内中国而外夷狄也？"②

虽然雍正帝声明"夷"只应该代表籍贯，并承认满洲是外夷，但他也清楚华夏族对"夷"充满歧视，只是他把这种歧视的出现归结为以往朝代的"无能一统"，"且自古中国一统之世，幅员不能广远，其中有不向化者，则斥之为夷狄。如三代以上之有苗、荆楚、獯狁，即今湖南、湖北、山西之地也，在今日而目为夷狄可乎？至于汉、唐、宋全盛之时，北狄、西戎世为边患，从未能臣服而有其地，是以有此疆彼界之分"。既然在以往历史上，华夷的疆域界限是随着朝代统治范围的变化而变化的，那么在开疆扩土，实现天下一统的清朝，自然已经不存在华夷之别、中外之分。"自我朝入主中土，君临天下，并蒙古极边诸部落，俱归版图，是中国之疆土开拓广远，乃中国臣民之大幸，何得尚有华夷中外之分论哉！"③ "我朝既仰承天命，为中外臣民之主，则所以蒙抚绥爱育者，何得以华夷而有殊视？……此揆之天道，验之人理，海隅日出之乡，普天率土之众，莫不知大一统之在我朝。"④

由上可见，雍正帝在《大义觉迷录》中既承认满洲是夷，但又

---

① （清）雍正帝：《大义觉迷录》，《近代中国史料丛刊》，文海出版社1966年版，第36辑，第211页。
② 同上书，第8—9页。
③ 同上书，第9—10页。
④ 同上书，第3页。

认为"夷"只代表地域，批判历来"华夷之辨"对于"夷"的文化歧视。比起民族与地域，他强调"德"才是衡量君主统治的唯一标准，同时指出"华夷之说"是六朝乱世"不务修德行仁"的产物，而"华夷之别"也是前朝历代不能实现"大一统"之结果。因此，依雍正帝之言，在实现了"大一统"的清朝已经无须再分华夷，清政权救百姓于水火是有德之为，曾静等人利用"华夷之辨"图谋叛乱才是失德背义之举。其实"大一统"作为儒家思想的重要内容，产生已久，提倡"华夷一体""华夷一家"也并非始于雍正帝。《春秋公羊传》中就记载："《春秋》内其国而外诸夏，内诸夏而外夷狄。王者欲一乎天下，曷为以外内之辞言之？言自近者始也。"[①] 针对民族歧视问题，唐太宗也曾说"自古皆贵中华，贱夷、狄，朕独爱之如一"[②]。但是，这种思想在唐太宗之后并未被长期继承与执行。纵观历朝历代，汉族君主多主张"贵中华，贱夷狄"，少数民族君主也大都推行本民族至上的政策。清朝统治阶级高调提倡"华夷一体""中外一家"，[③] 与前朝相比，确实是比较少见的。虽然《大义觉迷录》是雍正帝为了打击汉人"反满"思想，稳固清朝及自己的政权而作，但是从中体现出来的"摒弃华夷之辨，合中外为一家"的民族观念较前朝相比，是具有进步性与包容性的。特别是在《大义觉迷录》颁行之前，雍正帝就曾主张不必强求各方相同，应该尊重各自风俗习惯，这一点在今天看来依旧可取。"盖天下之人，有不必强同者。五方风气不齐，习尚因之有异，如满洲长于骑射，汉人长于文章，西北之人果决有余，东南之人颖慧较胜，非惟不必强同，实可以相济为理者也。至若言语嗜好，服食起居，

[①] （东汉）何休：《春秋公羊传》卷18，校永怀堂本，新兴书局1982年版，第131页。

[②] （宋）司马光：《资治通鉴》卷198《唐纪四十》，太宗贞观二十一年，中华书局1956年点校本，第6247页。

[③] 类似言论，在清代史籍中有不少记载。

从俗从宜，各得其适。"① 正如郭成康在论文《也谈满族汉化》中所说："他突破了大汉族主义自我优越的民族观，摒弃了传统观念中蔑视边疆地区少数民族的狭隘偏见，其逻辑延伸的结论必然是昔日被视为夷狄的少数民族具有与汉族完全平等的地位，而在实践上自然成为清廷制定的今天看来也有诸多借鉴意义的民族统治政策的一个重要基点。"②

（二）"华夷一家"的前提及局限

以往的研究虽然也总提及"天下一统、华夷一家"，但多把"天下一统"当作"华夷一家"的原因，殊不知前者还是后者的前提。若没进入清朝的"一统"范围，雍正帝是不会将其视为"一家之人"，这一点在雍正帝宠臣鄂尔泰治理西南民族特别是开辟贵州苗疆的过程中体现得尤为突出。查阅当时两人的奏折朱批往来，不难发现：如服从清廷统治，则为"良民"，给予安抚；若有所反抗，则为"逆贼"，势必剿除。同时，即便在"一统"范围之内，雍正帝"华夷一家"的民族观念并非是提倡各民族完全平等。通读《大义觉迷录》可以得知：一方面雍正帝强调清朝已经实现大一统，不分华夷；但是另一方面他在说明满蒙已通文明、懂礼乐时又不自觉地贬低了其他少数民族。比如他在驳斥曾静的"夷狄异类，譬如禽兽"时说："若僻处深山旷野之夷狄番苗，不识纲维，不知礼法，蠢然漠然，或可加之以禽兽无异之名。至于今日蒙古四十八旗，喀尔喀等，尊君亲上，慎守法度，盗贼不兴，命案罕见，无奸伪盗诈之习，有熙皞宁静之风，此安得以禽兽目之乎？"③ 即雍正帝既反对给单纯代表籍贯的"夷"贴文化标签，但同时又把文化标签贴给那些深山旷野的

---

① 《清世宗实录》卷74，雍正六年十月癸未，中华书局1985年影印本，第7册，第1101页。
② 郭成康：《也谈满族汉化》，《清史研究》2000年第2期。
③ （清）雍正帝：《大义觉迷录》，《近代中国史料丛刊》，文海出版社1966年版，第36辑，第80—81页。

"夷狄番苗"。暂且不提这些少数民族,即便对于汉人,若浏览当时的其他史料,也可以发现提倡"天下一家"的雍正帝也会时常流露出自己的民族优越感。"我满洲人等,纯一笃实、忠孝廉节之行,岂不胜于汉人之文艺、蒙古之经典?"① 因此,雍正帝"华夷一家"的民族观念是带有前提性与局限性的,甚至在一定程度上具有自我矛盾性。雍正帝这种复杂的民族思想在鄂尔泰的西南治理中起到了怎样的作用?《大义觉迷录》出版之时,鄂尔泰抵达云南已三年,其所写奏折对雍正帝的民族思想产生了怎样的影响?这也将是本书其后的研究内容之一。

(三)"天下一统、华夷一家"与改土归流

西南民族地区的改土归流虽在明代就已经展开,但是大规模地开展还是在清代特别是雍正时期。究其原因除了以往研究中经常被提及的"政局安定、经济繁荣、国力渐盛"等因素外,雍正帝"天下一统、华夷一家"的民族观念所起到的作用也逐渐被学者重视,甚至被当作首要因素。② 虽然,民族观念在改土归流原因中所占的分量,目前还未有定论,但是其确实推动与指导着改土归流的进行。比如:尚未进行改土归流时,雍正帝就特意嘱托巡抚在民族地区要善待奉公的土司,不要生事,"云、贵、川、广,猺獞杂处,其奉公输赋之土司,皆当与内地人民一体休养。俾得遂生乐业,乃不虚朕怀保柔远之心。嗣后毋得生事扰累,致令峒氓失所"③。决定解决土

---

① 《清世宗圣训》,雍正二年七月甲子,《大清十朝圣训》,北京燕山出版社1998年版,第892页。
② 李世愉在《清政府对云南的管理与控制》(《中国边疆史地研究》2000年第4期)、《清代的国家统一是历史的必然》(《史学集刊》2000年第4期)中都强调"大一统"观念在雍正帝以及整个清朝边疆治理中起到的重要作用。黄秀蓉在《"夷夏变迁"与明清"改土归流"》(《广西民族研究》2007年第3期)中更是把雍正帝的民族观念看作开展改土归流的首位因素。虽然对于某些具体结论,笔者认为还有待商榷,但从民族观念切入确实为当前的改土归流研究提供了一个新的视角。
③ 《清世宗实录》卷3,雍正元年正月辛巳朔,中华书局1985年影印本,第7册,第70页。

司问题时，雍正帝谕令西南各省督抚提镇，表达出要让土民受其恩泽之意："朕闻各处土司鲜知法纪，所属土民每年科派，较之有司征收正供，不啻倍蓰，甚至取其马牛，夺其子女，生杀任情，土民受其鱼肉，敢怒而不敢言。莫非朕之赤子，天下共享乐利，而土民独使向隅，朕心深为不忍……嗣后督抚提镇宜严饬所属土官，爱恤土民，毋得滥行科派。如申饬之后，不改前非，一有事犯，土司参革，从重究拟。"① 任命宠臣鄂尔泰进行改土归流之后，雍正帝在鄂尔泰的奏折上也经常批示务必谨慎行事，以招抚为先，即便动武也不要伤及无辜等诸如此类之言语。以上均体现出雍正帝民族观念中的"包容"，而其"局限"的一面既体现在实施改土归流之后雍正帝在朱批中所表现出的对西南民族特别是不服从管理的民族的鄙夷之情，"蠢""恶""丑"等字眼屡见不鲜，更体现在对西南民族首领土司及民众所采取的数次武力进剿中。

第四节　小结

不同于内地中原地区，由于其地理位置及当地特殊的民族情况，清代之前历朝对于西南地区管理的范围与对策不尽相同，但整体而言，由于对西南地区直接统治的诸多不便与巨大成本，逐渐形成了中央朝廷给予当地少数民族上层世官名号和世袭特权，由其统治当地少数民族民众的间接管理模式，并将这种管理模式逐渐制度化，形成了土司制度。如同一把双刃剑，土司制度通过"以夷治夷"，以相对较小的成本实现中央对西南地区间接统治的同时，也催生出一些地方割据势力。如何将与中央对立的土司"改土为流""改土归流"，如何继续让那些服从于中央统治的土司、土官为朝廷效命，以

---

① 中国第一历史档案馆编：《雍正朝汉文论旨汇编》，广西师范大学出版社1999年版，第79页。

及如何将尚未有土司、土官管辖的"生苗地区"纳入中央统治范围，是鄂尔泰治理西南所要解决的首要问题。按照当时的风俗习惯以及所分布的位置不同，西南地区分布的少数民族种类众多，雍正乾隆时期编撰的《云南通志》《贵州通志》《广西通志》中都有相应记载。西南地区少数民族的发展程度不一，与中央王朝的亲疏关系也各不相同。除此之外，活动在西南地区的"汉奸"，也是鄂尔泰治理西南时面临的特殊群体。

中国自古就存在汉族与其他民族之间有所不同的认识，其中以"华夷有别""华夷之辨"最为代表，无论是汉族作为统治民族还是少数民族作为统治民族，都有一种强烈的自我民族认同意识甚至是排他贬他意识。入主中原的清朝统治者，为了消除汉人的排满思想，确立满洲统治的合法性，开始倡导"华夷一家"，其中雍正帝通过《大义觉迷录》明确提出了"天下一统、华夷一家"的民族观。尽管雍正帝的民族观较前人已具有很大进步性与包容性，但是仍具有一定的时代局限性，实现"天下一统"是论及"华夷一家"的前提。如果结合雍正帝自身所处的位置与当时的政局形势考虑，雍正帝在民族观念上所表现出的"包容""局限"双重性并不难理解。一方面，作为满洲入关一统天下之后的第三代君主，雍正帝不可能没有满洲出身的民族优越感，也不可能完全放下对其他民族特别是汉人的提防与戒备，甚至担心满洲的民族特色会被汉化殆尽。另一方面，已经成为全国统一政权清朝皇帝的雍正帝又深知若要稳固自己的统治，必须联合与依靠其他民族的力量。因此，无论是他看待民族问题的观念，还是解决民族问题的对策，无不体现着"包容"与"局限"的双重性。这种双重性也影响着鄂尔泰西南治理中对民族问题的认识与解决。虽然鄂尔泰并不像雍正帝有《大义觉迷录》一书专门阐述民族观，但是其在西南治理过程中所写的数百件奏折还是能够反映出其对西南民族的认识与看法。雍正帝民族观"包容"与"局限"的双重性也是鄂尔泰民族观的特征之一,为了避免厚此薄彼、偏颇其一,后文将试图在广泛利用文献史料的基础上,实事求是地对鄂尔泰民族观念及对策进行全面客观的还原与解读。

第二章

鄂尔泰被雍正帝重用治理西南之缘由探究

历数鄂尔泰一生政绩，当首推其对西南地区的治理，特别是"改土归流"。其实，雍正初年就已有大臣上书请求改流，未得到雍正帝的批准，而时任江苏布政使的鄂尔泰除此前担任过云南乡试考官外，并无治理西南的经验。雍正帝为何选择鄂尔泰从事这项难度颇大的工作？在鄂尔泰治理西南的六年中，即便当地民众反复起事，朝野大臣亦开始对鄂尔泰的举措颇有微词之时，雍正帝却为何对其信任与支持始终如一？

在成果丰富的鄂尔泰研究中，关于雍正帝与鄂尔泰的君臣关系这一方面，专门研究却不多。杨启樵在《揭开雍正皇帝隐秘的面纱》（上海书店出版社2002年版）一书中有专篇《雍正宠臣鄂尔泰》，从功绩的角度对鄂尔泰官运亨通的原因进行了分析。冯尔康《雍正传》（上海三联书店1999年版）、《雍正帝》（中华书局2009年版）两书中也有部分章节从鄂尔泰的功绩方面，分析其受到雍正帝赏识的原因。宫崎市定在《雍正帝——中国的独裁君主》（『雍正帝——中国の独裁君主』、中央公論社、1996年）第五章"总督三杰"（「総督三羽烏」），从鄂尔泰满洲出身的角度来分析雍正帝对其信任的原因。以上几本论著都并非雍正帝与鄂尔泰君臣关系的专门研究，所以对于雍正帝用人观与鄂尔泰被重用的联系、鄂尔泰政绩之外的个人素质涉及不多，也均未结合西南局势这一时代背景。本章将从雍正帝的人才观、鄂尔泰的自身素质、西南地区的战略位置三方面入手，通过利用实录、奏折等原始档案资料，对雍正帝重用鄂尔泰治理西南的原因进行更为详细具体的分析研究。

第一节 雍正帝的人才观

雍正帝在位虽然仅仅十三年，但是在其执政期间，却涌现了不少为后世所熟知的名臣，如除了本书所研究的鄂尔泰外，还有田文镜、李卫、张廷玉等。这些名臣能吏的出现，除了其自身能力的原因外，不能不说与雍正帝的知人善任有关。关于雍正帝的用人，学术界也已经有不少研究成果出现。[1] 纵观以往研究，尽管分析角度不

---

[1] 比如论文方面有：梁希哲《试论清世宗的吏治思想》(《史学集刊》1983年第3期) 利用实录和奏折朱批资料从"治国首重吏治，用人之权不可旁落"、"用人唯当辨其可否，察吏贵于严明不懈"、"惩贪奖廉，黜奢崇俭"、"为政务实，反对乡原"四方面总结了雍正帝的吏治思想。鄂世镛《浅谈雍正用人》[《辽宁大学学报》(哲学社会科学版) 1983年第3期] 利用《朱批谕旨》，认为雍正用人具有"治国以用人为本""用人要德才兼备""选人惟秉公举贤""使人在明察善任""创立密奏密谕制"五个特点。潘向明《雍正吏治思想探微——〈雍正朱批谕旨〉研究之一》(《故宫博物院院刊》1987年第3期) 也从《朱批谕旨》入手，认为雍正帝的吏治务求实际，不尚空话；选人标准方面重视"公""诚"，特别注重选用操守廉洁、秉公执法、刚直果断的人物，采取了"举荐"与"裁汰"的方法选用人才。汪树民《试论雍正的用人观》[《河池师专学报》(社会科学版) 1999年第1期] 从用人原则和用人实践两方面总结了雍正帝的用人观，认为强调"人治"是其指导思想。高远《雍正用人政策研究》(硕士学位论文，广西师范大学，2000年) 认为雍正帝继位后，振刷官场颓风，使得吏治为之一新；用人尚严，但严猛治政用人也是当时政治形势发展的需要；注重监督制度建设，总而言之雍正帝用人政策是非常成功的。郭成康《宁用操守平常的能吏，不用因循误事的清官——雍正对用人之道的别一种见解》(《清史研究》2001年第4期) 以"德"与"才"为讨论标准，强调不同于中国传统的重德轻才的政治取向，雍正用人更重视"才"，并且分析了这一现象出现的思想原因及结果影响。孙兵《雍正帝察吏之术与用人之道研究》(硕士学位论文，武汉大学，2004年) 从雍正帝考查官员才能、资质与监管官员任职、施政的察吏之术与选官用人、拣选取舍的用人之道分析雍正吏治的特点并总结了其成败得失。著作方面，杨启樵《雍正帝及其密折制度研究》(上海古籍出版社2003年版)、高翔《康雍乾三帝统治思想研究》(中国人民大学出版社1995年版)、冯尔康《雍正传》(上海三联书店1999年版) 等有关雍正帝的专著中也都涉及了其政治管理思想方法等。除此之外，因为奏折制度在雍正时期得到极大发展，并且被广泛运用到对下属官员的管理监控之中，因此，不少研究奏折制度的论文及专著对雍正的用人管理之道也有提及，在此就不一一展开。

同，但对雍正时期吏治的评价以肯定居多。不过，由于相关文献资料零散，这些研究也多是分点而论。鉴于篇幅限制，本章也无意大而化之地铺开陈述雍正朝的整个吏治管理，而是在上述研究的基础上，结合本章研究主题，利用实录以及雍正帝与鄂尔泰两人的奏折朱批资料，围绕"人"这一基本点，从雍正帝如何看待用人，重用什么样的人，怎样得人与用人三个方面层层递进地阐述雍正帝的人才观与重用鄂尔泰之间的关系。

一 "用人"为先，独握"用人"之权

康熙末年，皇子争储，朋党干政，拥有长期藩王生活阅历的雍正帝，对吏治废弛的形势已有深刻了解："为政首重安民，安民必先察吏。迩年有司，不能仰体圣祖仁皇帝宽仁德意，吏治渐致废弛。"①因此，雍正帝继位后，试图大加整治，一改颓风。他不仅重视"用人"，而且还把"用人"一事当作为政之先，这一点在《清世宗实录》中得到充分体现：

卷一　康熙六十一年十一月庚戌　朕惟敷政之道，用人为先。②

卷二十三　雍正二年八月己丑　国家分理庶绩，务在得人。③

卷三十二　雍正三年五月己未　人君图治，首在用人。④

卷三十四　雍正三年七月己亥　朕惟治天下之道，首重用人。⑤

卷四十五　雍正四年六月己丑　从古帝王之治天下，皆言理财

---

① 《清世宗实录》卷31，雍正三年四月戊子，中华书局1985年影印本，第7册，第478页。

② 《清世宗实录》卷1，康熙六十一年十一月庚戌，中华书局1985年影印本，第7册，第43页。

③ 《清世宗实录》卷23，雍正二年八月己丑，中华书局1985年影印本，第7册，第368页。

④ 《清世宗实录》卷32，雍正三年五月己未，中华书局1985年影印本，第7册，第493页。

⑤ 《清世宗实录》卷34，雍正三年七月己亥，中华书局1985年影印本，第7册，第513页。

用人。朕思用人之关系，更在理财之上。果任用得人，又何患财之不理，事之不办乎?①

  卷五十二　雍正五年正月甲辰　人君之道，以得人为要。②

  卷五十六　雍正五年四月己酉　治天下之道，在于用人。③

  卷五十六　雍正五年四月癸巳　从来为政在乎得人。④

  卷五十七　雍正五年五月庚辰　朕惟治道之要，莫大于用人。⑤

  卷九十一　雍正八年二月乙巳　为政之道，务在得人。⑥

  卷一百五十三　雍正十三年三月戊子　为政以得人为要，用得其人，自能因地制宜，顺时敷教。若不得人，纵奇策神术，徒美听闻耳，于事何济?⑦

  由上可见，雍正帝从政十三年，自始至终都极为重视"用人"。也正是雍正帝如此看重"用人"，再加之其曾引荀子"有治人无治法"之言："但天下事，有治人，无治法。得人办理，则无不允协；不得其人，其间舞文弄法，正自不少，虽条例画一，弊终难免"⑧，不少学者把此作为雍正帝重视"治人"，忽略或者轻视"治法"的依据。其实，若了解雍正时期的监察制度特别是奏折制度的发展，

---

  ① 《清世宗实录》卷45，雍正四年六月己丑，中华书局1985年影印本，第7册，第685页。

  ② 《清世宗实录》卷52，雍正五年正月甲辰，中华书局1985年影印本，第7册，第785页。

  ③ 《清世宗实录》卷56，雍正五年四月己酉，中华书局1985年影印本，第7册，第834页。

  ④ 《清世宗实录》卷56，雍正五年四月癸巳，中华书局1985年影印本，第7册，第854页。

  ⑤ 《清世宗实录》卷57，雍正五年五月庚辰，中华书局1985年影印本，第7册，第874页。

  ⑥ 《清世宗实录》卷91，雍正八年二月乙巳，中华书局1985年影印本，第8册，第220页。

  ⑦ 《清世宗实录》卷153，雍正十三年三月戊子，中华书局1985年影印本，第8册，第882页。

  ⑧ 《清世宗实录》卷9，雍正元年七月乙未，中华书局1985年影印本，第7册，第175页。

就知道雍正帝从未忽略"治法",只是相比而言,他更看重"治人",在对鄂尔泰奏折的朱批中他也曾直言:"治天下惟以用人为本,其余皆枝叶事耳。"①

因为看重"用人",雍正帝独揽"用人"之权,不肯让其旁落。"从古圣帝明王之道,未有不以勤劳自励而以逸乐无为为治者也。是以治天下,莫大于用人理财二端。理财一事,自应付之臣下。至用人之权,不可旁落。今试以铨选之权付之大臣,大臣敢应此任乎?无论稍存容私徇情之见者,固不可一日当此重任。即秉公持正之人,于用舍黜陟之际,不为怨府,即为祸源矣。"② 雍正帝认为理财可以交给臣下,但是"用人"之权必须自己掌控,即使自己想交出,恐怕也没有大臣能担任。有私心的大臣固然不可,但秉公持正的人也会因为人事的选取罢黜招来怨恨,因此皇帝独握"用人"大权也是责无旁贷之事。雍正帝对此也确实说到做到,选人考核亲力亲为:"朕念为政之道,首在得人。故自即位以来,于文武大小臣工,皆留意简选。而于伊等陛见之日,必召入面询,亲加训诲。"③ "凡大小文武官员,俱亲加看验考试补用。至降革罚俸等项处分,必再三详审,务使情罪允当,不令稍有屈抑。"④

二 崇实行,恶虚名

除了"忠""公"这样的基本要求,深刻认识到用人重要性的雍正帝最看重官员具备什么样的素质呢?在其继位之后不久,雍

---

① 《雍正四年八月初六日管云贵总督事鄂尔泰奏陈所知滇黔大小文武各官情形以备采择折》,《雍正朝汉文朱批奏折汇编》,江苏古籍出版社1989年影印本,第7册,第841页。

② 《清世宗实录》卷83,雍正七年七月丙午,中华书局1985年影印本,第8册,第103页。

③ 《清世宗实录》卷33,雍正三年六月丁卯朔,中华书局1985年影印本,第7册,第497页。

④ 《清世宗实录》卷34,雍正三年七月己亥,中华书局1985年影印本,第7册,第513页。

正帝就对总督及直省总督以下等各级官员均颁发了上谕①，对不同官职传达了不同的要求与期望。本章将着重分析一下关于鄂尔泰在治理西南时所担任的巡抚、总督两职位，雍正帝是做何要求的。对于担任"国家任官守土，绥辑兆民，封疆之责"的巡抚，雍正帝首先陈述了巡抚勾结地方，中饱私囊的各种情形以示警告，"属僚善于逢迎者，即推为才能，其朴直自好，洁己爱民之员，反无见知之地，及至计典黜陟。并遇选择保题之缺，或先纳贿赂，或责报异时，始为之荐引，亦有寄耳目于监司等官，听毁誉于幕宾僚友之口，以致举刻不公，潜滋奔竞，劝赏黜陟，既失其当，地方安得良有司乎。藩库钱粮亏空，近来或多至数十万，盖因巡抚之费用，皆取给予藩司。"② 对于西南地区的巡抚还特意加以叮嘱："云、贵、川、广，猺獞杂处，其奉公输赋之土司，皆当与内地人民一体休养。俾得遂生乐业，乃不虚朕怀保柔远之心。嗣后毋得生事扰累，致令峒氓失所。至于土豪巨猾，结交官吏，武断乡曲，逞奸干纪之徒，每或弥缝漏网，而告休归田之大臣官员，安分杜门，反徇私吹索，借端陵践，此皆大失好恶之公，尤损保全耆旧之义，非镇抚者所当留意乎？"③ 一是对于服从朝廷管理的土司要给予优待，不得对其生事；二是对于当地的土豪以及与土豪相勾结的大臣官员，要严厉地给予打击。对于总督，雍正帝首先说明总督的重要性："此封疆大臣以总督为最重也，总督地控两省，权兼文武，必使将吏协和，军民绥辑，乃为称职。但统辖辽远，职务殷繁，较巡抚之所属更大，是在遴选属僚之贤能者，"④ 其后列举出官员中存在的种种弊端以及自己对于总督的期望："今之居官者，钓誉以

---

① 上谕包括："谕总督""谕巡抚""谕督学""谕提督""谕总兵官""谕布政司""谕按察司""谕道员""谕副将、恭将、游击等官""谕知府""谕知州、知县""谕户部""谕大学士等"。
② 《清世宗实录》卷3，雍正元年正月辛巳朔，中华书局1985年影印本，第7册，第69页。
③ 同上书，第70页。
④ 同上书，第67页。

为名，肥家以为实，而云名实兼收。不知所谓名实者，果何谓也……尔督臣皆皇考擢用之大臣。朕嗣绍丕基，一切遵循成法，惟冀尔等，察吏安民，练兵核饷，崇实行而不事虚名，秉公衷而不持偏见，故谆谆告诫。"① 即对于权限极大，掌控几省，文武兼管的总督，雍正帝警告他们不要因为不负责具体事务而只占其名，不做实事。简而言之，雍正帝对于总督是忧其居其位不从其政，对于巡抚则是恐其与地方势力勾结，横行乡里，而对两者的希望可统一概括总结为"实行"。

雍正四年（1726）七月，雍正帝又对直省督抚布按等官员下了一道谕旨论述"居官立身之道"，更加集中表现了他的人才评价标准。虽然他承认为官要以"操守廉洁为本"，但这只是居官其一，对于封疆大吏的考察还应该有更多途径与标准。"洪范所称有猷有为有守三者并重，则是操守者，不过居官之一节耳。安民察吏，兴利除弊，其道多端。"继而他列举了三种类型的官吏，分别是"恃其操守，博取名誉，而悠悠忽忽，于地方事务，不能整饬经理，苟且塞责，姑息养奸，贻害甚大"之人、"操守平常者，其心既不敢自恃，心怀畏惧，颇能整顿经理，事务不至旷废。朝廷又时时留心访察，一有不善即加惩戒，而在朝之官员及伊属下之官吏绅衿人等皆伺察其过，不肯为之隐讳……贻累于地方者尚轻"之人、"若操守既更胜于他人，而又能实心任事，整饬官民，不避嫌怨"之人。② 由此可以看出，比起名誉名声这些虚幻的东西，雍正帝更看重为官者的实绩。若是没有实绩，即便被当地百姓称颂的好官也只是徒有其名，这些官员实则是祸害地方；相反对于那些有实绩甚至因为办理政务而在当地遭到诬陷诽谤名声不好的官员，雍正帝却极为推崇。其实，从鼓励官员"实心任事"的角度来看，雍正帝此论对于地方官员排除

---

① 《清世宗实录》卷3，雍正元年正月辛巳朔，中华书局1985年影印本，第7册，第68页。
② 《清世宗实录》卷40，雍正四年七月戊戌，中华书局1985年影印本，第7册，第690—691页。

地方势力干扰，大刀阔斧推行中央政策还是很有积极作用的。"朕深望尔等为明体达用之全材，而深惜尔等为同流合俗之乡愿，故谆谆告诫，不惮周详。"① 只是，凡事物极必反，雍正帝过于看重实绩而忽略地方百姓的声音与评价，造成了不少官吏为了政绩急功近利，甚至有违民意。鄂尔泰经营西南期间，就发生过因地方官员治理方式不当而引起当地民众起事的例子，比如雍正五年（1727）的镇沅之变与雍正八年（1730）的乌蒙镇雄之变。

在实录中还可以看到雍正帝对于官员在意自己年龄和民族之事作了特别说明，以表明自己用人不拘小节。当时有不少官员在履历上修改自己的年龄，其中既有担心自己岁数过大不会被继续任用而把岁数写小之人，也有担心自己年岁太轻不被重用而把岁数写大之人，雍正帝认为此行大可不必。"朕览文武官员履历，开载年岁，任意增减，多有不实……夫国家用人，惟论其才力之可以办事任职与否，原不以年岁之老少为重轻。如老成望重之人，宜于居官服政，年齿虽多，而精神尚健，即属可用之员。若年虽未老，而志气委靡，则不可用，是多者不必减之为少也。少年精壮之人，宜于效力宣劳，年虽轻而办事勤敏，亦属可用之员。若年齿虽大，而才具庸劣，则不可用，是少者不必增之为多也。"② 而对于民族的顾忌，雍正帝更是直白地说："用人惟当辨其可否，不当论其为满为汉也……盖汉人中，固有不可用之人，而可用者亦多。如三藩变乱之际，汉人中能奋勇效力，以及捐躯殉节者，正不乏人。岂可谓汉人不当用乎？满洲中，固有可用之人，而不可用者亦多。如贪赃坏法，罔上营私之辈，岂可因其为满洲而用之乎？且满洲人数本少，今只将中外紧要之缺补用，已足办理……朕临御以来，以四海为一家，万物为一体，

---

① 《清世宗实录》卷40，雍正四年七月戊戌，中华书局1985年影印本，第7册，第691页。
② 《清世宗实录》卷62，雍正五年十月壬辰，中华书局1985年影印本，第7册，第952页。

于用人之际，必期有裨于国计民生。故凡秉公持正，实心办事者，虽疏远之人而必用；有徇私利己，坏法乱政者，虽亲近之人而必黜。总无分别满汉之见，惟知天下为公。"① 鄂尔泰被雍正帝起用之时已经年过四十，而从雍正朝总督的民族成分统计来看："39位总督中，满人10人，汉军旗人13人，汉人16人"②，尽管按照满汉人口总量来计算，满人总督已经超过汉人总督在本族人口中的占比，但由此确实也可以看出民族在雍正帝的选人条件中并非十分重要。除此之外，纵览雍正朝文献资料，雍正帝论及用人，提到最多的就是"实心任事"这样的词语，对于沽名钓誉之人极为厌恶反感。因此，凭借鄂尔泰在任江苏布政使时的政绩，得到雍正帝的赏识也是自然之事，而此后其在西南的改土归流、开辟苗疆等一系列治理西南的实务举措让其从云南巡抚升为云贵总督，后又升为云南、贵州、广西三省总督亦属情理之中。

三 广招人才、唯才是用、统筹调配

深明"用人"为先，且以实务为做官之重的雍正帝是如何得人与用人的呢？在得人方面，"雍正帝曾有意识地压抑科甲中进士出身的官员，大力选用举人、生员、贡生出身之人，甚至一度开捐纳以抑科甲，大量起用异途出身之人"③。除此之外，在实录和奏折中可以看到他再三鼓励下属官员，推荐贤能之人。"从来用人之道，必兼听并观，畴咨博采方能允当而无失。朕于选用人员，勤加谘访。正以朕一人之耳目有限，不若合尔诸臣之见闻，始无遗漏也。"④ "朕

---

① 《清世宗实录》卷74，雍正六年十月癸未，中华书局1985年影印本，第7册，第1100—1101页。
② 王丹丹：《雍正朝总督群体研究》，硕士学位论文，黑龙江大学，2009年。
③ 倪军民：《雍正帝改革科举制度考述》，《通化师院学报》（社会科学版）1998年第2期。
④ 《清世宗实录》卷12，雍正元年十月戊午，中华书局1985年影印本，第7册，第220页。

即位以来，推心置腹，以待尔等大臣。时时谘访，务得人才，共襄庶政。尔大臣等，亦各有所保荐，以备任用，朕深嘉之。"同时，为了消除官员保举的后顾之忧，雍正帝声明被保之人将来若有变也不追究保人责任："知人自古为难，而保人更非易事。知人者不过知其才具，岂能知其存心。保人者亦只能保其目前，岂能保其异日。是以朕曲加体谅，从不苛求。"①

雍正帝时期在用人方面的具体措施包括：引见制度、奏折朱批制度以及三年举行一次的"京查""大计"等。关于这些，相关的研究已经有很多，在此就不再重复叙述。对于"用人"，鄂尔泰与雍正帝颇有共鸣，因此雍正帝也极喜欢与他讨论用人之术。本章将着重通过雍正帝与鄂尔泰的奏折朱批往来窥探两人的用人特点。鄂尔泰在雍正四年（1726）八月的奏折中说道："人有强柔短长，用违其材，虽能者亦难以自效，虽贤者亦或致误公。用当其可，即中人亦可以有为，即小人亦每能济事。因材因地因事因时，必官无弃人，斯政无废事"，深得雍正帝赏识："览卿之奏，非大公，不能如是；非注意留神，为国家得人，不能如是；非虚明觉照，不能如是；朕实嘉之。"同时，雍正帝还提醒鄂尔泰看人不光要看眼前，"但必明试以功，临事经验，方可信任。即历经几事，亦只可信其已往。犹当留意，观其将来，万不可信其必不改移也"。在此，雍正帝还引用了自己对田文镜的朱批，一语道破其用人思想的关键："朕前批论田文镜言用人之难有两句：'可信者非人何求？不可信者非人而何？'不明此理，不可以言用人也。朕实以此法用人，卿等当法之则永不被人愚矣。卿等封疆之任，古诸侯也。盖省窥伺，投其所好，百计千方弃其不善而著其善，粉饰欺隐，何所不至。惟'才'之一字不能假借也，凡有材具之员，当惜之教之。朕意虽魑魅魍魉，亦不能

---

① 《清世宗实录》卷45，雍正四年六月己丑，中华书局1985年影印本，第7册，第686页。

逃我范围，何惧之有？及至教而不听，有真凭实据时，处之以法，乃伊自取也，何碍乎？卿等封疆大臣只以留神用材为要。庸碌安分，洁己沽名之人，驾驭难然省力，唯恐误事。但用材情之人，要费心力方可操纵。若无能大员转不如用忠厚老成人，然亦不过得中医之法耳，究非尽人力听天之道也。"① 在此可以看出，雍正帝在提出"信"这一条基本要求之后，认为无法造假的"才"最为重要，因此遇到有才的人后，要好好珍惜教育，尽管有才之人可能更难操纵。如果没有可用的有才之人，可以退而求其次用"忠厚老成"的人。对于"可信""可用"等含义的界定，鄂尔泰在同年十一月的奏折中进行了进一步说明："臣念可信不可信原俱在人为，而能用不能用则实由已。忠厚老成而略无材具者，可信而不可用；聪明才智而动出范围者，可用而不可信。朝廷设官分职，原以济事，非为众人藏身地。但能济事，俱属可用，虽小人亦当惜之教之；但不能济事，俱属无用，即善人亦当移之置之。"比起雍正帝，鄂尔泰表述得更为明白：用人应以其是否能胜任为标准。因此对于即便品行操守不好的小人，只要能"济事"，他也并不放弃："有才有守者，实难多得；而有才无守之人，驾驭稍疏，即不用于正。惟能动其良心，制其邪心，使彼熟知利害，渐爱身名，然后可以济事。"相反，他对于只有操守德行，而无办事能力的"清官"则极为反感。"贪官之弊易除，清官之弊难除，实缘贪官坏事，人皆怨恨，乐于改正；清官误事，人犹信重，碍即更张也"，对此雍正帝朱批表示极为认可。② 其实从某种程度上可以说：鄂尔泰在西南的人员管理恰是雍正帝"唯才是

---

① 《雍正四年八月初六日管云贵总督事鄂尔泰奏陈所知滇黔大小文武各官情形以备采择折》，《雍正朝汉文朱批奏折汇编》，江苏古籍出版社1989年影印本，第7册，第841—842页。

② 《雍正四年十一月十五日管云贵总督事鄂尔泰奏覆何世璂蔡嵩法敏鄂尔奇等员操守官声折》，《雍正朝汉文朱批奏折汇编》，江苏古籍出版社1989年影印本，第8册，第452—453页。

用"用人观的一种践行,其对在镇压当地民众起事中立下功劳的哈元生、张广泗等人的重用也正是"唯才是用"的印证。

通过上文还可以看到"有才有守者"固然最好,但是这样的人毕竟难得,数量不多。如何配置水平不一的官员,除了鄂尔泰的"因材因地因事因时"论,雍正帝在对其他官员的朱批中,也时常表现类似观点,其中包括把鄂尔泰派往西南的原因。比如雍正七年(1729)十二月时任浙江总督管巡抚事的李卫上报拿获江宁地区奸匪情形,请求皇帝派"公正廉明"的大臣前来审讯完结此案,雍正帝朱批:"现今督抚中,除鄂尔泰、田文镜外,试举能胜两江之任者为谁?总不得人,奈何奈何"①,以表示自己在江南无人可用之苦衷。李卫收到此朱批后,对鄂尔泰也有一段论言:"如鄂尔泰之识见声望正与两江相宜,但云贵吏治民情,虽逊于鄂尔泰者皆可料理无误,惟苗猓番夷鲁魁中甸各种土人,更兼远辖广西,新收乌蒙丹江古州等处,皆属冥顽难治,若遇总督威信既行便自归诚帖服,一有更易,辄又生心妄为,关系匪轻。此数年中鄂尔泰断难离乎",② 雍正帝对此表示赞同。除此之外,雍正帝还在李卫其后的奏折中朱批:"凡武员可以胜提任者,皆在军前川陕云贵,其他省总兵皆循分之中才,未有可胜任者。"③ 由此可见,雍正帝在"人才"有限的条件下,只能根据轻重缓急来统筹调配,对于川陕云贵等事务繁杂,军事意义重要的边疆地区优先派遣才员能吏。在鄂尔泰治理西南六年后,雍正帝又让其担任"三边经略",负责陕西兵事,也充分体现

---

① 《雍正七年十二月初二日浙江总督李卫奏报拿讯谋为不轨之徒情形并派大臣来南审拟完结折》,《雍正朝汉文朱批奏折汇编》,江苏古籍出版社1989年影印本,第17册,第384—385页。

② 《雍正八年正月十七日浙江总督李卫奏覆张云如甘凤池案情暨两江总督人选等事折》,《雍正朝汉文朱批奏折汇编》,江苏古籍出版社1989年影印本,第17册,第733页。

③ 《雍正八年四月十五日浙江总督李卫奏覆传谕训饬提臣万际瑞并陈革职副将陈文呈请效力等事折》,《雍正朝汉文朱批奏折汇编》,江苏古籍出版社1989年影印本,第18册,第476页。

了这一点。

第二节 鄂尔泰的自身素养

雍正帝能重用鄂尔泰，自然是鄂尔泰符合雍正帝的人才观，属于"有才有守"又能"实心任事"之人，但是这样一个人物并非一入仕途就官运亨通。尽管鄂尔泰在康熙三十八年（1699）就已中举人，但直到康熙五十五年（1716），才出任内务府员外郎，此后到康熙帝去世也无太大晋升，因此他才在《咏怀》诗中感慨道："看来四十犹如此，便到百年已可知。"① 待雍正帝继位后，鄂尔泰终于时来运转。雍正帝登基之前曾让鄂尔泰替其办事，而鄂尔泰以"皇子不可结交外臣"为由拒绝，这不但没惹怒雍正帝，反而得到了他的另眼相看，"世宗在藩邸，偶有所嘱，鄂尔泰拒之。世宗即位，召曰：'汝为郎官拒皇子，其执法甚坚。'深慰谕之"②。这一点在众多论及雍正帝重用鄂尔泰的论文与著作中都被作为原因提到，但是笔者认为：鄂尔泰凭"气节"虽能得到的雍正帝赏识，但尚不足以全面说明"唯才是用"的雍正帝对其重用的原因，本章将从鄂尔泰的学识修养、为人处世、实政能力三方面来分析一下雍正帝重用鄂尔泰治理西南的原因。

一 学识修养——勤勉博古

鄂尔泰六岁入塾，据其子鄂容安所编的《鄂尔泰年谱》记载："公天性颖敏绝人，过目不忘。四书五经，读辄成诵，从不知有嬉戏事。"③ 当然，这其中可能不乏后人杜撰神化的成分，但是由此可

---

① （清）袁枚：《随园诗话》卷1，人民文学出版社1982年版，第1页。
② （清）赵尔巽等撰：《清史稿》卷288列传75《鄂尔泰》，中华书局1977年点校本，第10229页。
③ （清）鄂容安：《鄂尔泰年谱》，中华书局1993年点校本，第2页。

以看出，鄂尔泰确实是自幼习经典，学诗书。因此，虽是满洲人，鄂尔泰却是举人出身。同时，鄂尔泰又是一勤奋好学之人，"公侍卫时，每直内庭，时出怀中所携带古文、时文各一册，手不释卷，竟夜忘寝。"对于这段经历，鄂尔泰自己也坦言受益颇深："吾年少登科，未尝学问，即帖括亦未多见。生平得力，全在禁厅直宿时。自成、弘、正、嘉，以及庆、历、启、祯之文，无不搜括。上至周、秦、汉、魏，以迄晋、唐、宋、元、有明载籍，无不穷究，要其指归，总以程、朱为的。后之得以稍能淹贯大义者，皆数年之力，圣恩之所赐也。"① 像鄂尔泰这样勤于读书的满洲官员，在康熙、雍正时期并不多见。阅读鄂尔泰上报雍正帝的奏折，便可见其表词达意精准，逻辑严谨清晰。也正是因为博览群书，通晓古今，鄂尔泰除了为官从政，在很多方面也颇有造诣。比如：他喜吟诗作文，著有《西林遗稿》，部分古诗还被袁枚收入文学性很高的《随园诗话》之中。在云南任职期间，他在治水、开矿等事务上也都取得不错的成效。同时，他还主持编纂《贵州通志》《云南通志》以及与张廷玉合作编纂《钦定授时通考》《国朝宫史》《朱批谕旨》等书籍。雍正六年（1728）正月初八的奏折中，鄂尔泰对雍正帝御赐律例渊源表示感谢之余，还对历法、音乐、数学等阐述了自己的见解："臣谨按纲分三部目有万端，一曰《历象考成》，始以天象配以地体，继以历元明黄赤道之分辨经纬度之别，复益之以岁差然后示以三角之形穷其日星之要……一曰《律吕正义》，立黄钟以正中声，定元声以正律吕，协律吕以正度量权衡，齐度量权衡以正万物，盖黄钟立而万物无有不正，故曰正义黄钟为万事之根本……一曰《数理精蕴》以河图为加减之原，以洛书为乘除之本，得其原本则以一贯万，至于靡穷，皆此理也，

---

① （清）鄂容安：《鄂尔泰年谱》，中华书局1993年点校本，第4页。

而精蕴即在其中……圣祖禁庭窃闻有三角算法几何原本等书，虽愿闻其指，实无由可觅，今叨蒙圣恩颁赐及"，其学习兴趣之广泛，不仅让笔者颇为意外，雍正帝也对此朱批："欣悦览之，朕所喜者，滇黔两省新创之事甚多，初定地方筹划之处颇繁，想必案卷如山，料卿必竭虑勉强，今览此奏，尚能留心于律历之书，则精神力量必有余也，朕实神情皆为之怡慰，欣喜之怀，笔不能论。"① 若按照如今的称呼，鄂尔泰可谓当之无愧的"全才"。雍正帝曾在署理广西巡抚韩良辅的奏折中朱批："鄂尔泰当今督抚中第一人，忠赤之居心不必言，而识见迥与常人不同。"② 在其病逝后，乾隆帝下旨称其："才裕经纶，学有根柢。不愧国家之柱石，文武之仪型。"③ 两代皇帝均给出如此之高的评价，可谓是对鄂尔泰学识修养的莫大肯定。

二 为人处世——谨慎沉稳

前文所述的鄂尔泰拒皇子之约的举动既说明了其勇气，也说明了其谨慎。文如其人，读鄂尔泰的文章奏折，既能领略到其果断坚决之勇，也能感受其慎重沉稳之风，而这一点在他的年谱中也有所反映。"自幼言笑不苟，动履必中矩度，宛若成人者……康熙二十八年己巳，公年十岁，始作文。公作文不依傍时趋，唯涵泳白文，领会通章大意，以取本题精神，出笔皆有清刚之气。"④ 如果说这样判断还太过主观，那么可举两个简单的例子以作说明。雍正元年（1723）即开"恩科"，鄂尔泰被任命为云南乡试副考官，这也是雍

---

① 《雍正六年正月初八日云南总督鄂尔泰奏谢颁赐御制律历渊源折》，《雍正朝汉文朱批奏折汇编》，江苏古籍出版社1989年影印本，第11册，第364页。
② 《雍正五年二月初二日广西巡抚韩良辅奏进泗城地图并恭缴朱批折》，《雍正朝汉文朱批奏折汇编》，江苏古籍出版社1989年影印本，第9册，第9页。
③ （清）鄂容安：《鄂尔泰年谱》，中华书局1993年点校本，第134页。
④ 同上书，第2—3页。鄂尔泰出生于康熙十九年（1680），因此这里的十岁应是指虚岁。

正帝继位后对鄂尔泰的起用之端。当时，考场舞弊盛行，雍正帝企图一改旧气，除了谨慎挑选考官之外，还要求考官检阅"落卷"。鄂尔泰通过检阅"落卷"，不仅让本来落榜的十人及第，而且还将其中的许希孔改判为第一名。将落榜之人改判为第一名，这在当时是极为罕见的。这些人后来的作为也证明了鄂尔泰的正确："如陈沆、罗凤彩、苏霖渤、杨汝栢辈皆一时知名之士，门人皆多贵显。"[①] 雍正六年（1728）求贤若渴的雍正帝特谕："京官自翰林科道郎中以上，外官自知府道员学政以上，武官自副将以上，旗员自恭领以上，皆令每人各举一人。满洲官员则保举满洲。"对此鄂尔泰在奏折中写道："臣系满洲镶蓝旗人，应遵旨保举满洲官员，但臣初袭佐领，继充侍卫，后调内务府员外郎，人微性拙，原少知交……况外任五年，文武旗员皆未熟悉，既不敢滥行举荐，又何敢苟且塞责。"[②] 没有合适人选，鄂尔泰宁可违旨也不愿意随便保举，足见其谨慎小心；据实陈述违旨理由，亦是明智之举。查阅鄂尔泰个人生平资料，笔者还注意到一个细节：鄂尔泰在原配瓜尔佳氏早卒之后，续娶迈夫人，相敬如宾，再无娶妾。而迈夫人也属朴素之人，"服饰宛然儒素，一绵绢之衣数十年不更易。饮食止常膳，凡珍错肥腴之物不登于几"[③]。虽然其子所撰年谱可能存有美化父母之嫌，但是从这一细节，可以得知：无论是鄂尔泰还是其家人，为人处世内敛低调，生活崇简排侈。这种典型的"修身齐家治国平天下"的士大夫形象，得到同样勤勉、务实、尚简的雍正帝的认可也属自然。相反，某些居官自傲、飞扬跋扈、骄奢淫逸的大臣就被雍正帝毫不留情地给予了处理，比如年羹尧。雍正帝时常把对鄂尔泰为人处世的认可情不自禁地流露在给其他大臣的朱批中，比如："鄂尔泰可为封疆大臣之标榜

---

① （清）鄂容安：《鄂尔泰年谱》，中华书局1993年点校本，第8页。
② 《雍正六年三月初八日云南总督鄂尔泰奏陈文武旗员无可举荐缘由折》，《雍正朝汉文朱批奏折汇编》，江苏古籍出版社1989年影印本，第11册，第870页。
③ （清）鄂容安：《鄂尔泰年谱》，中华书局1993年点校本，第5页。

者，若能法其居心之半，则一生用之不尽矣"①，"存心行事但效鄂尔泰，将来亦必为朕之栋梁名臣也"②，"鄂尔泰之长于常人者，忠诚二字而已。能不计一身之利害，大公忘我，致身于国，则经济学问即随之矣，但忧汝不能法其心耳"③，"能事事效法鄂尔泰之居心，何者不能整理也"④。类似朱批还有许多，此处不再一一引述。

三 实政能力——成果显著

历数鄂尔泰政绩，当首推西南治理，相关研究成果也有不少已经问世，但其赴任云南前的实政成绩，在以往研究中较少被提及。雍正元年（1723）五月，还在滇中参加典试工作的鄂尔泰收到江苏布政使的任命，开始了其治理经营地方的官宦生涯。当时的江南地区，虽然经济发达，但属难于治理之地。根据当时的两江总督查弼纳奏言"江南为财赋重地，而苏松常三府之州县，尤为烦剧。额征赋税，款项繁多；狱讼刑名，案牍纷积。为牧令者，即有肆应之才，亦难治理"⑤。鄂尔泰自己在奏折中也说："江苏地方，外似繁华，中实凋敝。加以风俗奢靡，人情浮薄，纵遇丰年，亦难为继。"⑥ 面对这些问题，鄂尔泰上任之后，先颁布实政十条："禁打降、禁唆讼、禁赌博、禁土豪、禁婚嫁踰制、禁丧葬违礼、禁妇女入庙烧香、禁游方僧道、禁游民、禁赛会"，后又著实政六条："饬守令、饬佐

---

① 《雍正六年二月二十六日云南按察使赵弘本奏谢擢受云南臬司并请圣训指教折》，《雍正朝汉文朱批奏折汇编》，江苏古籍出版社1989年影印本，第11册，第784页。
② 《雍正六年十二月二十五日贵州巡抚张广泗奏谢朱批训勉并赐貂皮等物折》，《雍正朝汉文朱批奏折汇编》，江苏古籍出版社1989年影印本，第14册，第274页。
③ 《雍正七年十月六日广西按察使元展成奏谢赏赐折匣轮匙并缴朱批折》，《雍正朝汉文朱批奏折汇编》，江苏古籍出版社1989年影印本，第16册，第873页。
④ 《雍正九年五月十二日补调广东布政使杨永斌奏谢恩补广东新任并请恩赐训诲折》，《雍正朝汉文朱批奏折汇编》，江苏古籍出版社1989年影印本，第20册，第526页。
⑤ 《清世宗实录》卷24，雍正二年九月甲辰，中华书局1985年影印本，第7册，第379页。
⑥ 《雍正二年六月初八日江苏布政使鄂尔泰奏谢天语褒嘉并缴朱谕折》，《雍正朝汉文朱批奏折汇编》，江苏古籍出版社1989年影印本，第3册，第145页。

二、饬学校、饬士子、除衙蠹、禁势豪。"这些政策对于改变当时的社会风气很快就起到了作用,"见者莫不毛发耸立,无待惩创,而民皆有起色亦。其怙恶不悛者,后皆尽法惩治。"① 除了这些严禁与打压的措施,鄂尔泰也为当地百姓做了不少实事,比如清除火耗加征、漕粮横征、报荒侵蚀等陋弊,申请禁止漕粮弁丁侵蚀,多设粥厂、遍赈饥民,兴修水利、陈请蠲赈,访拿拐骗折割男女、严拿囤鹭闺女,诏免苏、松浮粮四百五十万石等。同时,和求贤若渴的雍正帝一样,鄂尔泰对于人才与文教也很重视:广搜节义,严禁留难;延访真才,以光文治;率百官以肃丁祭;刊《南邦黎献集》等。在江苏治理两年多后,雍正三年(1725)八月鄂尔泰被召回京授予广西巡抚,后又调为云南巡抚管云贵总督事。鄂尔泰离任江苏之时,江苏库银已积攒了一百多万两。同时,他还捐出了自己任职期间所得的三万多银两用于买谷,以备赈灾。继任张楷上奏称"伊任内经收钱粮除解支外,应存库银一百一十一万一千四百五十七两零。臣会同督臣查弼纳于十月二十六日诣司盘查逐柜抽兑,丝毫无缺。并据鄂尔泰详称莅藩二载以来兢兢供职,今蒙圣恩简擢,尔泰仰体皇仁,所有任内应得除剩银两捐买谷三万三千四百四石八斗三升,分贮苏州、松江、常州三府"②,雍正帝因此颁旨:"鄂将伊应得银两,急公买谷积贮可嘉,着加二级。"③ 由上可见,正是鄂尔泰在江苏的施政能力和成效,让雍正帝确信此人可以委以重任。在此期间,雍正帝曾让署理浙江的佟吉图对鄂尔泰口宣圣谕:"鄂尔泰自到江苏,声名甚好,毫不负朕恩,是天下第一布政使。"④ 因此,雍正帝把这位

---

① (清)鄂容安:《鄂尔泰年谱》,中华书局1993年点校本,第9—17页。
② 《雍正三年十一月初六日江苏巡抚张楷奏盘查原任江苏布政使臣鄂尔泰任内经收钱粮无缺折》,《雍正朝汉文朱批奏折汇编》,江苏古籍出版社1989年影印本,第6册,第393页。
③ (清)鄂容安:《鄂尔泰年谱》,中华书局1993年点校本,第17页。
④ 《雍正二年六月初八日江苏布政使鄂尔泰奏谢天语褒嘉并缴朱谕折》,《雍正朝汉文朱批奏折汇编》,江苏古籍出版社1989年影印本,第3册,第145页。

"天下第一布政使"调往当时战略位置更为重要,繁杂事务更为棘手的西南地区,也属情理之中了。

第三节　雍正时期西南地区的战略位置

　　清初,西南地区之所以被重视,不仅在于其本身为边境之地,更在于其在清廷与蒙藏势力对峙斗争中的作用。清军入关前,统治西藏青海地区的漠西蒙古和硕特部与格鲁派为了争取政治支持,已向清廷表示归顺。为了孤立西北的敌对势力漠西蒙古准噶尔部,清廷接受和硕特部与格鲁派的归顺,并采取了"以蒙治藏"的措施,把宗教权交给达赖,把行政权和军事权交给和硕特部固始汗,但是此举也造成了蒙藏势力的联合,其统治范围包括今天西藏、青海、甘肃,以及四川西部及云南西北等广大地区。待平定三藩叛乱,清廷开始关注并试图控制这些地区时,云南地理位置的重要性就被凸显出来。康熙二十年(1681),云贵总督蔡毓荣在《酌定全滇营制疏》中称:"滇省东接东川,西接猛缅,北距蒙番,南达安南,四周边险"[①],算是对当时形势简要而准确的总结。此后,康熙一朝为了防止蒙藏势力南下,不断地在滇西北更改建制,添兵设防。同时,为了阻止准噶尔部占领西藏并与和硕特部联合,清军两次出兵西藏,打退准噶尔部后废除了蒙古汗王在西藏的统治,并将巴塘、理塘地区划归为四川管辖。和硕特蒙古势力由于被排挤打压,雍正元年(1723)爆发了罗卜藏丹津叛乱,雍正帝在时任云贵总督高其倬的奏折朱批中下旨,要求派兵以阻止罗卜藏丹津势力对云南的入侵,"谕云贵总督高其倬、巡抚杨名时、提督郝玉麟等知悉:顷呼呼脑儿、罗卜藏丹津兴兵背叛,侵犯西宁边界之申中堡,被我兵击败。呼呼

[①] (清)鄂尔泰编:《云南通志》卷29《艺文志》,中国国家图书馆藏清乾隆元年刻本。

脑儿既经叛逆，不可不行防御，尔滇省沿边内外俱系番夷杂处，且中甸系新抚地方，罗卜藏丹津妄称系伊所属部落，差人往诱，抑或遣兵招纳，俱未可定。前次进师取藏之时，原任提督张国梁曾带兵扬威驻扎中甸，今宜保固边境，将附近兵马，酌量调拨郝玉麟，带往中甸扬威驻扎，倘遇罗卜藏丹津所遣之阿齐巴图鲁寨桑带兵在彼，务期剿擒净，以安彼处番夷人等之心，作速料理毋得迟误"①。此后，郝玉麟又率兵进驻察木多，对协助年羹尧平定罗卜藏丹津叛乱起到了重要作用。叛乱被平定后，为了彻底切断云南与蒙藏势力之间的联系，中甸迪庆地区被划为云南所辖，结束了"西番人交纳租税，惟知有蒙古，而不知有厅卫、营伍官员"②的局面。位于云南进入藏区的咽喉要道的丽江地区也被进行了改土归流，近百年的木氏土司统治被中央朝廷的直接控制所代替。

  近年来，关于西南地区在清廷与蒙藏力量对峙中的作用，以及这种作用对"改土归流"的推动力量开始引起学者的注意。比如马国君在《论清前期漠西蒙古入藏与西南边疆"改土归流"的关系——以康区的改土归流为视野》（《思想战线》2011年第2期）中从清廷对康区不同时期的经营特点，漠西蒙古入藏对川、滇、青边防之影响，清廷对康区的改土归流及善后措施等方面对漠西蒙古入藏与西南改土归流之间的关系进行了分析，认为前者直接导致了后者的发生。付春在其论著《尊王黜霸：云南由乱向治的历程（1644—1735）》③中也以"'三藩之乱'及其平定后清朝对云南的治理"

---

① 此谕旨见于《朱批谕旨》（清光绪十三年上海点石斋石印本，第45册）所录的雍正元年十月二十六日云贵总督高其倬奏折内容之后，查阅《雍正朝汉文奏折汇编》（江苏古籍出版社1989年影印本，第2册）中同日高其倬奏折，未见附有此谕旨，但对照高其倬其后的奏折内容，可知此谕旨确实存在，特此说明。
② 《清世宗实录》卷20，雍正二年五月戊辰，中华书局1985年影印本，第7册，第332页。
③ 付春：《尊王黜霸：云南由乱向治的历程（1644—1735）》，云南大学出版社2011年版。

"雍正年间云南由乱向治局面的形成"两个章节的篇幅阐述了此问题。除此之外，杨庭硕、李银艳在《"土流并治"：土司制度推行的常态》[《第二届土司制度与边疆社会国际学术研讨会论文集》（会议提交版）2012年9月]中指出："《明史》中从没有'改土归流'这一提法，而清代除了雍正朝鄂尔泰所进行的'改土归流'，其他地方仍是'改土为流'的称呼。雍正帝和鄂尔泰之所以要改称为'改土归流'，其用意就是为了表明朝廷的立场与漠西蒙古和硕特部和准格尔争夺对土司区的管辖权，因为是从政敌手中接管土司管辖权，所以才特意改称为'归流'。"笔者认为，蒙藏关系是否直接导致"改土归流"的观点还有待商榷，因为对于"改土归流"这样一个时间、空间跨度都很大的系统性事件而言，发生原因并非一个，在众多因素中很难分辨出哪一个因素起到了直接催化作用。但是毋庸置疑，当时的蒙藏关系对于清王朝在西南地区的统治方式有很大的影响，比如从鄂尔泰"改土归流"的地区分布来看，侧重的确实是川滇黔的边界地区，且都为交通要道之地。同时，在与东南亚国家交界的广大地区，鄂尔泰并未进行大规模的改土归流。笔者认为：这恰恰从侧面说明了当时云南在清廷与蒙藏关系中所占的分量，比其在清廷与邻国关系中的作用还要大。云南的关键作用，也必然推动云南与内地新的交通连接线上的必经之地贵州被更为紧密与深入地纳入清廷统治体系之内。由此便可得知：在人员分配问题上，雍正帝优先顾及川陕云贵地区的做法也属理所应当。

第四节　小结

由于地理位置，西南地区在清王朝与西藏、漠西蒙古的力量博弈中的作用举足轻重。再加之当时三藩问题、台湾问题都已经得到解决，主张"天下一统、华夷一家"的雍正帝为了让自己的"恩泽"遍及天下，对已经纳入统治版图内的西南地区进行直接而深入的管理成为一种必然。当地由来已久的土司势力，若配合中央统治，便得以扶持；反之，当其成为中央统治地方的阻力且中央有能力解决应对时，"改土归流"就被提上了日程。由谁来管理涉及关系繁杂、人员众多、地域广阔的西南地区，"唯才是用"的雍正帝自然要选择符合自己"人才观"，有能力、有政绩且忠心耿耿、致公至诚的心腹大员。满洲出身的鄂尔泰因为出众的学识修养、内敛谨慎的为人处世方式、人皆可见的江苏布政使政绩，成为治理西南的不二人选。比如雍正帝在批准鄂尔泰"进剿长寨"的请求时说："前者马会伯奏到，朕恐其孟浪。后见何世璂之奏，朕又恐其怯懦因循。正在犹疑，览汝此奏，朕始宽怀，量尔料理必得事情之中。"[①] 所谓"能者多劳"，鄂尔泰可以得到雍正帝的赏识与支持，既因为其符合雍正帝的"人才观"，也因为其有能力治理在清朝局势中占有重要位置的西南地区。鄂尔泰治理西南的六年里采取了改土归流、开辟苗疆、开矿产盐、兴修水利、发展农业、提倡文教等众多措施，勿论功过对错，从其勤于政事并使得清廷中央势力基本进入西南要地的结果来看，雍正帝重用鄂尔泰并将其派至西南可谓是没有偏离其用人初衷的"正确"[②]之举。

---

① 《雍正四年四月初九日云南巡抚鄂尔泰奏请肃清抗阻建造营房苗人折》，《雍正朝汉文朱批奏折汇编》，江苏古籍出版社1989年影印本，第7册，第120页。

② 此处"正确"之所以加引号，是因为鄂尔泰在西南管理中不是没有弊端，特别是后来对于当地少数民族的剿杀，很难将其定义为"正确"。当然，如果雍正帝改派他人，是否就能避免这些问题，取得更好的结果？历史不能假设，我们也不得而知，只能说根据当时的情况，对于雍正帝个人而言：鄂尔泰的西南管理在其期望范围之内，因此可称之为"正确"。

第二章 鄂尔泰被雍正帝重用治理西南之缘由探究

附表　　　　　　　　　雍正朱批赞鄂尔泰语①

提奏日期	提奏人姓名	职衔	朱批或传谕
雍正二年六月八日	何天培	镇海将军署理江苏巡抚	五月二十七日，署浙江布政使佟吉图，传皇上谕旨："何天培能听从布政使鄂尔泰之言，就是他好处。"
雍正三年十一月六日	张楷	江苏巡抚	据奏鄂尔泰以所余银捐谷备赈，急公之心可嘉，尔等理应代为题达。
雍正四年正月十七日	石礼哈	署理贵州巡抚威宁总兵官	鄂尔泰当代人物也，汝宜以为仪型而效法之。
雍正四年四月八日	何世琪	贵州巡抚	鄂尔泰非寻常督抚可比，其才既优，心复公诚，封疆大臣中，实难多得者。类斯等事当听其指挥而行，不可另立主见，掣肘以失机宜。
雍正四年五月十日	丁士杰	总兵官暂理贵州大定协副将事	鄂尔泰可称才德兼优之督臣。
雍正四年六月九日	杨名时	兵部尚书云贵总督管云南巡抚事	鄂尔泰、高其倬之才守，不待尔奏，朕知之久矣。诸王大臣中，朕所深许者怡亲王、鄂尔泰、高其倬三人也，卿等克效此三人居心行政，方不负朕信任之重。
雍正四年六月二十一日	岳钟琪	川陕总督	……鄂尔泰、高其倬亦属极优，若内外大臣皆如卿等三人，朕复何忧何虑！
雍正四年六月二十二日	宜兆熊	福州将军	朕每随时遇事励诸臣，然能仰体朕心而行者，仅见怡亲王、鄂尔泰二人，卿等当以为仪型而效法之，朕自有觉照也。
雍正四年八月六日	柳时昌	云南永北等处副将	鄂尔泰实系超群封疆大臣，孰不愿天下皆用如此人，岂易得也与！

---

① 此表引自杨启樵《揭开皇帝隐秘面纱》，上海书店出版社 2002 年版，第 365—373 页，因为与本章主题密切相关，所以不惜篇幅对其加以引用。另外，根据笔者的查询对照，发现此表中的朱批应来自《朱批谕旨》，与《雍正朝汉文奏折汇编》中的记载有所出入。若将本章前文所引的雍正帝赞美鄂尔泰的朱批与此表中所载朱批做一对比便可得知其不同之处。

续表

提奏日期	提奏人姓名	职衔	朱批或传谕
雍正四年九月十九日	石礼哈	镇守广州将军	鄂尔泰实系此时第一好大臣,你能如此服善,朕实嘉之。
雍正四年十月十七日	岳钟琪	川陕总督	……至如鄂尔泰、高其倬、田文镜等数人,朕此中之欣庆,实无可比喻!
雍正四年十月十七日	岳钟琪	川陕总督	鄂尔泰非常人也,卿等二人同措机宜,朕复何虑!惟倾耳以待二卿之捷奏佳音耳。
雍正四年十一月三日	杨天纵	贵州提督	……鄂尔泰非寻常人,当一一听其指挥实力行之可也。
雍正四年十一月十五日	何世琪	贵州巡抚	诸凡惟效法鄂尔泰可也。
雍正四年十一月二十日	李卫	浙江巡抚	今天下督抚诸臣中。朕所最关切者,鄂尔泰、田文镜、李卫三人耳。
雍正四年十二月十一日	常德寿	云南布政使	尔为鄂尔泰属员,得以亲炙其人,乃尔之大幸,当竭力效法之。其才曷可企及,其心可以勉能者。鄂尔泰乃满汉内外大臣中第一人也。
雍正五年正月二十四日	郝玉麟	云南提督	内外满汉文武大臣,鄂尔泰实为目今第一良臣。……宁不当视为模范而效法之耶?
雍正五年正月二十九日	岳钟琪	川陕总督	览奏朕深为慰悦,殊不料乌蒙之事如是容易完结!此番鄂尔泰一切措置大属可嘉。……从兹边方百姓得安衽席。此件功绩朕欲归之鄂尔泰,卿可知悉朕意。
雍正五年二月二日	韩良辅	署理广西巡抚	鄂尔泰当今督抚中第一人,忠赤之居心不必言,而识见迥与常人不同。
雍正五年三月二十五日	索林、尹泰	巡使台湾监察御使	鄂尔泰这样总督,凡事不欺他隐他,披肝露诚,同心一德,凡有指授,实力奉行,自然全是矣。
雍正五年四月八日	韩良辅	广西巡抚	尔之识见较之鄂尔泰不啻霄壤,诸凡总宜虚怀与伊斟酌料理。

续表

提奏日期	提奏人姓名	职衔	朱批或传谕
雍正五年六月十九日	陈时夏	苏州巡抚	鄂尔泰非寻常人也，实朕之贤良股肱内外大臣中第一人也。卿等当法之。
雍正五年八月十九日	韩良辅	广西巡抚	大抵才具关乎天分，何可勉强？但能效法鄂尔泰之忠勤，则一生用之不尽，诸务亦不难办理。
雍正五年八月十九日	韩良辅	广西巡抚	大事当与鄂尔泰商较计虑，资其教益，此人乃当代第一良臣也（按："大事"指边境机务）。
雍正五年九月二十日	杨名时	署理云南巡抚	感召天和，非朕薄德可及，实由鄂尔泰忠诚昭格之所致也。
雍正五年十月二十四日	朱纲	云南巡抚	（鄂尔泰）朕与汝弗如也。虽然，但能如鄂尔泰之存心，必能如其行事也。
雍正五年十月二十五日	常赍	福建巡抚	若皆似鄂尔泰、田文镜此等督臣，断无不能化导本省之人而求之于他省调员代为整理也。朕实愧之，不得其人，奈何奈何！
雍正五年十一月二十七日	祖秉圭	署贵州巡抚布政使	鄂尔泰可为封疆大臣之仪型，能如此即可矣，勉力效法之。
雍正五年十二月六日	朱纲	云南巡抚	勉力为之。大概滇省吏治、仓谷，经鄂尔泰一番料理，皆可观矣。
雍正五年十二月十日	范时绎	署理江南江西总督印务都统	前查弼纳擒捕数伙盐枭，皆奉朕旨谕而获；若鄂尔泰、田文镜此等督抚则不劳朕费精神也。
雍正六年正月八日	常赍	福建巡抚	汝到滇，一一听从鄂尔泰而行，不必自立意见。
雍正六年正月八日	沈廷正	福建布政使补授云贵巡抚	诸凡咨询鄂尔泰而行可也。此人心地非如高其倬一流，但知自顾而不顾人，实乃当代伟器，为古名臣中之罕见者。
雍正六年正月二十二日	宪德	四川巡抚	人才难得，全在尔等督抚善能培植，当效法鄂尔泰、田文镜……

续表

提奏日期	提奏人姓名	职衔	朱批或传谕
雍正六年二月二十六日	赵弘本	云南按察使	鄂尔泰可为封疆大臣之标准，尔为属员，若能法其居心之半，则一生用之不尽矣。
雍正六年四月二十二日	马会伯	湖北巡抚	今直省督抚中亦止田文镜、鄂尔泰、李卫、朱纲数人能之耳，其余皆属不及。
雍正六年五月十日	朱纲	福建巡抚	勉力效法鄂尔泰、田文镜之居心行事，朕自镜鉴照。
雍正六年六月七日	范时绎	署理江南江西总督印务尚书	亦不必远法前人，但近观鄂尔泰、田文镜、李卫等当知愧奋。
雍正六年七月二十七日	张应宗	云南楚姚镇总兵官	……诸事听鄂尔泰指授，而不可瞒总督，能此以任岩疆繁据（按："据"当作"剧"）。
雍正六年八月十二日	沈廷正	署理贵州巡抚云贵巡抚	……竭力务一诚字，诸事效法鄂尔泰存心行事可也。
雍正六年十月十一日	郭鉷	广西巡抚	……今着鄂尔泰兼督粤西，此人真正当代第一人物。
雍正六年十二月二十五日	张广泗	贵州巡抚	一切居心行事以鄂尔泰为楷模而效法之，将来亦必为国家栋梁之臣也。
雍正七年正月十六日	沈廷正	云南巡抚	汝等封疆大臣，但能以忠诚之心，对越上天，未有不邀福之理，何必皇皇为一身荣辱利害计耶！鄂尔泰实能如此，当竭力效法之。
雍正七年二月四日	郝玉麟	广东总督	……如鄂尔泰者，可以之为师范。既与同事数年，自必洞悉其心行，朕所喜者此等大臣。若能效法一分，即为能遵朕一分也。……若虑封疆职分中事或有未谙，仍当虑衷领教鄂尔泰，保伊必推诚告汝……
雍正七年二月二十九日	沈廷正	云南巡抚	如能效法鄂尔泰十分之一，即一生用之不尽。按：刊本误作二月十九日。
雍正七年三月二十日	田文镜	河东总督	朕每品评督抚优劣，辄以卿与鄂尔泰、李卫三人指为标准。

第二章 鄂尔泰被雍正帝重用治理西南之缘由探究 75

续表

提奏日期	提奏人姓名	职衔	朱批或传谕
雍正七年六月四日	金鉷	广西巡抚	汝果肯实心诚服鄂尔泰之居心为人，朕复于汝何虑！
雍正七年六月四日	张广泗	贵州巡抚	此事之成功就绪，皆仰赖上天垂祐，鄂尔泰暨汝一念忠诚之所致。
雍正七年闰七月十日	王溯维	分查松江府钱粮	鲁论云择善而从，何不努力效法李卫、鄂尔泰、田文镜三人耶！
雍正七年闰七月	李兰	江西布政使	可仿效田文镜、鄂尔泰、李卫，毅然行去，庶免遗憾。按：刊本无日期。
雍正七年闰七月十五日	许容	兰州巡抚	不望汝企及上古名臣，但能效法鄂尔泰、田文镜之居心行事，斯亦可矣。
雍正七年八月十一日	郝玉麟	广东总督	百凡总以鄂尔泰之居心行事为模范而仿效之。万无一失也。
雍正七年八月十一日	杨天纵	贵州提督	据奏年岁丰稔，庆云叠见，实缘鄂尔泰忠诚之所感召，朕曷胜嘉悦欣幸之至。
雍正七年八月二十四日	赵弘恩	署理湖北巡抚四川布政使	……可勉竭公忠，企及鄂尔泰、田文镜、李卫之居心行政，以副朕望。
雍正七年九月三日	王溯维	分查松江府钱粮	据奏心欲仿效李卫、鄂尔泰、田文镜等三人，而虑才或不及。朕谓其才或可勉强企及，其心未必能效法也。
雍正七年十月六日	元展成	广西按察使	……若以经济学问观鄂尔泰，乃不知鄂尔泰之论。鄂尔泰之长于常人者，忠诚二字而已。能不计一身利害，大公忘我，致身于国，则经济学问即随之矣，忧汝不能法其心耳。
雍正七年十一月七日	金鉷	广西巡抚	总之听从鄂尔泰之指示而加以小心奉行，无意外之虞也。
雍正七年十一月七日	石麟	山西巡抚	鄂尔泰、田文镜等无他奇异技术，不过于根本上看得透，立得定耳。
雍正七年十二月二日	李卫	浙江总督管巡抚事	……现今督抚中，除鄂尔泰、田文镜外，试举能胜两江之任者为谁？总不得人，奈何奈何！

续表

提奏日期	提奏人姓名	职衔	朱批或传谕
雍正七年十二月十九日	张溥	广西提督	鄂尔泰措置调度,自合机宜,可一一照行可也。
雍正八年二月一日	元展成	广西按察使	鄂尔泰乃诸凡勉一是字,对天神明者,但有所为,自无不仰邀佑顺利之理。
雍正八年三月十一日	郝玉麟	广东总督	勉力效法鄂尔泰,更务言行相符可也。
雍正八年四月二十二日	刘世明	福建巡抚	(福建将军)阿尔赛口宣而奉上谕:……如总督鄂尔泰、田文镜、李卫等,皆实心为国办事。你若果学他们实心为国办事,朕岂不一样加恩么?
雍正八年五月十一日	刘世明	福建巡抚	……时刻毋忘鄂尔泰之居官为人,并伊所劝勉之言,保汝一生用之不尽……
雍正八年九月六日	鄂尔达	广东巡抚	……照鄂尔泰之居心以居心,效鄂尔泰之行事以行事,则将来必不虚负朕委任之恩也。
雍正八年十月二十六日	张允随	云南巡抚	不必万里来听朕训,不如心悦诚服,实力勉法鄂尔泰,为封疆大臣之道。
雍正八年十一月二日	郝玉麟	广东总督	……但能效法鄂尔泰之居心行事,胜如来京见朕也。
雍正九年五月十二日	杨永斌	广东布政使	能事事效法鄂尔泰之居心,精勤不懈,何务不克整理。
雍正九年六月四日	葛森	云南布政使	……效法鄂尔泰之志以立志,则将来亦必为鄂尔泰一流人物矣。
雍正九年六月十五日	张广泗	贵州巡抚	将鄂尔泰之所指示时刻不可去怀,勉力效法其居心行事方好。
雍正九年十二月十五日	高其倬	两江总督	但效法鄂尔泰之公诚为要。
雍正十年四月六日	郝玉麟	广东总督革职留任	但能勉法鄂尔泰之居心,更有何可训谕!
雍正十年十月十五日	许容	兰州巡抚	鄂尔泰若不如是,朕岂如是信任乎!洵当则而效之者。

续表

提奏日期	提奏人姓名	职衔	朱批或传谕
雍正十三年五月八日	杨馝	四川巡抚	如鄂尔泰今日为朕所倚任，则为权势所在，然亦系朕所畀与，伊非敢自立权势也。
原折无日期	徐本	贵州学政	……一切居心行政竭力效法鄂尔泰。
原折无日期	王柔	湖南辰沅靖道	……若咸似鄂尔泰、田文镜、李卫实心体国之大臣，必无此等疏忽不慎之举也。
原折无日期	王国栋	浙江观风整俗使	直省督抚中，为朕所深信可托而不劳神照顾者，惟鄂尔泰、田文镜二人而已。

第三章

鄂尔泰对土司的治理

第一节 鄂尔泰对土司问题的认识

鄂尔泰于雍正四年（1726）正月二十八日到达云南，二月初一抵署上任云南巡抚管云贵总督事，二月二十四日便上奏雍正帝，发表其对土司问题的看法。论及云贵地区财政入不敷出，鄂尔泰认为是土司私占土地、"毒派夷民、恣肆顽梗"所致，提出"欲靖地方，须先安苗猓。欲安苗猓，须先制土司。欲制土司，须先令贫弱"。雍正帝朱批"此论是极当极"，极为赞同鄂尔泰观点。如何解决，鄂尔泰进一步提出建议："设法鼓舞、济以威严。俾各土司自报田亩，按则升增、议减首重，似尤属缓图。"对此，雍正帝朱批"甚是甚是，凡天下事，利弊各异，而实同途况，欲速则不达，详审为之"。[①]"设法鼓舞、济以威严"说明鄂尔泰既希望能够和平说服土司效忠朝廷，同时又做好对其进行武力威慑的准备。同年三月二十日鄂尔泰在《东川事宜折》中建议先把东川归滇，继而对"骄悍凶顽、素称难治"的乌蒙土府"先怀以德，继畏以威，然后徐议改流，不二三

---

① 《雍正四年二月二十四日云南巡抚鄂尔泰奏遵旨覆议滇省田则增减之法折》，《雍正朝汉文朱批奏折汇编》，江苏古籍出版社1989年影印本，第6册，第848页。

年间或可一举大定",再次表明了他"先恩后威"以及徐缓行事的态度。雍正帝对此也表示赞同:"所奏甚合朕意……将来若可改土归流,于地方大有裨益,但一切机宜,务出万全慎密,勿少轻易至生事端"。① 由此可以看出,无论是鄂尔泰还是雍正帝都认为土司必须治理,改土归流为大势所趋,但是两人也都同时认识到此事需要谨慎小心,不可操之过急。因此,即便"乌蒙土官凶恶习惯,可以威制,似难以恩化,不改土归流终非远计",鄂尔泰也认为"威止于一举,恩可以先施",先"练兵屯田"再"渐离其心腹,徐剪其党羽"。②

同年八月初六日,鄂尔泰上奏《宜重流官职守宜严土司考成以靖边地管见折》,对于土司问题的产生及解决方法进行阐述。虽然此奏折在以往的研究中也多被提及,但是少有从鄂尔泰民族观角度进行的分析。首先他认为:"流土之分,原以地属边徼,入版图未久,蛮烟瘴雾,穷岭绝壑之区,人迹罕到,官斯地者,其于猥俗苗情,实难调习,故令土官为之钤制,以流官为之弹压。开端创始,势不得不然。"即之所以有土流之分,一方面是由于这些地区地处边远、自然环境险恶,流官进驻多有不易,另一方面是由于民风习俗,流官难于对当地民众进行直接管理。"猥俗苗情"一语可以看出鄂尔泰对当地民族是带有歧视的,而类似这样带有贬义的称呼在其奏折中时常出现。他认为土司之所以越来越横行于地方,主要是由于明代对其没有考察而是放任。"自有明以来数百年,中外一体,流土同官。既有职衔,宁无考察。乃仍以夷待夷,遂致以盗治盗,徒令挟土司之势以残虐群苗,随复逞群苗之凶以荼毒百姓,横征苛敛,贡之朝廷者百不一二,而烧杀劫掳扰我生民者十常八九。"明代虽然已

---

① 《雍正四年三月二十日云南巡抚鄂尔泰奏陈东川事宜折》,《雍正朝汉文朱批奏折汇编》,江苏古籍出版社1989年影印本,第7册,第11—13页。
② 《雍正四年六月二十日云南巡抚鄂尔泰奏确勘酌商东川归滇事宜折》,《雍正朝汉文朱批奏折汇编》,江苏古籍出版社1989年影印本,第7册,第492页。

经把这些地方纳入统治范围之内，实现了"中外一体"，但是在管理上却"以夷待夷"，导致"以盗治盗"。虽然"大凡杀人劫财皆系苗猓"，但由于土司"受贿隐藏"，所以流官才"束手无策"。这里需要注意的是鄂尔泰把"群苗""苗猓"与"百姓""生民"区分开来，也就是他和其所指责的明朝统治者一样，心理上并未真正接纳这一地区的民众，但不同的是他决定和管理流官一样对土司进行考成。"流官固宜重其职守，土司尤宜严其考成。土司之考成不严，则命盗之案卷日积……劫杀愈多，盗贼益盛。掳人男女，掠人财物，苗子无追赃抵命之忧，土司无降级革职之罪，有利无害，何禁不为？此土司考成不可不严，所当与文武流官画一定例者也。"具体而言，应该让土司流官各有专责："盗由苗寨，专责土司；盗起内地，责在文员；盗自外来，责在武职……以此三者分别议罪，土司无辞，流官亦服。"而如何消除盗窃的源头，鄂尔泰认为是应该实行保甲之法。之前按照内地统一的规定，要十户编为一甲，而"云贵土苗杂处，户多畸零"，因此云贵地区没有实行保甲之法。对此，鄂尔泰认为可以灵活一些，"除生苗外，无论民夷，凡自三户起，皆可以编为一甲。其不及三户者，令迁附近地方，毋许独住。则逐村清理、逐户稽查"。若再有盗窃事件发生，先罚乡保甲长，然后再进行左邻右舍的连坐。除此之外，"最重要者莫如严责捕快与汛兵……平时缉盗之捕快宜分定乡村，某方失盗，罪在某捕快"。捕快之中，"十人立一快头，如缉盗不获者，捕快与快头一同治罪"。[①] 总而言之，虽然对西南民族的称呼上有歧视色彩，鄂尔泰在此奏中想要强调的是在西南地区要同内地一样管理，无论是土司流官、底层"民夷"，还是捕快汛兵，都要责任到人，希望能通过这些

[①] 此段落内引文均出自《雍正四年八月初六日管云贵总督事鄂尔泰奏陈宜重流官职守宜严土司考成以靖边地管见折》，《雍正朝汉文朱批奏折汇编》，江苏古籍出版社1989年影印本，第7册，第851—852页。

严格明确的管理制度来打击土司的气焰,消除当地的偷盗风气。同时他并不完全照搬内地的管理制度,而是根据当地的特殊情况适当变通,如保甲户数。此处他之所以说"生苗"除外,是因为生苗地区未有土司,管理之法应另当别论。

时隔一个月后,同年九月十九日鄂尔泰上奏《剪除彝官清查田地折》,再次强调土司危害,也更加系统明确地阐述了改土归流的方法。"苗猓逞凶,皆由土司。土司肆虐,并无官法,恃有土官土目之名,行其相杀相劫之计,汉民被其摧残,夷人受其荼毒。此边疆大害,必当剪除者也。"与上篇奏折中企图利用考成及保甲制度来遏制土司的想法不同,鄂尔泰认为只对其进行约束是不够的:"若不尽改土归流,将富强横暴者渐次擒拿,懦弱昏庸者渐次改置,纵使田赋、兵刑尽心料理,大端终无头绪。"即鄂尔泰认识到解决土司问题已经成为"滇黔第一要务","汉民、夷人"均受其害,若不从根本上实现改土归流,其他作为也不会有大的成效。如何管理土司,鄂尔泰主张根据其实力不同进行区分对待:擒拿富强横暴者,改置懦弱昏庸者,两者过程都应是循序渐进。关于具体方法,即便鄂尔泰已经决定改土归流,但其并不愿意动用武力围剿,而是企图能够用招抚与计擒的方法实现,"改归之法,计擒为上策,兵剿为下策;令自投献为上策,勒令投献为下策"。① 这里需要注意的是,鄂尔泰把当地民众分为逞凶的"苗猓"与受害的"夷人",显然他并不是根据语言、文化、心理认同等现代区分民族的标准进行划分的。结合诸多奏折内容,可以得知鄂尔泰对西南民族的基本态度除了其自身发展

---

① 此段落内引文均出自《雍正四年九月十九日云南巡抚鄂尔泰奏报剪除彝官清查田地折》,《雍正朝汉文朱批奏折汇编》,江苏古籍出版社1989年影印本,第8册,第115—116页。刘本军在《震动与回响》(博士学位论文,云南大学,1999年)中特将这篇奏折与此前鄂尔泰同年春天的奏折相比较,认为这篇奏折才标志着鄂尔泰改归流思想的成形,而被许多研究所引用的魏源《圣武记·雍正西南夷改流记》中的"改土归流疏"为魏源拼凑雍正四年(1726)春鄂尔泰几篇奏折杜撰而成。与之相比,这篇奏折才算是名副其实的"改土归流疏"。对于这一结论,笔者持赞同观点。

及汉化情况外，最主要的依据还是其对中央王朝是否顺从，对顺从者施恩安抚，对不从者施威镇压。

同年十一月，鄂尔泰上奏阐述云贵的"夷情之无制"时指出云南贵州所面临的情形不同，应区别对待，"云南土官多半强豪，所属苗众悉听其指使，残暴横肆，无所不为。其土官懦弱者，凶恶把目为害尤甚，不但目无府州，亦并心无督抚……贵州土司单弱，不能管辖，故苗患更大"，[①] 即在云南要侧重解决土官、把目等人，在贵州要侧重解决"苗患"问题。以往研究中一提及鄂尔泰的西南治理便是改土归流，其实并不尽然。一方面在贵州"生苗"地区本来就无土司，因此谈不上改土归流。另一方面，在有土司的地区，他也没有把所有的土司都进行了改流，甚至在某些地区还新设置了土司。如雍正六年（1728）二月初十日鄂尔泰上奏："土司改流，原属正务，但有应改者、不应改者，有可改可不改者，有必不可改、必不可不改者，有必应改而不得不缓改者，有可不改而不得已竟改者。审时度势，顺情得理，庶先无成心而有济公事。"即土司情形复杂，要分类对待，不可整齐划一。"若不论有无过犯，一概勒令改流，无论不足以服人，兼恐即无以善后。如果相安，在土原无异于在流；如不相安，在流亦无异于在土。"[②] 也就是说土、流都只是表面形式，是否"相安""无过犯"才是标准与目的。雍正帝朱批："是极通极当极……少卿之论甚与朕意相惬"，[③] 表示极大赞同。有学者在对雍正时期土司数量进行研究对比后，得出鄂尔泰改流的土司比例并不

[①] 《雍正四年十一月十五日管云贵总督事鄂尔泰奏谢御赐人参等物并陈愚悃恭缴朱批十件折》，《雍正朝汉文朱批奏折汇编》，江苏古籍出版社1989年影印本，第8册，第443—445页。

[②] 《雍正六年二月初十云南总督鄂尔泰奏议覆何世璂所陈军田疆界及苗民管辖二事情形折》，《雍正朝汉文朱批奏折汇编》，江苏古籍出版社1989年影印本，第11册，第648页。

[③] 同上。

大的结论①，但多数研究之所以把鄂尔泰的改土归流定义为"大规模"，并把其当作中国历史上改土归流的关键一环，笔者认为主要还是从其出力之大及影响之远而言。这一时期，被改流的土司虽然在数量上比例不大，但是所占地区险要关键，位于省际边界，势力影响较大，如乌蒙、镇雄土府。同时，有的土府虽然是在鄂尔泰之前就已经得以改流，但是土司势力并未真正削弱，比如在康熙三十一年（1692）就已被改流的东川，依旧被禄氏一族所控制。解决这些"根深蒂固"的土司让鄂尔泰动用了大量的军力财力，对于后世影响深远。而那些安于朝廷统治或者自愿接受改流的土司，就得以保留并被纳入清朝的直接统治管理体系之内。

第二节 鄂尔泰对土司的治理

被鄂尔泰实施改土归流的 13.5 家②土司中，云南沾益州土知州、者乐甸长官司长官、邓川州土知州、阿迷州土知州、永平县土县承，贵州的把平、康佐、平浪三家长官司长官，广西的泗城土知府、归顺土知州的改土归流较为平缓，通过被鄂尔泰视为上策的"计擒"与"令自投献"就得以实现，既没发生大的武力冲突，事后也没有再出现反复。但是，在云南镇沅土知府、乌蒙土知府、镇雄土知府、车里宣慰司所辖的澜沧江以东的部分版纳地区，鄂尔泰不仅对土司势力施行了兵剿，甚至在某些地区还进行了大屠杀。关于改土归流的经过特别是几次大的用兵史实，以前研究中多有记载，本章就不再累赘复述，而是重点分析一下鄂尔泰在"剿抚并用、恩威并施"中的民族对策。

---

① 根据刘本军《震动与回响》的研究：不包括为数众多、势力较小、影响较小的土千总、土把总、土外委、土巡检、土副巡检、土驿丞，云南、贵州、广西三省在鄂尔泰进行改土归流前共有土司 188 家，而鄂尔泰改土归流的只有 13.5 家，占土司总数的 7.2%；即便在鄂尔泰改土归流的重点地区云南，改土归流的比例也只有 18.1%。

② 因为车里宣慰司所辖地区只有澜沧江以东的版纳部分被改流，所以算作半家。

一 抚——以汉化夷、以夷治夷

对于自动投献的土司，比如者乐甸长官司长官刀联斗①，虽然"收其田赋，稽其户口"，但是"量予养赡，授以职衔，冠带终身，以示鼓励"，以达到"势不如刀联斗者皆将遵法输诚，不烦威力"②。事后，鄂尔泰将其总结为："抚夷之法须以汉化夷，以夷治夷"③。为了避免土民依旧只听土司指挥，鄂尔泰将一些土司迁置安插到外省，那么这种情况下又如何实现其预想的"以夷治夷"呢？实际上，被移走的主要是势力较大的土司，还有很多土目是被保留在原地的，只是"把目火头之名自应改为里长甲首"。鄂尔泰认为"将土目俱迁腹地，令百姓轮管夷民，恐两不相习，转难宁贴"，而"土官类多残刻，而夷民畏服并无异志者，此正可以转移之一机"，即先利用让夷民"畏服"的土官管理当地民众，然后"但使流官大破因循苟且之习，力存委曲开导之意，则积久渐入，知尊知亲，生杀惟命"④，再让流官对其逐渐教化。此后，作为教化的途径之一，鄂尔泰在这些地方大力发展文教事业。从效果上来看，这种招抚方式对官对民都最为理想。这些顺应改流的土司其后不仅没有再参与叛乱，甚至还会派出土兵协助官兵平定其他土司的叛乱。比如，雍正五年（1727）镇沅之变时，刀如珍等人"原欲勾连威远者乐甸诸夷目，重为土官，不听设流辖制"，但"者乐甸旧土官刀联斗威远大

---

① 史料文献中刀姓土司、土目、土民等人的"刀"姓也被写作"刁"姓，比如《雍正朝汉文朱批奏折汇编》的目录部分以及本书附录一、附录二引用的《清史稿》（中华书局1977年点校本）、《清史列传》（中华书局1987年点校本）的相关内容中便采用了"刁"的写法，鉴于鄂尔泰在奏折中将其写为"刀"，为避免引起混乱，本书统一采用"刀"的写法，后文不再一一说明。

② 《雍正四年九月十九日云南巡抚鄂尔泰奏报剪除彝官清查田地折》，《雍正朝汉文朱批奏折汇编》，江苏古籍出版社1989年影印本，第8册，第115—116页。

③ 《雍正五年三月十二日云南总督鄂尔泰奏议覆永宁副将张瑛条陈治理乌蒙等地事宜折》，《雍正朝汉文朱批奏折汇编》，江苏古籍出版社1989年影印本，第9册，第237页。

④ 同上。

头目等不肯从逆"①。而在雍正八年（1730）的乌蒙镇雄大出兵中，"通计两省所调官兵共一万数千名，土兵半之"②。

二 剿——先威后恩，以夷制夷

除了上述招抚成功的土府，其他地方的改土归流在最初也还算顺利。只是在改土归流后，原来的土司、土目率领民众同当地流官发生重大矛盾，继而爆发反复之事，最早爆发的就是镇沅之变。

（一）镇沅之变

雍正四年（1726）六月，镇沅府就已经完成改土归流。但仅几个月后，雍正五年（1727）正月十七日，镇沅"夷猓"聚众数百人，焚烧了衙门，杀死了威远同知刘洪度。虽然普威营分防把总何遇奇上报"夷人称此变是刘洪度及家人横行地方不得已而为之"，③但鄂尔泰却认为这可能是当地土目及威远"猓黑"对刘洪度打击其劫掠的报复，"自改土归流，已经八月，夷民帖服，并无异议，即刀瀚亲支凶恶头目，心怀不甘亦未露形迹。至威远猓黑一种，从不耕种，兼无房舍栖止，专以打牲劫掳为生"，刘洪度对其缉拿，杀死"猓黑"一名，拿获五名，"或有以激变或相约复仇，俱未可定除"。④ 由此可见，即便已经实行改土归流，鄂尔泰对土司刀瀚的势力仍不信任，对于威远"猓黑"也十分不满。经过两个月的调查，鄂尔泰将事件定义为"镇沅夷贼勾通威远猓黑放火焚烧衙署，杀官劫课纵囚作乱"。⑤ "叛

---

① 《雍正五年五月初十日云南总督鄂尔泰奏报审办镇沅地方叛逆首恶缘由折》，《雍正朝汉文朱批奏折汇编》，江苏古籍出版社1989年影印本，第9册，第775页。
② 《雍正八年十月十七日云南总督鄂尔泰奏报官兵报捷恢复乌蒙详情折》，《雍正朝汉文朱批奏折汇编》，江苏古籍出版社1989年影印本，第19册，第299页。
③ 《雍正五年二月初十日云贵总督鄂尔泰等奏报彝俅不法实情相机剿抚折》，《雍正朝汉文朱批奏折汇编》，江苏古籍出版社1989年影印本，第9册，第64页。
④ 同上。
⑤ 《雍正五年三月十二日云南总督鄂尔泰奏报遣发官兵擒获彝俅情形折》，《雍正朝汉文朱批奏折汇编》，江苏古籍出版社1989年影印本，第9册，第244页。

贼"余老二被官兵拿获后，供出"同夥夷人有五百，窝泥有四百，猓黑有三百，大头猓猡有二百，摆夷有四百"，此处民族种类分支繁多可见一斑，鄂尔泰也称："云南鲁魁山接壤哀牢，向住各种猓贼"，"杨方普李四姓贼目授以土职，安插于元江新平地方，管辖猓夷，日久弊生"，尽管雍正元年（1723）对其用兵后已将威远土州改土归流，但"夷性狡悍，野贼之患仍未能消弭"。鄂尔泰虽然承认刘洪度在管理上可能有些过严，但是仍坚持主要原因为当地土目等人因为田亩被充公，势力被打击而进行报复，"刘洪度查田编赋或立法过严，而刀瀚之族舍土目冀图报复，遂借此惑众威逼寨民，勾结猓黑，公然蠢动"。虽然后经过官兵追捕，"要犯已获者共五十人，未获者止刀如珍、陶正纪等数人，招回夷民三千余户"，但是鄂尔泰决定吸取教训，趁机追剿，"临元镇辖一带地方，各种猓贼不法已久，若不趁此擒剿，除暴安良，边境终难宁贴。臣现在严檄各领兵官，务捣巢穴以尽根株，毋得仍存姑息，更贻后患"。① 由此可见，在解决此事件过程中，鄂尔泰极其偏袒刘洪度，以一种先入为主的偏见认定责任为当地土目及威远"猓黑"。对此，雍正帝虽无异议，但朱批"此一事未免当日料理不曾彻底之所致因，前朕论凡改流之处更当留意者正为恐有此等复作之虞，今经此一事乃转祸为祥之事，使地方微员亦自知检束，孰肯舍性命而为非也，今既就绪朕转喜此事之发露也，但伤如许人命未免恻然，然亦其自取无奈之举"。② 在对岳钟琪的朱批中更是直言："刘洪度必有自取死之道"，③ 说明雍正帝认为是刘洪度的凌虐苛求激化此变，强调地方官员应该自我约束，同

---

① 自上条注释至此条注释之间的引文，均出自《雍正五年三月十二日云南总督鄂尔泰奏报遣发官兵擒获彝倮情形折》，《雍正朝汉文朱批奏折汇编》，江苏古籍出版社1989年影印本，第9册，第244—248页。
② 同上。
③ 《雍正五年闰三月二十六日云南总督鄂尔泰奏报料理镇沅一案善后事宜折》，《雍正朝汉文朱批奏折汇编》，江苏古籍出版社1989年影印本，第9册，第516页。

时，也表现出对当地民众尽量不愿动用武力的态度。正在准备直捣巢穴的鄂尔泰收到雍正帝的旨意后先附和说："改流则几先预筹，委用得人乃图治之本计，免思故主，实抚夷之要机"，承认用人得当在改土归流中的作用，之后则开始叙述管理"夷猓"的诸多不易，"镇沅土目土役旧有百余人，皆白占夷民田地"，刘洪度出于好心，想把这些土地撤还给夷民，因此与土目土役结怨，导致事变。最后，鄂尔泰解释说自己动用武力的本意是："使野民知法畏威，惟命是听，然后示以宽仁，结以恩惠，以图永远"，① 即他对不听从管理的"野民"，不再提倡"先恩后威"，反之决定"先威后恩"。

（二）橄榄坝之变

受镇沅之变的影响，鄂尔泰开始对同属临元镇的威远、元江、新平、普洱、茶山等地感到不安。"若经此一事，再不彻底料理，仍复苟安，恐威远、普洱、元江、新平之间终难以宁贴"，"惟当及此努力，先猛后宽，时防复作之虞"。② 于是在平定镇沅之变后，鄂尔泰趁势进剿借机作乱的威远"猓贼"扎铁匠、周大妹，新平"野贼"李百叠。虽然时逢酷暑瘴疠，官兵死伤严重，鄂尔泰认为"欲一劳永逸，势不能不出于此"③。在此决心下，其后鄂尔泰又对车里宣慰司的窝泥展开了进剿，终在雍正六年（1728）三月俘虏土目刀正彦，并于同年六月对车里宣慰司的江内之地进行了改流。但同年七月，橄榄坝地方就发生了要为刀正彦报仇的"摆夷"之变。鄂尔泰调兵四五千，分三路会于普洱进行攻剿。此后经过几个月反复作战，于同年十一月十八日克取橄榄坝、九龙江。车里

---

① 《雍正五年闰三月二十六日云南总督鄂尔泰奏报料理镇沅一案善后事宜折》，《雍正朝汉文朱批奏折汇编》，江苏古籍出版社1989年影印本，第9册，第516—517页。
② 《雍正五年五月初十日云南总督鄂尔泰奏报审办镇沅地方叛逆首恶缘由折》，《雍正朝汉文朱批奏折汇编》，江苏古籍出版社1989年影印本，第9册，第775页。
③ 《雍正五年九月十六日云南总督鄂尔泰奏报进剿威远等处倮彝情形折》，《雍正朝汉文朱批奏折汇编》，江苏古籍出版社1989年影印本，第10册，第651页。

宣慰司刀金宝因畏贼势避匿猛者，十一月二十七日携带家口去提督郝玉麟行营投见。对此，郝玉麟"赏给银两、袍帽，吩咐云尔乃无罪之人"①。对橄榄坝之变的处理，可以说是剿抚并用。虽然前期在对待"摆夷"反抗时，出动了大军，但在攻取之后，并没有一味进行屠杀，对于投顺者也予以接受与欢迎。"郝玉麟恺切出示，遍行晓谕。只将首恶数人，务须搜获，其被胁从余党概予招安，慎毋滥行剿戮。"② 除此之外，鄂尔泰还明令军队不许擅动夷民物品，比如"新江坝一带，先后就抚投诚者，业有一千六百余户，男妇八千一百余名口。现在安插得所，其仍有未归夷民，并查遗存米谷牲畜，严禁兵役，不许擅动。计谷二万余石，牛羊无数，俾各寨夷民归家仍有过活，其招徕抚慰之方，无不备至"③。在此之后，郝玉麟剿抚并用，一面派遣游击施善元带兵招抚猛笼、猛慢等处，一面派遣游击徐成正率兵六百人前往勐腊逮捕刀正彦余党。最终，橄榄坝夷民归诚复业者万余人。对于郝玉麟"相机剿抚"做法，鄂尔泰与雍正帝都是认可并赏识的。

（三）米贴之变、阿驴之变、乌蒙镇雄之变

对于改土归流重点对象——乌蒙、镇雄土府，鄂尔泰最初虽动用了兵力，但基本没受到太大阻力，于雍正四年（1726）十二月得乌蒙土府，雍正五年（1727）正月得镇雄土府，乌蒙土府禄万钟、镇雄土府陇庆侯在其后均投川，献土归印。随后鄂尔泰对其进行了改流，并得到皇帝批准，将乌蒙镇雄归滇。雍正五年（1727）十二月，鄂尔泰带兵进剿东川，逮捕了"素称凶悍，危害边疆"的则补

---

① 《雍正七年正月二十五日云南总督鄂尔泰奏报剿捕橄榄坝首犯暨酌撤官兵情形折》，《雍正朝汉文朱批奏折汇编》，江苏古籍出版社1989年影印本，第14册，第439页。
② 《雍正六年十二月初八日云南总督鄂尔泰奏报官兵克取橄榄坝情形折》，《雍正朝汉文朱批奏折汇编》，江苏古籍出版社1989年影印本，第14册，第158页。
③ 《雍正七年正月二十五日云南总督鄂尔泰奏报剿捕橄榄坝首犯暨酌撤官兵情形折》，《雍正朝汉文朱批奏折汇编》，江苏古籍出版社1989年影印本，第14册，第439页。

营长禄世豪及法戛伙目禄天佑,实现了"东川地方不负改土之虚名,而边方百姓咸沾归流之实惠"。① 至此,乌蒙镇雄及东川地区的改流似乎已经完成,但是其后相继发生了米贴之变、阿驴之变及乌蒙镇雄之变。

米贴之变源于鄂尔泰想革职斩决米贴土目禄永孝,拘提其嫂陆氏屡次遭拒而出兵追捕。陆氏为禄永孝已故胞兄禄永忠之妻,禄永忠去世之后,禄永孝继承了其四川省马湖府磨坡长官司的职务。雍正六年(1728)二月十二日,当地土夷与川夷一起劫营,陆氏勾通川省沙马司与建昌巴布"猓猡",抢去马匹器械,杀死副将郭寿域及多名兵丁。鄂尔泰调兵深入围剿,五月将禄永孝之众消灭殆尽,"斩杀猓贼一千余名,伤毙者无数",② 随后趁势进剿川省"助恶"的土千户德昌、雷波土司杨明义。此处需要注意的是,鄂尔泰在文中多次提到汉土官兵,如"四月初三日前锋守备马似龙、王五采带汉土夷兵由正路飞攻井底,遣游击卜万年、康世显领汉土官兵由偏路飞攻井底"③,"土千户安永长验报四月十九日有贼经过隘口,率夷兵堵截招安"④。因此,在进剿米贴过程中,鄂尔泰所用官兵不仅有汉兵而且有土兵、夷兵,与此同时,还有不少的土把总、土千户为其充当军事向导。这并非鄂尔泰首次以夷制夷,在此前逮捕东川禄天佑时他就已经利用过当地土兵,根据《清代武定彝族那氏土司档案史料校编》中"军事"条目记载:"雍正五年十二月内,举调征调东川、法戛的土目土练

---

① 《雍正六年三月初八日云南总督鄂尔泰奏报削平东川土目法戛始末折》,《雍正朝汉文朱批奏折汇编》,江苏古籍出版社1989年影印本,第11册,第869页。
② 《雍正六年四月二十六日云南总督鄂尔泰奏报分兵进剿米贴情形折》,《雍正朝汉文朱批奏折汇编》,江苏古籍出版社1989年影印本,第12册,第301页。
③ 同上。
④ 《雍正六年五月二十一日云南总督鄂尔泰奏报拿获米贴彝人首犯陆氏等暨余孽剿擒将尽折》,《雍正朝汉文朱批奏折汇编》,江苏古籍出版社1989年影印本,第12册,第521页。

140名。"① 自米贴、凉山之事，鄂尔泰对当地民众有了新的认识："苗蛮生性畏威而不怀德，由来已久。若不加惩治，转不妨姑容。但一动官军，则断难少纵。或大兵云集势不可当，彼则狡称投诚，遂予招抚，终难善后。"他认为不能再轻信当地民众的投诚，即便接受其投诚，也要彰显军威："剿应先抚佐之，即便准抚，亦必亲临其地，大张军威，擒其渠魁，宽其附从，庶知有可畏然后知有可怀。倘中事而还，得半而止，夷情反复。"②

但数月之后，又发生了阿驴之变。"阿驴地方远在金沙江外，界连川省沙骂等处，虽向属乌蒙所辖，久已不服管束，素称野夷。前哈元生领兵进剿米贴，追至江外，阿驴土官方就抚归诚。"③ 其后哈元生在堵擒雷波"贼蛮"时，阿驴土官还曾前来犒军，只是后来阿驴土官被哈元生带于行营听用时，其母疑有伤害之意，手下头目等人又在旁煽动，于是雍正六年（1728）九月二十二日"随令部落夷蛮勾连亲戚，藉称报仇，乘哈元生回兵之日，纠众数千，重重围住，行凶截杀"④。这本是一场由于哈元生做法不当而引起的误会，后来却演变成纠集川滇黔三省汉土官兵对当地"野夷"的剿杀。此前还主张"施恩为先"的鄂尔泰与雍正帝二人，对于这次剿杀，却是极力赞成与支持。鄂尔泰几次在奏折中为哈元生辩解："乌猓川蛮毫无畏惧，仍敢四出拒敌。是凶顽横肆，非仅有以激成。"⑤ "川蛮犹敢三次劫营，毫无畏惧，是其天性凶顽，实同恶兽，

---

① 楚雄彝族文化研究所编：《清代武定彝族那氏土司档案史料校编》，中央民族学院出版社1993年版，第32页。
② 《雍正六年七月二十一日云南总督鄂尔泰奏报添派官兵会剿川彝情由折》，《雍正朝汉文朱批奏折汇编》，江苏古籍出版社1989年影印本，第13册，第31页。
③ 《雍正六年十一月初十日云南总督鄂尔泰奏报阿驴地方苗人起事缘由及现在剿抚情形折》，《雍正朝汉文朱批奏折汇编》，江苏古籍出版社1989年影印本，第13册，第912—913页。笔者认为此处的"沙骂"与前文中"沙马"应指同一地方。
④ 同上书，第913页。
⑤ 《雍正六年十二月初八日云南总督鄂尔泰奏报分兵进剿阿驴等处情形折》，《雍正朝汉文朱批奏折汇编》，江苏古籍出版社1989年影印本，第14册，第155页。

因知阿驴之变非仅哈元生之激成。"① 雍正帝也说："看此恶逆凶悍情形若不复加惩治，恐将来亦未能保其无事。"②"捉擎一小土官即至如此横逆，此风岂可长也。"③ 可见两人对于反复的叛乱已不能再容忍，施威压制已成为共识。

时隔两年，雍正八年（1730）秋，更大规模的乌蒙、镇雄、东川叛乱再次发生。事情因禄鼎坤之子禄万福不满总兵刘起元，聚众反抗而起。鄂尔泰把此事定义为："其祸胎始于禄鼎坤，成于禄鼎新、禄万福，而东川之禄良珍、禄应爵、禄天锡、禄承鼎等凡禄氏凶目皆起而应之。"④ 虽然鄂尔泰也承认"乌蒙之变，固造谋于禄鼎坤，实成祸于刘起元"⑤，但他所指的刘起元之过并非是其在当地的霸道劣行，而是其不知训练，没有防闲，使得"贼人"生心，他认定禄万福等人反心早有，只是在等待时机。乌蒙、镇雄、东川的叛乱对致力于西南治理已经四年多的鄂尔泰而言，显然是个很大的打击。"乌蒙一隅则尽系猓属，犷悍横恣，已历千百年，流毒最久。臣前经理改流，原以计取，并未大加惩创。今日反复，故所应有。特镇将庸劣，全无提防，仓卒倾陷，恨不及料耳"，因此，他决定一定要剿杀彻底，"兹既明肆悖叛，屠灭有名。若复少事姑息，贻害何底"。⑥ 在此方针下，大量当地民众被屠杀，"统计逆首逆党及附从凶猓，前后临阵杀伤并滚崖投江自杀、自尽者已万余人，擒获搜获讯明枭示及剁去右手者已数

---

① 《雍正七年正月二十五日云南总督鄂尔泰奏报剿抚阿驴诸彝已靖现正撤师回汛折》，《雍正朝汉文朱批奏折汇编》，江苏古籍出版社1989年影印本，第14册，第443页。
② 《雍正六年十二月初八日云南总督鄂尔泰奏报分兵进剿阿驴等处情形折》，《雍正朝汉文朱批奏折汇编》，江苏古籍出版社1989年影印本，第14册，第155页。
③ 《雍正七年正月二十五日云南总督鄂尔泰奏报剿抚阿驴诸彝已靖现正撤师回汛折》，《雍正朝汉文朱批奏折汇编》，江苏古籍出版社1989年影印本，第14册，第443页。
④ 《雍正八年十月十七日云南总督鄂尔泰奏报官兵奏捷恢复乌蒙详情折》，《雍正朝汉文朱批奏折汇编》，江苏古籍出版社1989年影印本，第19册，第299页。
⑤ 同上书，第304页。
⑥ 《雍正八年十二月十七日云南总督鄂尔泰奏覆剿抚苗猓及添设兵将事宜折》，《雍正朝汉文朱批奏折汇编》，江苏古籍出版社1989年影印本，第19册，第665页。

千人，所获猓贼男妇分赏在事有功者，亦数千人，准予安插并暂准投诚者亦万余人，其余生擒贼首、贼目并应质审要犯家口，现已数百人押解到省收监发审。所未获大小头目不满十人"。① 对于反复从逆、悔恨投营的阿底土目捕凶等人，鄂尔泰认为其投诚非出自本心，难以姑息，于是"密示哈元生于回师之日，尽数擒拿枭首，沿途悬示，以除后患，以儆群夷"。② 这次被鄂尔泰视为"川滇黔三省汉夷之幸"③的进剿，成为后人对其持负面评价的主要依据，就连鄂尔泰自己都在奏折中称："自始事至今或谓过于严急或谓近于惨刻，臣皆不遑恤，鬼神监察。"④ 需要指出的是参加此次屠杀的并非全是官兵，还有大量土兵。"通计两省所调官兵共一万数千名，土兵半之，无不踊跃用命，宵夜前驱"⑤，因此，并不能因为乌蒙镇雄之变就认定鄂尔泰在西南的改土归流是全面失败的。虽有叛乱反复出现，但是不少土司、土目、土民已经安于朝廷管理也是不争的事实，并且这些地方武装力量还成为鄂尔泰实现"以夷制夷"的急先锋。

此次乌蒙镇雄叛乱，使得朝中大臣对于鄂尔泰处理西南土司的方法有所异议。比如，雍正八年（1730）十一月初九日，准大学士公马尔赛，大学士张廷玉、蒋廷锡上书，认为对改土归流后的土司应该"还其家口，复其故居，仍使之骨肉完聚。则彼心无系恋，易于管束，可不至于反复靡常"。⑥ 即他们认为鄂尔泰将改流土司迁至内地，让其骨肉分离的不当做法是引发叛乱的原因，同时他们还反

---

① 《雍正九年正月二十八日云南总督鄂尔泰奏报乌蒙叛首全获各路荡平折》，《雍正朝汉文朱批奏折汇编》，江苏古籍出版社1989年影印本，第19册，第887页。
② 同上。
③ 同上。
④ 《雍正九年四月初九日云南总督鄂尔泰奏报进剿乌蒙叛倮及拿获首要眷属解省折》，《雍正朝汉文朱批奏折汇编》，江苏古籍出版社1989年影印本，第20册，第313页。
⑤ 《雍正八年十月十七日云南总督鄂尔泰奏报官兵报捷恢复乌蒙详情折》，《雍正朝汉文朱批奏折汇编》，江苏古籍出版社1989年影印本，第19册，第299页。
⑥ 《雍正八年十二月十七日云南总督鄂尔泰奏覆剿抚苗倮及添设兵将事宜折》，《雍正朝汉文朱批奏折汇编》，江苏古籍出版社1989年影印本，第19册，第665页。

对大兵所到之处将房屋田舍全部烧毁的做法,"若室庐房舍之可存者,仍留以为归顺后安插之地,此亦法外之仁也。以秉性凶恶之人,而失其故居,离其亲属,则心怀忿恨。往往不能帖然宁静"。① 尽管雍正帝说这是他们对"苗蛮"情形的通论,并非针对乌蒙叛乱而发,并且还安慰鄂尔泰"年来经理苗疆,自有宽严适中之道",② 但依然将这些话寄给了鄂尔泰。收到同僚异议的鄂尔泰为自己解释时,先对西南民族概况进行了一番总结:"查云贵川广汉少民稀,在川为蛮,在云贵为苗、为猓,在广为獞、为瑶獞、为狑狼,虽种类甚繁,强弱不一,而暴虐凶顽,若生天性。"此一语便可看出,经过几年的治理,鄂尔泰对西南民族几乎是全面否定,当然也有例外,比如"其东川各寨,有苗子乾猡二种,旧属驯良,不应惊扰"。对于其兵剿过于严苛的指责,鄂尔泰辩解到:"除酋长头人务严剿穷搜,或诛或遣,不留一孽外,其余胁从附和但来归顺概予安插,庶不为地方之害,亦不失法外之仁。"至于肆行焚烧村寨的说法,鄂尔泰认为多半是借端捏报,其除了战事所需外,尽量保留了民舍,"扼要关隘及深密箐林固不得不焚烧以防埋伏,即室庐房舍于正当搜擒时或需用火攻或恐其复聚亦有不得不焚烧者,若并无阻碍原俱可留存"。③ 对此雍正帝朱批:"卿筹划措置自然周详慎当,朕凡闻有议论,皆谕卿知之,卿酌其宜而行之可也。"④ 雍正九年(1731)五月二十六日,鄂尔泰在请求归京为雍正帝祝寿的奏折中称:"云南之乌蒙东川早已平靖,现甚安贴。其余边夷外域,皆实心向化,各享盈宁。"⑤

---

① 《雍正八年十二月十七日云南总督鄂尔泰奏覆剿抚苗倮及添设兵将事宜折》,《雍正朝汉文朱批奏折汇编》,江苏古籍出版社1989年影印本,第19册,第665页。
② 同上。
③ 同上书,第666页。
④ 同上书,第667页。
⑤ 《雍正九年五月二十六日云南总督鄂尔泰奏拟八月初四日自滇起程陛见并请将督印仍交张广泗署理等情折》,《雍正朝汉文朱批奏折汇编》,江苏古籍出版社1989年影印本,第20册,第618页。

第三节 小结

　　鄂尔泰的土司治理是一个连续的、变化的，前后跨越近六年的长期事件，因此对其分析与评价不应该是片段的、静止的。从史实与情理来看，鄂尔泰和雍正帝最初都希望能和平实现改土归流，但后来随着有些地区特别是乌蒙地区的几次反复，让他们越来越迷信武力。镇沅之变时雍正帝提醒鄂尔泰要用人得当，认为流官刘洪度对事件负有一定责任。橄榄坝之变时，雍正帝、鄂尔泰对于提督郝玉麟的"相机剿抚"都极为赞同。但自米贴之变，鄂尔泰就不再轻信当地土司与民众的投诚，即便接受其投诚，也要彰显军威。到阿驴之变与乌蒙镇雄之变时，鄂尔泰与雍正帝对于流官哈元生及刘起元的过失不予追究，而把责任全部推到土司、土目身上，并因此展开了大规模剿杀。

　　鄂尔泰对西南民族首领土司实行的政策一直都在随势而变，虽然他一开始就已认识到土司的危害，但是企图通过保甲之法等管理制度，将其纳入直接统治体系。待意识到只靠制度不行，必须改流时，则视"计擒"与"令自投献"为上策，"兵剿"与"勒令投献"为下策。最后，面对部分地区改流之后的反复叛乱，武力进剿力度越来越大。在剿抚并用、恩威并施的改流过程中，鄂尔泰之所以有"剿"和"抚"的先后和侧重之分，主要还是取决于当地土司与民众对于改流的态度和反抗激烈程度。对于通过招抚就可实现改流或者根本就无须改流的地区，鄂尔泰采取了"以汉化夷、以夷治夷"的民族对策；对于反复起事的地区，则采取了"先威后恩，以夷制夷"的民族对策。

　　纵观鄂尔泰治理西南土司始末，可谓是对雍正帝所提倡的"天下一统，华夷一家"民族观的践行。在"大一统"观念指导下，鄂尔泰试图通过改土归流等措施,将西南边疆纳入清廷的直接统治范围,以实现"华夷一家"的目标。通过鄂尔泰奏折中对西南民族的诸多称呼,可以看出这些民族在鄂尔泰眼里是有等级差别的:对于不服从管理的民族,鄂尔泰充满敌意与歧视;对于归顺服从管理的民族,鄂尔泰也常称其为"夷民",与"百姓"有别。阅读雍正帝对鄂尔泰奏折的朱批内容,不难发现雍正帝也未做到自己在《大义觉迷录》里所宣称的"我朝既仰承天命,为中外臣民之主,则所以蒙抚绥爱育者,何得以华夷而有更殊视?"[1] 因此,雍正帝、鄂尔泰"天下一统为一家"的民族观是具有前提性与局限性的。

---

[1] (清)雍正帝:《大义觉迷录》,《近代中国史料丛刊》,文海出版社1966年版,第36辑,第3页。

第四章

鄂尔泰对民众的治理

　　雍正时期西南地区民族众多，发展程度也不尽相同，即便同一民族也常常有"生（黑）""熟（白）"之分，如"生苗""熟苗""生猺""熟猺"等。关于"生""熟"的判定标准，不同文献的描述也不一样，"有无土司管辖"为其中被普遍接受的依据之一："苗有土司者为'熟苗'，无管者为'生苗'"[①]。对于土司统治的地区，鄂尔泰无须与当地民众直接打交道，只需让土司归顺并代为传达朝廷旨意，或将闹事土司改土归流直接实行流官统治即可；但对于没有土司统治的"生界"[②]地区，鄂尔泰则需要自己直接管理从未被纳入过朝廷统治的少数民族民众，也就是文献中所出现的"生蛮"。虽然其中也不乏"驯良之种"，但大部分"生蛮"对于强加而来的统治管理是不能接受的，因此双方冲突不可避免。同时，除"生蛮"外，也有一些土司管辖区域内的民众，因为土司力量较小无力统治，使之日久成为直接对抗官府的力量。鄂尔泰怎样看待这些"生蛮""苗蛮"，如何将"生界"地区真正纳入清朝统治版图之内？本章将对这些问题做出解答。

---

　　① （民国）刘显世：《贵州通志》，贵阳书局1948年铅印本，第14页。
　　② "生界"即"去州县堡寨远，不属王化者，名生界"。凡居住在"生界"的苗夷民族便被称为"生苗"或"生蛮"。——张中奎《改土归流与苗疆再造》，中国社会科学出版社2012年版，第82页。

"生蛮"种类繁多，分布地区广泛，因其在贵州分布最为集中且势力最大，反抗最为激烈，贵州"生苗"也往往成为这一时期"生蛮"的代名词："黔省各属边界，多有生苗，不纳粮赋，不受管辖，身不到城市，心不通王化，随其自便，无所不为，由来已久。"① 根据鄂尔泰奏折记载，除"贵州生苗"外，被其直接打击治理的还有滇南"凶猓"、广西"贼蛮"等，只是由于他们力量较小，鄂尔泰没太费周折，奏折中的笔墨也不多。因此，研究鄂尔泰对"生蛮"的认识与治理还是要从"生苗"说起。

第一节　长寨事件

与治理土司之前尚有时间调查情况、筹划对策不同，鄂尔泰赴云南上任之时，已有一件急需解决的"苗患"事件在等着他来处理。雍正二年（1724），时任云贵总督高其倬、贵州巡抚毛文铨、贵州提督赵坤对贵阳府定番、广顺两州的仲家苗进行了征剿，事后修建塘汛营房时受到长寨仲苗的阻挠。对于长寨仲苗是抚是剿，朝廷中各方争论不下，而雍正帝最终把决定权交给了刚到任的鄂尔泰。雍正四年（1726）二月，尚无治理苗疆经验且不了解现场情况的鄂尔泰在听取主张剿杀的贵州提督马会伯与署贵州巡抚石礼哈的报告后，把此次"仲苗顽抗"归结于"因循积玩"所致，一开始还说要看其情形再用兵，"必先出示明切晓谕，虽引兵前往，应俟示后，看其情形办理妥帖，再行用兵"，但后面论及"制苗之法"就明确流露出"重武"思想："制苗之法，固应恩威并用，然恩非姑息，威非猛烈。到得用着威时，必须穷究到底，杀一

---

① 《雍正五年六月二十七日云南总督鄂尔泰奏报生苗向化请附版图折》，《雍正朝汉文朱批奏折汇编》，江苏古籍出版社 1989 年影印本，第 10 册，第 79 页。

警百①，使不敢再犯，则威仍是恩，所全实多。"② 收此批复的石礼哈与马会伯在同年三月又上报说"晓谕"未果，为了避免天气变热后行军不便，建议四月内就"剪此丑类"。鄂尔泰对此表示支持，一面通过上奏获取雍正帝的支持，一面开始了对长寨的进剿，"臣念黔省恶苗，仲家恶焰独盛，每小有争斗，辄构连各寨，一呼百应，凶狠久著，实为通省大患，今既明肆顽梗，杀之有名，藉此一举，以慑伏群苗，诚两得之计……今臣到任两月，仲苗凶恶，种种频闻，兹复敢显肆顽梗，目无官军，若复稍事姑息，恐群苗望风，长其恶焰，将贻后患。虽官军一至，势如腐鼠，原不须多兵，但此一举不独为剪此丑类，实欲慑伏群苗，故不得不稍张军威"。③ 由此可以看出：鄂尔泰对长寨仲苗如此看重并企图给予重创，除了对其不服管理的憎恶，最主要的还是想借此"杀一警百"，为自己之后的"生蛮"治理开个好头。

但是需要注意的是：鄂尔泰此时在剿杀范围上并不想涉及长寨之外的群苗。"先须晓谕各苗，只在专诛长寨一二渠魁，其余驯懦，各皆安堵不惟，秋毫无犯"，显然鄂尔泰想让其他群苗明白朝廷只打击不服从管理的人，"其官兵经过之处，无论为民为苗，皆我赤子，更须多方安慰，毋许惊扰"。即便对于仲苗，鄂尔泰最初也无斩尽杀绝之意，"若早知降服授首，只须擒其渠魁一二人，设仍负固抗拒，即行深捣巢穴，歼除丑类"。④ 有的学者认为在此折中鄂尔泰"屠杀苗众的刽子手"面目已经暴露⑤，笔者认为这种说法还有失公允，因为除了下令剿杀长寨之外，他也强调"事定之后，尤宜号令严明，

---

① "杀一警百"同"杀一儆百"，为保持与引文的一致，本段采用了"杀一警百"的写法，其他部分均采用"杀一儆百"，特此说明。
② 《雍正四年四月初九日云南巡抚鄂尔泰奏请肃清抗阻建造营房苗人折》，《雍正朝汉文朱批奏折汇编》，江苏古籍出版社1989年影印本，第7册，第118—119页。
③ 同上书，第119—120页。
④ 同上书，第119页。
⑤ 刘本军：《震动与回响》，博士学位论文，云南大学，1999年，第86页。

另立管守，各还完聚，毋令苗众失所"。① 虽说长寨仲苗抵制清军在自己的地盘修建营房属于常理，但作为清廷的封疆大吏，鄂尔泰在对长寨实行招抚未果后，除了对其进剿，似乎也别无他法。更何况这是他上任后第一次处理"苗蛮"事务，无论出于对群苗的威慑之意还是出于向雍正帝显示自己能力之心，这样的选择都是一种必然。当然，并不能因此就说鄂尔泰之举是正确的，比如他所听信的石礼哈和马会伯都是武将出身，在治理地方上自然容易"以武为先"。同时，鄂尔泰对于长寨仲苗抵制官兵实则是担心自己的田地丢失这一原因并未深究，对于此前官兵在当地行为不当引发的民众不满也未留意，而贸然同意了石礼哈与马会伯调拨大兵的请求，再加之雍正帝的支持，长寨之战不可避免地发生了。从雍正四年（1726）五月初七日，诸将官议定三路进兵，到同年八月初五日擒获关键人物李奇，长寨之战持续了近三个月方算告一段落。在长寨事件的研究中，此前的学者往往注重过程的描述，用兵性质的判定、评价等方面，对于鄂尔泰在此期间的民族认识及对策特别是"以苗击苗"的策略则多有忽略。

一 鄂尔泰对于长寨仲苗的认识

阅读鄂尔泰奏折不难发现：与长寨仲苗并未打过交道的鄂尔泰却从一开始就认定其是"顽苗""凶苗""丑类""恶类"，充满着鄙夷之情，这种情感反映在实际行动中就是彻底的不信任。鄂尔泰在奏折中三番五次表达这次进剿一定要斩草除根之意，对于苗众的投诚也不轻易接受，如："至于寨苗死伤虽多，并无首级，生擒无几，未及渠魁。若于此际，稍存姑息，听其捏填名数，诣军乞降，纵使歼其渠魁，毁其巢穴，将贼智未穷凶，心仍伏恐。一寨潜据，诸寨

① 《雍正四年四月初九日云南巡抚鄂尔泰奏请肃清抗阻建造营房苗人折》，《雍正朝汉文朱批奏折汇编》，江苏古籍出版社1989年影印本，第7册，第119页。

观望，数苗突起，群苗附和，官兵甫退，则啸聚复来，欲令生全，终非长策。此臣不以擒贼之少与并无首级为虑，而以逃窜顽苗定应搜括急须筹一劳永逸之为要机也。"① "就日前论，苗胆已丧，苗焰尽衰，然而渠魁未擒，群苗观望，凶心未死，终难宁帖……仲苗凶悍，焚烧劫掠，出没无常"② "臣窃念各寨顽苗，烧杀劫掠，荼毒夷民，已非一日。"③ "前据黔省文武各员，种种详禀，初则招致各寨头人，捏词投诚，臣不准许，勒令进剿。继虽以屡收苗寨，擒获夥从具报，臣亦并不加奖，申饬愈严。直至六月二十七日擒获阿捣，七月初十日擒获阿捞，八月初五日擒获李奇，然后渠魁皆得，顽苗丧胆，各寨畏威。就日前论，劫杀之风似可少辑，但苗性犷悍，既经输服，势难尽其根株，若不及今规划善策，慑其心志，安其身家，使知法不可犯，恩有可恃，恐十余年后又必将有事，臣日夜踌躇，期得良法，以图久远。"④ 总而言之，鄂尔泰对于长寨仲苗极为戒备，并试图对其进行彻底打击，以绝后患。

二 鄂尔泰对仲苗的进剿范围、方针及策略

尽管鄂尔泰在进剿前下令"只在专诛长寨一二渠魁"⑤，实际上并非如此，"但长寨而外，尚有羊城垩、者贡、谷隆、同筍、焦山诸寨"⑥，即用兵范围有所扩大，对于已获诸寨也是"焚烧已遍"。而

---

① 《雍正四年五月二十五日云南巡抚鄂尔泰奏报进剿苗寨情形折》，《雍正朝汉文朱批奏折汇编》，江苏古籍出版社1989年影印本，第7册，第324页。
② 《雍正四年六月二十日云南巡抚鄂尔泰奏苗寨防御事宜折》，《雍正朝汉文朱批奏折汇编》，江苏古籍出版社1989年影印本，第7册，第493页。
③ 《雍正四年七月初九日云南巡抚鄂尔泰奏报苗寨已靖定议安营设兵事宜折》，《雍正朝汉文朱批奏折汇编》，江苏古籍出版社1989年影印本，第7册，第635页。
④ 《雍正四年九月十九日云南巡抚鄂尔泰奏遵旨剿办不法苗人折》，《雍正朝汉文朱批奏折汇编》，江苏古籍出版社1989年影印本，第8册，第111—112页。
⑤ 《雍正四年四月初九日云南巡抚鄂尔泰奏请肃清抗阻建造营房苗人折》，《雍正朝汉文朱批奏折汇编》，江苏古籍出版社1989年影印本，第7册，第119页。
⑥ 《雍正四年五月二十五日云南巡抚鄂尔泰奏报进剿苗寨情形折》，《雍正朝汉文朱批奏折汇编》，江苏古籍出版社1989年影印本，第7册，第324页。

他在此前所强调的"事定之后,尤宜号令严明,另立管守,各还完聚,毋令苗众失所"① 方针,在开战之后也发生了变化:"所获诸寨现存房舍,暂安插兵丁居住。俟事定之后,应将田亩改作屯田,令兵丁耕种,再有余地,悉招汉人,使逃窜顽苗无衅复入,庶可永除后患。"② 这种变化或许与作战中苗民的"奋力拒敌"有关,但它也使得长寨进剿从一次官府镇压地方苗众闹事的行动演变为一场官府"以暴制暴"的洗劫。

关于鄂尔泰的作战策略,不得不提此前研究中少有提及的"以苗击苗"手段。在进剿长寨之前,为了孤立长寨仲苗,鄂尔泰鼓励其他苗类协助官兵,"倘诸苗中有能协力擒凶者,仍有厚赏"。同时,他利用土苗之间的矛盾,在调用官兵的同时,大量使用苗兵、土司土兵,采取事后行赏激励,"查土苗种类,多忌少和,互相仇杀者甚众,不能报复者亦多。臣已咨调定番州属剋把郎苗兵一百名,平远州属熊家苗兵二百名,定番十二土司土兵六百名,备作前队。许事竣之日,将所获人口什物,即行赏给,仍行分别奖赏,庶以苗击苗,更省兵力",对此雍正帝朱批"览汝此奏,朕始宽怀,量尔料理必得事情之中也,事定之时,应具题奏,当以军功赏叙"。③

三 战后鄂尔泰对于仲苗的治理

长寨之战结束后,除了在险要地区安兵设营,整顿军务,建立屯田等加强自身统治力度的措施外,鄂尔泰对于当地苗众也采取了一系列强有力的管理措施。首先,推行保甲,清查田赋。"既先之以

---

① 《雍正四年四月初九日云南巡抚鄂尔泰奏请肃清抗阻建造营房苗人折》,《雍正朝汉文朱批奏折汇编》,江苏古籍出版社 1989 年影印本,第 7 册,第 119 页。
② 《雍正四年五月二十五日云南巡抚鄂尔泰奏报进剿苗寨情形折》,《雍正朝汉文朱批奏折汇编》,江苏古籍出版社 1989 年影印本,第 7 册,第 324 页。
③ 此段落引文均出自《雍正四年四月初九日云南巡抚鄂尔泰奏请肃清抗阻建造营房苗人折》,《雍正朝汉文朱批奏折汇编》,江苏古籍出版社 1989 年影印本,第 7 册,第 119—120 页。

重兵弹压，即继之以清册稽查。按其户口，照汉民以行保甲。清其田亩，借赋役以为羁縻。"① 并且，鄂尔泰在苗地除和内地一样实行户与户之间的连保外，还增加了寨与寨的甘结，"不独户与户环相连保，并寨与寨互相甘结，则容一凶苗，而群苗为之获罪，隐一凶寨，而各寨为之靡宁，势不能不互相举首，交为盘查"。② 其次，让群苗移风易俗。"使之剃头辫发，以新其面目。惩惰劝勤，以收其心力。善良者加以旌赏，曲为庇护；奸顽者立速擒抬，继以屠诛。则威既可畏，恩始知感。剪除之威，正所以造福；姑息之恩，适所以加害也。"③ 虽然鄂尔泰称"此时之威"实则为仲苗造福，但是其漠视当地民族风俗习惯，整齐划一的强制性措施并不足取。同时，鄂尔泰认为仲苗不法，是由于缺乏教化，因此提议在长寨设置一文员，并得到了雍正帝的批准。"苗性愚蠢不知官法，不闻教化，故得肆意恣行。今长寨既设有武职，弹压巡防，仍当设一文员，宣谕开导。"④ 最后，收群苗之兵器，防患于未然。亲赴长寨巡查的鄂尔泰上奏称："现今诸恶虽擒，犹未尽获；群苗虽靖，犹未尽归。况兵器不收，则凶具尚在，生资无计，则恶焰难消。"除了进剿途中所获的兵器，他还督令将兵、流土等官到各寨搜查，已达"务期搜清，永除凶具"之效果。⑤

对于这些严厉的措施，虽以往研究中有所提及，但多用来强调鄂尔泰"不通人情、压迫群苗"，对其结合实际情况灵活变通的一面基本忽略。比如清查田赋一条，考虑到当年战事的影响，鄂尔泰请求雍正帝豁免当年赋额，"至于田亩，前已经丈查，非臣过于苛求，实欲借以羁縻。应俟田户全归后，再定科则报部。其现在各寨前经

---

① 《雍正四年九月十九日云南巡抚鄂尔泰奏遵旨剿办不法苗人折》，《雍正朝汉文朱批奏折汇编》，江苏古籍出版社1989年影印本，第8册，第112页。
② 同上。
③ 同上。
④ 《雍正四年十一月十五日管云贵总督事鄂尔泰奏报安抚长寨等处苗人情形折》，《雍正朝汉文朱批奏折汇编》，江苏古籍出版社1989年影印本，第8册，第449页。
⑤ 同上书，第448—449页。

逃窜，有失耕种，所有今岁应纳额银一百四两零，臣已宣示，恭恳圣恩豁免。"① 至于群苗兵器上缴一条，也并非是不考虑实际情况一刀切的模式，"但查内地熟苗收缴颇易，边地生苗查缴甚难。若尽收熟苗之器械或转受生苗之摧残，则外侮之来反无以抵御，又不可不慎……一切兵器，只许收藏在家，以防盗贼。凡白昼出门者，概不许携带，其有万不得已事必欲夜行携带兵器者，先通知乡保头人"，②即熟苗可以在家留有部分武器以备盗贼侵犯，若遇到万不得已的情况，上报乡保头人得到允许之后，便可携带兵器夜行。总之，鄂尔泰在战后对于群苗的治理整体上是严格并具有强制性的，但同时，结合当地实际情况，某些具体措施执行之时也是有所变通的。

纵观长寨事件始末，鄂尔泰进剿长寨之坚决，不仅源自他对长寨仲苗的厌恶鄙夷，更是由于他企图以此彰显军威，对废弛的贵州政务加以整顿。因此，他不仅对总兵官暂理贵州大定协副将事丁士杰提出的"三不可剿"逐条辩驳，提出了相对应的"三不可不剿"，并且上奏雍正帝："臣窃念黔省文武因循成习，百务废弛，非大声急呼，猝难振拔，用兵之举，实出不得已，非敢孟浪从事也。"③ 在进剿过程中，鄂尔泰也是力图彻底，对于逃窜"顽苗"穷追不舍，注重使用当地苗兵及土司土兵，以达到"以苗击苗"之效果。除此之外，他还一并打击了"汉奸""川贩"之人，后面还将有专门章节论述。进剿结束后，鄂尔泰对于"群苗"采取了如同内地的保甲连坐法，让其互相监督。出于教化群苗之目的，强令其剃头辫发、移风易俗。同时，让其上缴大部分兵器，制定了严格的携带兵器申报监察制度。

---

① 《雍正四年十一月十五日管云贵总督事鄂尔泰奏报安抚长寨等处苗人情形折》，《雍正朝汉文朱批奏折汇编》，江苏古籍出版社1989年影印本，第8册，第449页。
② 《雍正五年正月二十五日云南总督鄂尔泰奏覆候补通判管旃所陈严禁汉奸等五事折》，《雍正朝汉文朱批奏折汇编》，江苏古籍出版社1989年影印本，第8册，第927页。
③ 《雍正四年十一月十五日管云贵总督事鄂尔泰奏报安抚长寨等处苗人情形折》，《雍正朝汉文朱批奏折汇编》，江苏古籍出版社1989年影印本，第8册，第450页。

长寨之战让鄂尔泰在黔中南收获了七十五个寨子，雍正四年（1726）十一月鄂尔泰巡查长寨时，"复有数十小寨焚香接踵，顶谢天恩"①。此后，鄂尔泰在广顺、定番两州就再也没进行过大的兵事，"臣自长寨之役，切商抚提诸臣，并严谕各员，凡边界之地，无论生苗熟苗，时刻留心设法化诲，令其自然归诚，无须兵力，庶几边疆可靖，汉夷皆安"。在此方针之下，长寨方圆百余里的"化外生苗目睹长寨苗户，给米给盐，领牛领种，安家乐业并无纷扰，莫不各思设诚，愿附内地"。②截至雍正五年（1727）六月二十七日鄂尔泰上奏之时，数百寨数千户的生苗请求归附，鄂尔泰下令"查明更定姓名，编立保甲，彙造清册"。雍正帝对于这样的结果十分高兴，朱批到："实可欣庆之事，从此边氓得以安枕矣。此皆卿忠诚为国之感应，朕嘉悦之至。"③也正是由于长寨之战的胜利及战后周边生苗的自动归附，鄂尔泰与雍正帝对其后的黔东南生苗治理充满了信心。

第二节　鄂尔泰对黔东南"生苗"④的治理

长寨仲苗其实尚不算真正意义上的"生苗"，因为长寨距离当时

---

①《雍正四年十一月十五日管云贵总督事鄂尔泰奏报安抚长寨等处苗人情形折》，《雍正朝汉文朱批奏折汇编》，江苏古籍出版社1989年影印本，第8册，第449页。

②《雍正五年六月二十七日云南总督鄂尔泰奏报生苗向化请附版图折》，《雍正朝汉文朱批奏折汇编》，江苏古籍出版社1989年影印本，第10册，第79页。

③ 同上书，第79—81页。在此奏之后，雍正五年（1727）十二月鄂尔泰上奏称："安顺、镇宁、定番、广顺等府州边界，接连粤西一带地方，生苗盘踞，最为难驯，今仰圣主声教远被，莫不输诚恐后，皆愿内附，计地则有四百余寨之多，计人则有一万二千九百口之众"。（《雍正五年十二月十三日云南总督鄂尔泰奏续报安顺生苗向化归附折》，《雍正朝汉文朱批奏折汇编》，江苏古籍出版社1989年影印本，第11册，第246页）雍正六年（1728）正月鄂尔泰上奏称：这一地区"前后所化生苗凡五百三十九寨"。（《雍正六年正月初八日云南总督鄂尔泰奏谢恩赏世袭阿达哈番并陈绩化苗寨事宜折》，《雍正朝汉文朱批奏折汇编》，江苏古籍出版社1989年影印本，第11册，第365页）由此可见，黔中南的招抚生苗是比较顺利的。

④ 本章中的"生苗"一词，需要强调其为专有名词时，加了双引号；在叙事过程中作为指代名词出现时没加双引号，特此说明。

贵州的治所贵阳府并不远，并非"化外之地"，只是此前官府管理不力而已。同时，"川贩"等汉人已进入此地区，长寨仲苗并非完全"与世隔绝"。鄂尔泰在奏折中也从未对仲苗冠以"生苗"的称呼。但是，长寨之战却带动了黔中南方圆几百里的生苗归化，于是鄂尔泰等人将目光转移到了黔东南的生苗。

一 引子——谬冲之战

谬冲处于黔楚交界地区，为苗夷杂处之地，虽劫杀案件时有发生，但因为省界划分的问题，湖北靖州与贵州黎平互相推诿，缺乏管治。鄂尔泰为稳定边疆，主张两省合作："臣念花苗逞凶，何分黔楚，俱当协力擒剿，焚巢扫穴，以靖边疆。"① 雍正五年（1727）闰三月，黎平知府张广泗等人对谬冲花衣苗进行了武力进剿，"擒获贼苗通计大小男妇共二百三十余名口"②。这次作战还带动沿途不少苗寨投诚，"除向经归顺各苗悉与汉民一体，严立保甲并取具不敢容奸容贼甘结外，更有归欧、鬼垒、九厥、交椅、几马等寨，俱花苗之种类，悉化外之生夷，无不举踵归诚，倾心向化"③。张广泗也因此得到了鄂尔泰与雍正帝的赏识，鄂尔泰称赞："张广泗以文员而亲兵事，务期灭此朝食，以副职守，殊具心肝，谅此花苗或可从此敛戢也。"④ 雍正帝朱批："张广泗亦系上好实心任事之员，但未料有如此本领，甚属可嘉。"⑤ 自此，张广泗开始成为协助鄂尔泰治理贵州生苗的关键人物。

---

① 《雍正五年五月初十日云南总督鄂尔泰奏报剿抚谬冲等处花苗情形折》，《雍正朝汉文朱批奏折汇编》，江苏古籍出版社1989年影印本，第9册，第772页。
② 《雍正五年九月十六日云南总督鄂尔泰奏报谬冲花苗各寨接踵归诚折》，《雍正朝汉文朱批奏折汇编》，江苏古籍出版社1989年影印本，第10册，第654页。
③ 同上书，第655页。
④ 《雍正五年五月初十日云南总督鄂尔泰奏报剿抚谬冲等处花苗情形折》，《雍正朝汉文朱批奏折汇编》，江苏古籍出版社1989年影印本，第9册，第773页。
⑤ 同上书，第774页。

二 鄂尔泰对黔东南"生苗"的招抚与进剿

黔东南生苗地区主要指的是八寨（今丹寨）、丹江（雷山）、清江（剑河）、台拱（台江）、古州（榕江）以及都江（三都）等地，是鄂尔泰治理生苗的重中之重。最初，因为有了谬冲战后生苗自动归附的经验，鄂尔泰并不赞同前督臣高其倬、署抚臣石礼哈用兵进剿的方式："不独地广人稠，难以慑服，且人心最齐，风俗近古，诚恐劳师费饷，徒需时日，终不能成事。"此论得到了雍正帝的认同："前石礼哈言及此，朕深怪之，岂止劳师费饷，若依其论必成一大孟浪事也。"再加之，此时已经进入八万古州的张广泗汇报"该处苗人亦远来叩接，随于所在地方设立款场，宣示皇仁。凡八万古州里外苗民同时观听，逐一犒赏，申明条约，使彼凛遵。不独毫无抗违，且皆扶老携幼，莫不鼓舞"，自信满满的鄂尔泰估计不用一年即可解决，"总计不过一年，料俱可以就理。此时方可审其要隘，度其形势，设立郡县，联络黔粤。俾道路相通，略无阻碍，而统设一镇，分布营汛，以资弹压，庶使生熟群苗皆就约束，无复化外之民"。一向感觉生苗问题十分棘手的雍正帝对于鄂尔泰的此番描述喜出望外："正是从前盖皆想象悬揣，今已明白，未料其中有如许道理，亦未闻其中风俗淳朴近古，而人民皆知礼让也……八万古州如此局面，不但出朕望外，亦天下人意想所不到，可徐徐相机料理。"[①] 通读整篇奏折与朱批，鄂尔泰除了在最初的部分提及个别的"奸顽者"，对于当地民众再无其他带有反感的词汇称呼，只是冠以"生苗"而已，而雍正帝还直接称之为"人民"，与君臣二人在此前长寨、谬冲之战奏折中"丑类""顽苗"的称呼截然不同。于是，对黔东南生苗的

[①] 此段落内引文均出自《雍正五年十二月十三日云南总督鄂尔泰奏报古州彝苗愿附版图情由折》，《雍正朝汉文朱批奏折汇编》，江苏古籍出版社1989年影印本，第11册，第242—245页。

收化工作就在雍正帝与鄂尔泰志在必得的乐观期望中展开了。

（一）"以抚为先"与"八寨事件"

鄂尔泰治理生苗有两个重要助手，一个是前文提到的张广泗，另一个则是镇远知府方显。鄂尔泰在对生苗采取行动之前曾问过方显的意见，"文端（即鄂尔泰）初抚云南仅改东川、乌蒙、镇雄三府，虽擢总制未议及黔苗也。大中丞敬齐方公，时以特荐守镇远，会黎平守张公广泗建议辟苗疆，文端未即许，以公有卓识，檄调赴滇问应否开辟状"。方显回答："苗亦人类，必专用剿，未免伤天地之和，苗多兽心，若专用抚，亦难慑凶顽之胆。二者不宜偏废，但须先抚后剿，剿平之后仍归于抚耳"，① 并且上"平苗事宜十六则"。② 拥有地方治理经验，考虑问题较为全面的方显得到了鄂尔泰的认可，被委以重任，"檄张公（张广泗）招抚古州、丹江，而以九股、清江台拱诸苗寨属公。"③

对于生苗的招抚工作，最初进展比较顺利。鄂尔泰在雍正六年（1728）四月二十六日的奏折中称张广泗所负责的区域中，"黎平生苗有高娶、八妹等寨，镇远生苗有南高等寨，都匀生苗有丹行等寨，共计四千一百二十余户，皆闻风输诚，并出具木刻"④。与此同时，负责招抚"尤为梗顽难化"生苗的方显也大有收获，"一路宣布皇仁，六年三月在梁上地区就抚者十六寨，四月又赴挨磨、者磨等寨，就抚者八寨，清江北岸之苗悉平"⑤。此后，方显赴清江南岸与镇远协副将张禹谟料理九股事宜，截至八月十七日设款场于行营期间，羊翁、世盖等四十余寨先后就抚。

---

① （清）方显：《平苗纪略》，同治癸酉刊本。
② 十六则具体为：别良顽，审先后，禁骚扰，耐繁难，防邀截，戒姑息，宥胁从，除汉奸，缴军器，编户口，轻钱粮，简条约，设重兵，建城垣，分塘汛，疏河道。
③ （清）方显：《平苗纪略》，同治癸酉刊本。
④ 《雍正六年四月二十六日云南总督鄂尔泰奏陈招抚化导古州边地苗彝情形折》，《雍正朝汉文朱批奏折汇编》，江苏古籍出版社1989年影印本，第12册，第304页。
⑤ （清）方显：《平苗纪略》，同治癸酉刊本。

招抚工作顺利开展的同时，武力冲突并非完全没有，八寨事件就是其中代表。雍正六年（1728）六月初九日，张广泗与都匀营恭将赵文英带领汉土官兵，前往八寨地区的一百一十余寨明示晓谕，代理、代省等十余寨以及九门、长塘等三十余寨先后归诚，但杨牌、杨尧两个较大的寨子"纠众持械，欲行阻抗"，被张广泗、赵文英"连毙十余苗"。其后，牌牙、壩固、大肚、小肚、乜告等寨前来投见，而与杨牌提前约好的交归、羊甲等寨因不知杨牌已经溃败，继续抵抗，被汉土目兵"攻杀顽苗八人，割其首级"。① 最后，官兵连破其六寨，附近十余寨便前来就抚。根据抵抗程度的不同，鄂尔泰善后时采取了不同措施：对于自动投诚的寨子，均照前赏赉，编查户口，定议钱粮，造册详报。对于杨牌以及与其结盟的寨子，虽然原则上"不许就抚，所当严加惩创"，但考虑到大部分的人是"被压制附和，畏势胁从"，同意只要将头人首犯交出来，便可得到宽宥。最后，对于番仰、番扎等"既系生苗，尤恃险固，平日烧杀劫掳，无恶不为"等十一寨的"悔罪求生者"，鄂尔泰认为："此等余孽似难宽宥，而贻养痈容，俟从长酌议，于此处或安设防汛，或招集汉民，庶得填实，以为长便。"② 七月二十一日，鄂尔泰上奏："所有八寨等处，投诚苗民共大小一百一十余寨，计一千八百余户，又就抚生苗共大小四十五寨，计一千二百余户，周围地界约计二百六七十里，局面已定。"③ 同年八月初六，鄂尔泰又上奏："八寨生苗……今既开通，以及附近新归生苗，周围地界约三百余里，共大小一百九十四寨，

---

① 《雍正六年七月二十一日云南总督鄂尔泰奏报委员招抚黎平镇远都匀等处生苗情形折》，《雍正朝汉文朱批奏折汇编》，江苏古籍出版社1989年影印本，第13册，第17—19页。

② 《雍正六年八月初六日云贵总督鄂尔泰奏报贵州八寨生苗招抚完竣事宜折》，《雍正朝汉文朱批奏折汇编》，江苏古籍出版社1989年影印本，第13册，第136—137页。

③ 《雍正六年七月二十一日云南总督鄂尔泰奏报委员招抚黎平镇远都匀等处生苗情形折》，《雍正朝汉文朱批奏折汇编》，江苏古籍出版社1989年影印本，第13册，第18页。

计四千六百余户",①表明八寨生苗的收化工作已基本完成。

对于八寨事件,以往的研究虽然常有提及,但多强调战事本身,并认为这是鄂尔泰治苗政策由"抚"到"剿"的转折点,对鄂尔泰处理投诚者的不同方式多有忽略。虽然出现了武力冲突,但是鄂尔泰对于八寨事件的处理还是没有跳出"以抚为先"的范畴。首先,剿杀的对象此时还仅限于起事苗寨的"头人",对于其他苗寨与苗民,总体而言还是接受其投诚的,并没有将打击面扩大化。其次,除了对主动归附的苗民给予奖赏外,对于杨牌、杨尧两寨头人之外的生苗,鄂尔泰认为其属于无辜,"既属无辜,咸来归附,皆为赤子,不便因罪犯无获,致使流离,应准其招抚认粮,予以复业"。即便对于"素日贻害苗民"的番仰、番扛等寨,鄂尔泰也允许招抚:"其从前过犯,实缘向居化外,未通声教所致,且已知儆惕,应概予准抚。"②最后,与鄂尔泰此后上奏丹江生苗事宜时所用的"剿抚"字眼不同,其汇报八寨事宜的两篇奏折——《委员招抚黎平镇远都匀等处生苗情形折》《贵州八寨生苗招抚完竣事宜折》的篇名都用了"招抚"一词。综上,"八寨事件"并非鄂尔泰治苗方针由"抚"向"剿"的转折点。当然,八寨事件对于鄂尔泰对生苗的认识不无影响,他开始主张分类对待生苗,擒治"顽强"者,抚恤"良弱"者,"各种生苗,掺杂于数郡之中,延袤千有余里,其间亦有良顽,各分强弱。若不先择其最顽最强者首加擒抬,就其素良素弱者明示抚恤,则不足以慑其胆而服其心,恐即逐节为之,亦难得要领而坐失机宜"③。雍正帝对此番用兵也颇为重视,特意提醒鄂尔泰务必谨慎:"朕见张广泗初进苗地,其敬奉之景,似只用抚而不须威力者。

---

① 《雍正六年八月初六日云贵总督鄂尔泰奏报贵州八寨生苗招抚完竣事宜折》,《雍正朝汉文朱批奏折汇编》,江苏古籍出版社1989年影印本,第13册,第136页。
② 同上书,第136—137页。
③ 《雍正六年七月二十一日云南总督鄂尔泰奏报委员招抚黎平镇远都匀等处生苗情形折》,《雍正朝汉文朱批奏折汇编》,江苏古籍出版社1989年影印本,第13册,第17—18页。

今既用兵威抚取，则善后事宜更当谨慎为之。"①

（二）"剿抚并行"——"丹江之战"与"清水江之招抚"

八寨事件之后，鄂尔泰对生苗治理工作进行了下一步安排："都匀之八寨为生苗之门户，凯里之丹江为生苗之关隘，镇远之九股为生苗之窟薮，而黎平之八万古州为诸苗隔截，遂居然外域。今八寨地方既经开通招抚，即应进次丹江，乘机化诲，丹江一定，则随至九股，剿抚并行，然后再进古州。布置妥备，通盘合计，定议添设文武，安立营汛，庶此一举可以垂示久远。"②但这个计划进展并不顺利，雍正六年（1728）六月十七日官兵在乌留遭到"凶苗"千余人的抵抗。遇此"意外"的鄂尔泰认为："若不用全力剿除，既无以畏服投诚各寨，而九股生苗亦断难以就抚"，遂前后檄调共合官兵四千三百余名，以防止"丹江恶类"、九股各寨、楚界生苗相互勾结。虽然他乐观推断，"料此一举，虽复少迟时日，似终不难就绪也"，③但对此事极为关注的雍正帝还是做了长篇朱批。首先，雍正帝重申当初就是担心石礼哈的少年孟浪，才一直没批准其对八万古州的军事行动，只是因为鄂尔泰与张广泗对当地归诚的描述，让其"何忍将此一处弃于化外，所以准招抚化诲之请"。当他看到张广泗添兵，并且"若大费攻取，必致多伤人众"，认为这似乎已经偏离了收化的初衷。雍正帝甚至向鄂尔泰表示出放弃八万古州的意思："朕思八万古州原系化外，亦无甚大罪，非如土司恶苗之可比……朕再四思维，密书敕谕一道，未令人知，遣翰林牧可登、春山二人密赍张广泗军前，令伊酌量而行。若事出完全，将次完结，即令伊等回京，倘有

---

① 《雍正六年七月二十一日云南总督鄂尔泰奏报委员招抚黎平镇远都匀等处生苗情形折》，《雍正朝汉文朱批奏折汇编》，江苏古籍出版社1989年影印本，第13册，第20页。
② 《雍正六年八月初六日云南总督鄂尔泰奏报贵州八寨生苗招抚完竣事宜折》，《雍正朝汉文朱批奏折汇编》，江苏古籍出版社1989年影印本，第13册，第137页。
③ 《雍正六年九月初三日云南总督鄂尔泰奏报添拨官兵剿抚贵州丹江生苗情由折》，《雍正朝汉文朱批奏折汇编》，江苏古籍出版社1989年影印本，第13册，第347—349页。

难办之处，即将此晓谕，宣布朕意，撤兵而回，卿意以为如何？"①一心想在苗疆有所作为的鄂尔泰十月二十日上奏称制服丹江对其他苗寨的警示意义重大："臣查生苗之役，原欲示抚，故不须多兵，今丹江既敢抗拒，非重兵不足以济事。若不先制其强者，即弱者亦难以归附。"同时，他认为当地夷人只是熟悉当地环境，依靠利用天时地利条件而已，并无作战计划也无法长期作战，"群夷负险，狡悍莫测，天时可乘，地利宜审，近功速效，终无长计"，只需"大兵齐集，慎重图之"，便可解决。为了消除雍正帝的担心，他还奏称："凡事先易者后转难，先难者后必易，务筹一劳永逸，俾无烦再举。"② 十分信任和赏识鄂尔泰的雍正帝便不再提撤兵之事，指示其"惟以重兵弹压为要，不可惜费省事"③。

自九月二十六日张广泗从八寨移营前进，至十二月十一日鸡讲五寨战后丹江生苗纷纷请求招安，历经三个月，丹江生苗的剿抚告一段落。具体的进剿经过与情形，鄂尔泰于雍正六年（1728）十二月初八日奏报的《张广泗带兵克取小丹江情形折》④ 与雍正七年（1729）正月二十五日奏报的《剿抚丹江一带生苗情形折》⑤ 两篇奏折中有详细记载。此前相关研究对这段历史多有提及，本章不再赘述，只是着重分析一下鄂尔泰、雍正帝对于"用兵进剿"的不同看法。鄂尔泰始终坚持军威的重要性："丹江生苗，恃险负固，凶顽异

---

① 雍正帝此处的朱批内容在《雍正朝汉文朱批奏折汇编》（江苏古籍出版社 1989 年影印本，第 13 册，第 347—349 页）所收录的《雍正六年九月初三日云南总督鄂尔泰奏报添拨官兵剿抚贵州丹江生苗情由折》中并未见，但可见于《朱批谕旨》（清光绪十三年上海点石斋石印本，第 26 册）的同篇奏折中。
② 《雍正六年十月二十日云南总督鄂尔泰奏覆酌议剿抚贵州苗彝之法折》，《雍正朝汉文朱批奏折汇编》，江苏古籍出版社 1989 年影印本，第 13 册，第 709 页。
③ 《雍正六年十二月初八日云南总督鄂尔泰奏报张广泗带兵克取小丹江情形折》，《雍正朝汉文朱批奏折汇编》，江苏古籍出版社 1989 年影印本，第 14 册，第 162 页。
④ 同上书，第 158—162 页。
⑤ 《雍正七年正月二十五日云南总督鄂尔泰奏报剿抚丹江一带生苗情形折》，《雍正朝汉文朱批奏折汇编》，江苏古籍出版社 1989 年影印本，第 14 册，第 444—447 页。

常，虽屡经招抚，恺切化导，不但不知感悟，亦且毫无畏惧，若非大加剿除，必致更贻后患。"①对于请求就抚的苗人，鄂尔泰下令不可轻信："军威大震，贼苗丧胆，虽据各员禀报苗人有饶命就抚之请，正复未可轻信，堕其缓计。"与鄂尔泰相比，雍正帝的态度显得更加谨慎，虽然此前同意了鄂尔泰的进剿提议，但丹江之战结束后，雍正帝就不再主张彰显军威，甚至他还担心张广泗带兵过多，使招抚的苗众受到惊吓，"张广泗此番亲往安抚，当着实详慎，朕意若多带兵役，恐新抚者疑畏，少则苗猓之性又未可深信也，与张广泗悉心筹划为之"。②雍正帝与鄂尔泰态度的差异，除了君臣所处位置的不同外，还与个人的亲身经历有关。雍正帝对于生苗的认知，主要是通过地方官吏所上报的奏折，而鄂尔泰则是亲自冲到第一线，特别是亲历了诸苗反复起事后，他更加相信军威的力量。

同时，需要说明的一点是：在上述两篇奏折中，鄂尔泰都提到了方显在九股清水江一带的招抚成果。他在《张广泗带兵克取小丹江情形折》中称："方显多遣土官人等，分道前往化海，除已招之四千四百七十余户外，今复招抚得一千零二十一户，赏以花红、银牌、酒食，苗情甚是踊跃，闻风而来者，纷纷将来，所遣之人回复又可得数千户，附近镇远九股清水江一带生苗不难就绪"③。其后，又在《剿抚丹江一带生苗情形折》中记载："（方显）呈报招抚得清水江反号等生苗共七寨，计四百一十三户，男妇一千四百五十二名口，并招抚得清水江董敖寨并九股之陶赖等生苗共十二寨，计五百一十三户，男妇二千一百八十名口。"雍正帝也因此对方显开始有所关

---

① 《雍正六年十二月初八日云南总督鄂尔泰奏报张广泗带兵克取小丹江情形折》，《雍正朝汉文朱批奏折汇编》，江苏古籍出版社1989年影印本，第14册，第161页。
② 《雍正七年正月二十五日云南总督鄂尔泰奏报剿抚丹江一带生苗情形折》，《雍正朝汉文朱批奏折汇编》，江苏古籍出版社1989年影印本，第14册，第446页。
③ 《雍正六年十二月初八日云南总督鄂尔泰奏报张广泗带兵克取小丹江情形折》，《雍正朝汉文朱批奏折汇编》，江苏古籍出版社1989年影印本，第14册，第161页。

注："闻得甚好，系出格之才，未知将来可成大用之器否。年纪几何，何处人？"① 由此可知：张广泗与方显的两条路线是同时进行的。以往的研究多以张广泗一线作为鄂尔泰"重武"治苗的代表，把方显的"重抚"作为鄂尔泰的对立面进行比较和评判，而实际情况是无论张广泗还是方显，都受鄂尔泰的委派，若作为总督的鄂尔泰执意要剿，受其调用的方显不可能将"招抚"路线贯彻始终。当然，此时的鄂尔泰并非没有失误，当初鄂尔泰给张广泗与方显分工时，是把"尤为梗顽难化"的九股清江地区分配给了方显，既然这些地方都可以实现"招抚"，为什么张广泗却在丹江频频受阻呢？或许现实情况与此前鄂尔泰对丹江生苗的认识有所差异，但与张广泗相比，方显对待当地民众确实更加耐心，其招抚工作也多委派给当地的土官、土目、头人等人，更容易安抚民众。为消除归诚苗人的担忧，方显曾亲自去寨中做工作，"下马坐石上，与谈家常琐事，询问疾苦，苗大欢"②。此时的鄂尔泰若能对比方显与张广泗的治苗结果，反思张广泗的行事方式，借鉴方显的招抚经验，日后或许能减少一些不必要的武力冲突。

丹江之战后，方显又招抚了柳受、柳利、杨辽、番招等寨。同时，安顺一带的生苗招抚继续顺利进行，缴纳粮银的生苗已有三百二十六寨，新化生苗二百四十七寨，剩下的二十多个没投顺的寨子，在官兵"佯作进剿之势，再遣人化诲"后也已经归诚。至此，无论黔东南的八寨、丹江、清江地区还是黔中南，大部分的生苗似乎都已经被纳入朝廷管理之中，鄂尔泰认为进行"设镇安营、建官划界"等善后事宜的时机已经到来，于雍正七年（1729）二月二十四日上奏，称他将亲自前往贵州，与贵州抚臣张广泗面商熟筹，以图永远

---

① 《雍正七年正月二十五日云南总督鄂尔泰奏报剿抚丹江一带生苗情形折》，《雍正朝汉文朱批奏折汇编》，江苏古籍出版社 1989 年影印本，第 14 册，第 446—447 页。
② （清）方显：《平苗纪略》，同治癸酉刊本。

安贴。① 读此奏折，雍正帝极其喜悦，嘱托其谨慎善后，未料鄂尔泰与张广泗又开始对清水江地区的生苗发动进剿。

（三）"进剿清水江"与"以苗制苗"

鄂尔泰于雍正七年（1729）三月初七抵达贵阳，与张广泗商议苗疆事务。针对位于清水江深险之地的公鹅、鸡摆尾等十余寨的抗拒，两人一致认为应该将其剿灭，否则黔楚船路，终有阻碍。三月二十七日，张广泗带领数千官兵起程前往，四月十四日抵达清水江行营，调查后上报："除公鹅一寨，素称强暴，久为生熟苗彝之害，实有难以德化者。其余各寨，虽听公鹅勾结，然系乌合，本不固结，今闻自丹江统兵而下，随各自涣散"，不仅柳利、鸡摆尾等寨纷纷表示投诚归顺，"公鹅一寨亦遣人恳求招安"。对此，鄂尔泰指示："柳利、鸡摆尾等寨虽夥同助恶，亦难轻纵，然既有可原之情，即有可宽之法。至于公鹅一寨，先则伏路截兵，继复渡江挑战，威逼邻夷，指挥众寨，实属巨恶，断难姑留。况该寨紧逼清江，盘踞要害，将来疏通河道，舟楫往来，宁不遭其劫掠？是务当乘机剿灭，以计久远者。即或哀乞诚切，义不屠降，亦必令将倡谋造意诸犯，擒缚投献，明正典刑，然后收抚余党，免其全寨诛戮。庶几威不损，恩不滥，以示群苗，方为妥计。"即对于其他寨子可以接受投诚，但对于公鹅寨，只有寨民主动交出首犯才能使全寨免受诛戮。随后，张广泗上报五月十四日已经率兵捣毁公鹅巢穴，"顽苗被伤毙擒杀及被焚死者甚众"，鄂尔泰回复："应乘此军威，务将公鹅尽行屠灭，此为上策。如势有不可，或宣谕鸡摆尾等寨并力攻取，许掳其子女，分其田土，犹可得中策。"由此可见：鄂尔泰除了决心将抵抗之苗彻底剿灭外，还试图利用其他苗寨势力，以人口和田土为诱惑，以苗制苗。雍正帝对此深表"嘉悦"，并以为"顽苗经此一番惩创，必有十数年

---

① 《雍正七年二月二十四日云南总督鄂尔泰奏报招抚滇黔两省彝苗情形折》，《雍正朝汉文朱批奏折汇编》，江苏古籍出版社1989年影印本，第14册，第675页。

之安静"①。孰知五月十四日夜里公鹅与鸡摆尾等寨就袭击了军营。

袭营事件后，张广泗了解到起事原因是公鹅、鸡摆尾等寨听"汉奸"②曾文登说一旦归诚，缴纳粮食要由一两变为十两，并且还要承担差役。张广泗将曾文登夫妇当众斩首后，各苗又乞求归化。对于这种反复，张广泗在加强兵力布置的同时，一改鄂尔泰此前试图用兵进剿"逃匿之苗"的做法，更加重视"以苗制苗"的手段："其公鹅逃匿之苗，若发兵搜捕，势难尽俘其众，捕之愈急，逃匿愈深，既不能穷追，徒为他寨添羽翼，留此三百失业之苗，反致滋事。因就其恳乞哀切，责令缴献鎗械并令托柳寿等大寨具保，方准收抚。"此法果然奏效，六月初五日各寨苗头带领公鹅苗人赴营为公鹅做担保，并上缴众多武器，张广泗也借机向苗人宣布皇仁："今仰圣天子如天之仁，暂准招回，赏还田地。如果能改过则永为良民，倘少萌异志，即立就歼灭……朝廷不惜钱粮，官兵不辞劳瘁，原为开通清水江河道，使商贾往来，财丰物阜，为尔等苗民垂永远之利。若不安营设汛，河道终不能开，今于公鹅寨基安设大营，余择善地，另立塘汛，保护客商，稽查匪类。"③

鄂尔泰在奏折中一方面大篇幅描述与赞赏了张广泗的善后做法，同时也捎带提到丹江已经招抚的生苗在"汉奸"鼓动下造反，但已被击退，并无大碍。面对苗疆的反复起事，已有疑虑的雍正帝并未受到上奏战果的鼓舞，反而主张暂缓行事："楚省苗疆事宜，可暂缓之，且将已化之苗能令相安感戴，其邻境观望一二年，将来更易为也。若急举行，倘遇不法凶苗，再有汉奸拨弄，以未大定之苗，不

---

① 此段落内引文均出自《雍正七年五月十八日云南总督鄂尔泰奏报清江顽苗就抚攻克情形折》，《雍正朝汉文朱批奏折汇编》，江苏古籍出版社1989年影印本，第15册，第331—332页。

② 关于当时"汉奸"一词的含义，可见本书第五章相关内容。

③ 《雍正七年六月十八日云南总督鄂尔泰奏报剿抚公鹅等寨暨丹江苗众情形折》，《雍正朝汉文朱批奏折汇编》，江苏古籍出版社1989年影印本，第15册，第594—595页。

能保其不被煽惑也。此时非有失机失虑之事愈缓愈妙者，遵旨行此举……钦此。"① 此前雍正帝虽已生撤兵之心，但仍询问与听取了鄂尔泰的意见，而这道命令式的奏折更加表明雍正帝不愿意再大举用兵苗疆。对此，鄂尔泰首先陈述了治理苗疆的不易，特别是人才难求："伏查楚粤川黔，苗疆各别，獩蛮狇猍，苗性半同，狡悍者其常情，反复者其故智。欲令其相安感戴，实不在法而在人。得人之难，难于任事，善后之难，尤难于创举。"其次，鄂尔泰非常诚实地分析了苗人反复生事，并非只是"汉奸"、苗人的罪过，也有官兵激成的因素："臣不敢谓或能料理，即丹江古州一带，已经归化之苗众，虽现在伏贴，臣亦不敢时刻放心。盖努力易知机，难解事，易推诚，难拨弄煽惑。罪不止于汉奸，而调停不善，约束不严，即官弁兵役皆有以激成事端，亦并非仅苗人之罪也。"最后，看出雍正帝疲于兵事的鄂尔泰对于与贵州交界的楚属容美、川属酉阳两地的土司，不再主张兵剿，"但示开导，不露威严，一二年内或可以就绪"。只是，即便如此，雍正帝还是担心会无端生事，主张放缓："酉阳容美皆经久归化受职之苗，非生苗可比。今若无故委员化导，虽此数人不露威严，而委用之人或少见圭角，万一致生事端，转费料理……仍缓缓相机为是。"② 受到雍正帝的压力，鄂尔泰在雍正七年（1729）十一月七日上奏的奏折中说已经暂缓对古州都江定旦寨生苗的河道开通，"清水江通楚河道，现在客货通行，可资生理。惟古州都江，可以通粤水道，原有未招抚之定旦寨生苗，尚在阻梗。该文武亟欲开通，业经臣密饬，令其缓待"。为了让雍正帝安心，鄂尔泰还说："臣观此情形，新开苗疆二三千里之地，似俱安静宁贴。"③ 只是非如其愿，在其上奏的

---

① 《雍正七年九月十九日云南总督鄂尔泰奏请招抚生苗以安三省边境事折》，《雍正朝汉文朱批奏折汇编》，江苏古籍出版社1989年影印本，第16册，第660页。
② 同上书，第660—661页。本段落自上条注释至此条注释之间的引文，均出自此折。
③ 《雍正七年十一月初七日云南总督鄂尔泰奏报黔省苗民归依诚恳地方安静宁贴折》，《雍正朝汉文朱批奏折汇编》，江苏古籍出版社1989年影印本，第17册，第157页。

前一天夜里，鸡呼党数寨"近伺营盘，远集山梁"，① 意图造反。

鄂尔泰对此事极为重视，下令出兵进剿。首先，为了避免引起其他寨子的恐慌，他嘱托苏大有只进剿鸡呼党等闹事苗寨，同时强调不能再轻信苗人的投降，"仓卒之际，良顽未分，骤尔进剿，反滋惶惑。务查实顺逆，先明白晓谕，与别寨无干，然后指定鸡呼党数寨，尽力屠灭，即缚献哀乞，切不可轻听"②。其后，他又札致张广泗，强调一定要杀一儆百："前在黔时，欲一并剿戮者，实非忍也。今自作之孽，何用姑息？倘再纵恶，致多效尤，是不杀少而杀众，名为用爱而实残。故未经化导而抗拒者，情有可恕，业已归向而反复者，法必当诛。虽反复者只三四寨，而渐不可长，万不可因事易而轻忽视之。"③ 故可得知：鄂尔泰认为若从未经"化导"的生苗闹事尚情有可原，而已经投诚又反复起事的苗人罪不可赦，这也就导致了他在此后处理当地群众反复起事时采取了"剿杀彻底"的方针。十二月二十六日，对鸡呼党等苗寨的进剿才得以结束，鄂尔泰对此感言："臣看得清水江之鸡呼党等寨，因昨岁轻易招抚，未曾示以兵威，苗性犬羊，故复小有蠢动。今经此一番剿洗，加此一番布置，则凶顽破胆，良懦自愈倾心。"④ 此处，笔者想指明一点，也是此前研究中多被忽略的一点：鸡呼党等寨围营之前，已有鸡摆尾大寨苗众头人前往行营举报，苏大有才能有所准备。笔者认为这一细节从侧面反映出当时除了"造反"之苗外，也确有不少"归顺"之苗。以往的研究总是把苗人作为一个与朝廷对立的整体，其实他们内部也有矛盾冲突和恩怨仇杀，而这也为朝廷治理生苗，特别是实施

---

① 《雍正八年三月二十六日云南总督鄂尔泰奏报清水江苗业经剿定各寨畏服情形折》，《雍正朝汉文朱批奏折汇编》，江苏古籍出版社1989年影印本，第18册，第289页。
② 《雍正八年正月十三日云南总督鄂尔泰奏派拨粤西官兵会剿黔省定旦苗人等三事折》，《雍正朝汉文朱批奏折汇编》，江苏古籍出版社1989年影印本，第17册，第691页。
③ 同上。
④ 《雍正八年三月二十六日云南总督鄂尔泰奏报清水江苗业经剿定各寨畏服情形折》，《雍正朝汉文朱批奏折汇编》，江苏古籍出版社1989年影印本，第18册，第291页。

"以苗制苗"提供了机会。

(四)"以剿先行"与"古州大局全定"

按照鄂尔泰此前的路线方针,解决完八寨、丹江、清水江(清江、台拱)地区后,黔东南的治理区域就剩下古州都江地区了。上文已经提到,鄂尔泰在雍正七年(1729)十一月初七日奏报的《黔省苗民归依诚恳地方安静宁贴折》中说对都江的定旦寨生苗先暂缓行事,但很快得到密报称"复有伏草截路,伤害放马苗夫之事,是剿之有名,机不可缓",鄂尔泰认为进剿机会不可错过,便决定黔粤联合出动大兵。"臣所以拨派稍多者,一则为开通两省河道计,二则粤西弁丁向不知兵事,既令其学习行走,以鼓其志气,兼令黔疆苗众知粤兵声势,呼吸可通,并以慑其胆而消其萌,亦殊为两益也。"①其实,除了疏通河道和鼓舞士气外,阅读鄂尔泰在同年七月二十四日的奏折便知其还有另一目的:"臣因公赴粤,调遣粤兵时,名为疏通河道,原为古州车寨计。"② 原来,早已被收化的车寨因靠近诸葛军营,一直是鄂尔泰的心腹大患。早在清水江鸡呼党苗寨起事时,鄂尔泰就担心车寨也会有反复发生,"至于古州之车寨,现在虽毫无形迹,然不可不预图",他甚至还密谕副将赵文英进剿定旦的时候要留心试探车寨,让其"亲领千余兵离营,却于附近埋伏,诸葛营内故示以单弱,以观其动静。倘少有反复,即回兵严剿,若果归向甚坚,则万不可轻举"。③ 鄂尔泰在贵州时也曾面嘱张广泗:"必当相机剿除,以图善后。"④ 其如此提防车寨,是因为此时的他已经不再

---

① 《雍正八年正月十三日云南总督鄂尔泰奏派拨粤西官兵会剿黔省定旦苗人等三事折》,《雍正朝汉文朱批奏折汇编》,江苏古籍出版社 1989 年影印本,第 17 册,第 690—692 页。
② 《雍正八年七月二十四日云南总督鄂尔泰奏报剿抚古州三保等处山苗备细情形折》,《雍正朝汉文朱批奏折汇编》,江苏古籍出版社 1989 年影印本,第 18 册,第 1038 页。
③ 《雍正八年正月十三日云南总督鄂尔泰奏派拨粤西官兵会剿黔省定旦苗人等三事折》,《雍正朝汉文朱批奏折汇编》,江苏古籍出版社 1989 年影印本,第 17 册,第 691 页。
④ 《雍正八年七月二十四日云南总督鄂尔泰奏报剿抚古州三保等处山苗备细情形折》,《雍正朝汉文朱批奏折汇编》,江苏古籍出版社 1989 年影印本,第 18 册,第 1038 页。

相信只靠招抚就能收化生苗："前往招抚时，原止结以恩惠，并未示以兵威，苗性犬羊，何知信义？为久长计，臣并不能安枕。"因此即便张广泗回复的札文称："车寨恭顺，已如内地，实可放心"，赵文英也上报"车寨实系恭顺，祈免加兵"，但是他仍坚持："愚非好杀人者，人所共信，但恐今日不杀少，日后将杀多，反是罪过耳。如果恭顺，何须加兵？其余不恭顺者，则无可姑息。"① 由于苗人反复起事的前车之鉴，再加之都江地区沟通黔粤两省，地理位置十分重要，受到雍正帝退兵压力的鄂尔泰此时已经将治苗政策的重点由"以抚为先"转为"以剿先行，杀一儆百"。

鄂尔泰对苗寨已生大施兵威之心，因此苗人一旦有"不法"行为，鄂尔泰便以此为由，对其进行剿杀。雍正八年（1730）五月，因"挑盐夫一人被苗子杀死，盐皆抢去"，"土司弓兵被寨头寨苗子用刀砍籐帽，背戳一鎗"，"口寨、月寨、寨头藏弩，苗人隐于树间击鼓"，"杀死挑麻客民一人"，"杀死种菜客民二人"等报告，官府开始严查三保地区的苗寨。由于只有车寨前来洗白，其他寨子"俱不曾来职"，鄂尔泰认为这是其"果露反复"的表现，下令对其"必剿"。五月十七、十八日，"苗人咸跪营门，禀称各寨为恶者大半已被诛戮，其逃躲者不敢回寨，愿请招安，俟回寨一一缚献，从今器械不敢藏留一件"。时任按察使张钺本想准予招安，但鄂尔泰却不想就这样了事，一面札致张广泗，一面飞谕军前："古州三保既未示以军威，亦未晓以法纪，寸铁未缴，一人不杀，而骤望其宁贴，无此理，无此事。此番反复，固早在意料中，犹不幸中之幸事。今六寨肆恶，其中必有一寨主谋。时刻隐忧者，车寨耳。今反以车寨洗白为辞，若无歹念，何用洗白？既欲洗白于后，何不出首于先？口月等寨在所必戮，而车寨亦须审察，万勿失此机会，更待后举。"同

---

① 《雍正八年七月二十四日云南总督鄂尔泰奏报剿抚古州三保等处山苗备细情形折》，《雍正朝汉文朱批奏折汇编》，江苏古籍出版社1989年影印本，第18册，第1038页。

时，鄂尔泰还警告属下各员："本部院身受殊恩，捐糜不能报，凡事务筹远久，断不忍少有支饰，难固不辞，罪亦不避。倘目前惟图苟安，日后又将有事，即迟至十年、二十年，官去身亡，犹有余愧，犹有余恨！"①

收到鄂尔泰批示的张钺、赵文英在洗剿六寨后，便将目标对准了滚里的龙早、佳沙、党祥、摆里、党鸠、分遮、分摆七寨。这场进剿开始于雍正八年（1730）六月初三，出动大兵两千多名，不仅屠杀了不少苗众，手段还极其残忍。初四日"打死凶苗数十，割取耳鼻十一副"，初五日"打死凶苗数十，斩获首级二十一颗，悬挂营门示众，割取鼻耳四十二副，活擒一名"。虽此前对生苗也进行过剿杀，但诸如此类的血腥记载在鄂尔泰的奏折中却不多见。将滚里七寨惩创完毕之后，初九日撤兵回营，至此，"逆苗"都已经被镇压剿杀，但鄂尔泰继续批饬属员，批评他们若再不进剿车寨就是姑息养奸之举："车寨为腹心之患，屡经密谕严剿，盖亦几经筹划，非了无确见者。讵料此报宁贴，彼称恭顺，直信不疑，惟恐多事。不知该文武等何爱于车寨？始则养痈，继则讳疾，若必欲庇护而听从之者，今且潜为口月六寨之主谋，暗作龙早等寨之羽翼，此实老奸巨猾，决非蠢苗比。若复姑息养奸，终必受其大害，今亦无多言，是剿是抚，听汝等为之。王法无私，军令具在，惟功与罪，其各自取。"②虽然鄂尔泰声称由赵文英等人自己决定是否进剿车寨，但是字里行间流露出车寨非剿不可的意思。于是，接到批饬的赵文英很快禀称，获悉了车寨勾结情实，齐集两省官兵对其进行了围剿，并上报称一切确实如鄂尔泰所料，车寨就是此前诸苗寨闹事的背后主谋。

---

① 此段落内引言均出自《雍正八年七月二十四日云南总督鄂尔泰奏报剿抚古州三保等处山苗备细情形折》，《雍正朝汉文朱批奏折汇编》，江苏古籍出版社1989年影印本，第18册，第1038—1040页。

② 同上书，第1040—1041页。

车寨既剿，鄂尔泰仍不敢掉以轻心："全局未定，难与图成，大害既除，尤须防后。但属军器，必尽勒缴无余。凡有凶顽，必尽严拿正法。老弱幼稚，必分别安插之方，逃散流亡，必审处招集之策。至该寨地址，或分营驻扎，或招集住居，应熟筹妥议。"同时，对于一直归顺的寨子，鄂尔泰认为要继续观其情形，不能大意，"其溶峒虽无抗违，滚塘虽已羁縻，正当察其情形，乘此速为布置，勿以一篑之亏，致废九仞之力。则火种必然，草根致蔓，无事而有事，又将多事矣"。① 起初对于苗疆治理甚是乐观的鄂尔泰，经过苗寨的反复起事，此时已成惊弓之鸟，草木皆兵，唯恐惩创不严，留有后患。同年八月十六日其又下令对古州的摆调、方胜等生苗寨子进行了兵剿。十八、十九两日，官兵"焚烧九寨，杀死数百凶苗，仍恐余凶未尽，俟尽力搜洗，务尽根株"。鄂尔泰严饬赵文英："务必趁机借势，彻底清理，永杜后患。"②

雍正九年（1731）四月初八，鄂尔泰下令对古州邱车苗寨进剿，兵分三路直捣巢穴。其实进剿并没有太费周折，十一日时"该寨余孽"就已经对山喊叫饶命，彻夜不止，十三、十四日又有该寨苗人赴营哀求，其后有己、有厄、有路、石格四寨苗人背负军器投缴军营，甚至捆献了指使人阿桶。营军将阿桶枭首示众，但是并未接受苗人的投诚，直到二十一日，鉴于"众寨群苗，哀求情迫，邱车军器，亦已缴齐"，才肯对其招抚，并收缴了他们的全部器械。③ 同年六月二十一日，鄂尔泰命令诸葛营大兵进军滚塘。

---

① 此段落内引言均出自《雍正八年七月二十四日云南总督鄂尔泰奏报剿抚古州三保等处山苗备细情形折》，《雍正朝汉文朱批奏折汇编》，江苏古籍出版社1989年影印本，第18册，第1042页。
② 《雍正八年九月初四日云南总督鄂尔泰奏报剿平古州摆调方胜等寨生苗情形折》，《雍正朝汉文朱批奏折汇编》，江苏古籍出版社1989年影印本，第19册，第97—98页。
③ 《雍正九年五月二十六日云南总督鄂尔泰奏报剿抚古州邱车等苗寨并收缴军器缘由折》，《雍正朝汉文朱批奏折汇编》，江苏古籍出版社1989年影印本，第20册，第611—612页。

面对大兵压境，滚塘诸苗有的直接投诚，有的在抵抗未果后也开始投诚。鄂尔泰对于前者"收械准抚"，对于后者却逐出不准，继续对其搜擒斩杀，直至将凶苗首级悬示，滚塘里外诸苗"感泣服罪，誓愿归诚……合口同声，愿永为良民，誓无反复"，才撤兵回营。至此，"远近苗众皆知畏知感，而远僻畸零之寨亦不招自至，缴械输诚，而楚粤江路通行，现在商船皆直抵镇协新城下。目下，古州大局始可谓全定"。① 鄂尔泰花了四年左右的时间，才初步实现了"古州大局全定"，远远超过最初一年就可将"苗疆"事务料理完毕的计划，耗时之长、耗力之大，已经完全背离了雍正帝支持其开辟苗疆的初衷。

鄂尔泰治苗思想由"以抚为先"转化为"以剿先行"，在其雍正九年（1731）九月初二日奏报的《下江滚塘等寨剿抚已竣古州大局全定折》中也可见一斑："臣查苗蛮之畏威，每甚于感恩，若威无可畏，亦恩不知感，故必先创惩，而后收服。庶足以慑其胆，而坚其心，此从来料苗疆之大较也。"另外，在这篇奏折中鄂尔泰提到苗众反复生事与贵州吏治废弛不无关系，因此对古州"顽苗"的彻底剿灭，不仅是消除了苗患，而且对于整顿贵州吏治大有裨益，"但得任黔文武，各据忠诚，加意抚驭。绝汉奸之往来，严兵役之骚扰。勿有事而隐讳，致小成大；勿无事而铺张，计赏希功，则数年以后，将为富庶之乡"②。只是，还未等数年之后，雍正十年（1732）台拱的九股苗就聚众反抗设治，雍正十三年（1735）古州更是爆发了空前的众苗起事，已经离任云南的鄂尔泰也因此卸任大学士，被削伯爵。

---

① 《雍正九年九月初二日云南总督鄂尔泰奏报下江滚塘等寨剿抚已竣古州大局全定折》，《雍正朝汉文朱批奏折汇编》，江苏古籍出版社 1989 年影印本，第 21 册，第 145—146 页。
② 同上书，第 146 页。

第三节　鄂尔泰对滇南"凶猓"、
　　　　广西"贼蛮"的治理

根据鄂尔泰奏折记载，除贵州"生苗"外，被其直接打击治理的还有滇南"凶猓"、广西"贼蛮"等，只是由于他们力量较小，奏折中的笔墨也不多，因此在以往关于鄂尔泰西南治理的研究中多被忽略。本节将根据鄂尔泰记载内容，试图通过还原其对所谓滇南"凶猓"、广西"贼蛮"的进剿过程，更加全面地展现鄂尔泰对西南民族的认识与治理对策。

一　鄂尔泰对滇南"凶猓"的治理

雍正五年（1727）正月十七日，已经完成改土归流的镇沅发生事变，镇沅"夷猓"聚众数百人，焚烧了衙门，杀死了威远同知刘洪度。普威营分防把总何遇奇上报"夷人称此变是刘洪度及家人横行地方不得已而为之"，鄂尔泰却推测或许是当地"猓黑"对刘洪度打击其劫掠的报复。"自改土归流，已经八月，夷民帖服，并无异议，即刀瀚亲支凶恶头目，心怀不甘亦未露形迹。至威远猓黑一种，从不耕种，兼无房舍栖止，专以打牲劫掳为生"①，刘洪度对其缉拿，杀死"猓黑"一名，拿获五名，"或有以激变或相约复仇，俱未可定除"②。前文第三章也已经提及，经过两个月的调查，鄂尔泰将这场本因刘洪度及家人横行地方引发的事变定义为"镇沅夷贼勾通威远猓黑放火焚烧衙署，杀官劫课纵囚作乱"③。当时事变参加者的情况，

---

① 《雍正五年二月初十日云贵总督鄂尔泰等奏报彝倮不法实情相机剿抚折》，《雍正朝汉文朱批奏折汇编》，江苏古籍出版社1989年影印本，第9册，第64页。
② 同上。
③ 《雍正五年三月十二日云南总督鄂尔泰奏报遣发官兵擒获彝倮情形折》，《雍正朝汉文朱批奏折汇编》，江苏古籍出版社1989年影印本，第9册，第244页。

在"叛贼"余老二的供词中可见一斑,他供出:"同夥夷人有五百,窝泥有四百,猓黑有三百,大头猓猡有二百,摆夷有四百",鄂尔泰在奏折中也称:"云南鲁魁山接壤哀牢,向住各种猓贼。"首先,借助事变之名,鄂尔泰对镇沅以及附近地区进行了军事清理:"杨方普李四姓贼目授以土职,安插于元江新平地方,管辖猓夷,日久弊生","临元镇辖一带地方,各种猓贼不法已久,若不趁此擒剿,除暴安良,边境终难宁贴。臣现在严檄各领兵官,务捣巢穴以尽根株,毋得仍存姑息,更贻后患"。① 平定镇沅之变后,鄂尔泰对同属临元镇的威远、元江、新平、普洱、茶山等地也开始感到不安。"若经此一事,再不彻底料理,仍复苟安,恐威远、普洱、元江、新平之间终难以宁贴","惟当及此努力,先猛后宽,时防复作之虞"。② 因此,鄂尔泰趁势进剿在镇沅之变时借机作乱的威远"猓贼"扎铁匠、周大妹,新平"野贼"李百叠。因为时逢酷暑瘴疠,官兵死伤严重,但鄂尔泰却坚持"欲一劳永逸,势不能不出于此"③,于是便有了此后的进剿窝泥。

鄂尔泰在雍正五年(1727)十一月十一日上奏:"车里宣慰司地方,近逼老挝,遥连缅国。有窝泥一种,虽具人形,而生性冥顽,与禽兽无异,藉江外为沟池,倚茶山为捍卫,盘踞万山之中,深匿岩险之内,入则借采茶以资生,出则凭剽掠为活计"。④ 此后,雍正帝在宣扬"华夷一家"的《大义觉迷录》中为了说明满蒙已经通文明、懂礼乐,不惜贬低西南民族进行对比:"若僻处深山旷野之夷狄番苗,不识纲维,不知礼法,蠢然漠然,或可加之以禽兽无异之名。

---

① 《雍正五年三月十二日云南总督鄂尔泰奏报遣发官兵擒获彝倮情形折》,《雍正朝汉文朱批奏折汇编》,江苏古籍出版社1989年影印本,第9册,第245—247页。
② 《雍正五年五月初十日云南总督鄂尔泰奏报审办镇沅地方叛逆首恶缘由折》,《雍正朝汉文朱批奏折汇编》,江苏古籍出版社1989年影印本,第9册,第775页。
③ 《雍正五年九月十六日云南总督鄂尔泰奏报进剿威远等处倮彝情形折》,《雍正朝汉文朱批奏折汇编》,江苏古籍出版社1989年影印本,第10册,第651页。
④ 《雍正五年十一月十一日云南总督鄂尔泰奏报调兵进剿边地窝泥逆贼情由折》,《雍正朝汉文朱批奏折汇编》,江苏古籍出版社1989年影印本,第11册,第15页。

至于今日蒙古四十八旗，喀尔喀等，尊君亲上，慎守法度，盗贼不兴，命案罕见，无奸伪盗诈之习，有熙皥宁静之风，此安得以禽兽目之乎？"① 此处说法与鄂尔泰奏折中的这番贬低评价颇有相似之处，虽然并不能确定雍正帝的"夷狄番苗禽兽论"是否以此为出处，但不可否认的是雍正帝对西南民族的认知多来源于西南官吏的奏折，其中尤以鄂尔泰的奏折最具代表性。鄂尔泰对窝泥的擒拿源于雍正五年（1727）四月初六、初七两日窝泥对过往茶商劫杀的事件。当时车里宣慰司的土司刀金宝一方面委派土目刀正彦与官府会商剿抚窝泥，一方面代为窝泥辩诉，称是茶商"多以重利滚砌窝泥"，才导致窝泥怀恨在心。与刀金宝素有不合的刀正彦趁机带领六山窝泥劫杀了前去处理此事的官兵，于是鄂尔泰下令出动官兵、协兵、土兵三千三百名大军连夜进剿，剿杀叛逆者，招抚投诚者。因为六山地区地形复杂，面积广大，直到雍正六年（1728）三月初四才捕获到刀正彦及其家人、随从。事后，鉴于原刀正彦管辖地区以及附近的孟养等地的丰富物产，鄂尔泰决定建城设治，以绝后患。"险峻处固多，肥饶处亦不少。且产茶之外，盐井厂务皆可整理，乘此划定界限，建立城垣，安设文武，既可固边疆之藩篱，并可成遐荒之乐土。"② 之所以想要说明此点，是因为无论是鄂尔泰对土司的治理还是对苗众的收服，除了此前研究中经常提到的诸多政治因素外，经济利益的吸引作用也不可小觑。鄂尔泰奏折中有不少关于产盐、开矿、铸钱等经济事务的记载，这些经济活动既产生了利益分配与争夺，也引发了官府与当地民众的矛盾，外来汉人与当地土著民族的矛盾，以及土著民族之间的矛盾。

雍正六年（1728）七月，橄榄坝地方发生了要为刀正彦报仇的

---

① （清）雍正帝：《大义觉迷录》，《近代中国史料丛刊》，文海出版社1966年版，第36辑，第80—81页。
② 《雍正六年三月二十八日云南总督鄂尔泰奏报茶山首凶刀正彦就擒折》，《雍正朝汉文朱批奏折汇编》，江苏古籍出版社1989年影印本，第12册，第83页。

"摆夷"之变，同年十一月十八日鄂尔泰所派官兵克取橄榄坝、九龙江。此后提督郝玉麟对自动投见的车里宣慰司刀金宝"赏给银两、袍帽，吩咐云尔乃无罪之人"①。关于郝玉麟对橄榄坝之变的应对及善后措施，在本书第三章内已有记载，不再赘言。总之，鄂尔泰虽然对滇南"凶猓"心存敌意，并因其而引发了之后的一系列进剿，但是整体上还是属于"相机剿抚"的范围。最终，橄榄坝夷民归诚复业者已万余人。

二 鄂尔泰对广西"蛮贼"的治理

广西无论是土司势力还是普通民众的力量，都比较分散，因此鄂尔泰在广西并未花太大力气。不同于云南、贵州的大规模民众起事，在广西引起鄂尔泰注意的主要是势力相对零散的盗贼匪类。雍正八年（1730）正月十三日鄂尔泰上奏称："粤属荔波县之高黑寨，上林县西抚之六便村，二处蛮贼，荼毒良善，祸害边境，罪状虽异，恶蹟实同，臣先后檄行发兵惩创。"② 高黑寨事靖后，鄂尔泰结合自己在广西的访察情况提出整治盗贼的对策："臣查粤西一省，獞獞为害，实不止此二三处，而庆远、思恩、柳州三府直隶宾州一州特尤甚，盖土地荒僻，易于遁藏，又有地棍劣衿为之党羽，根蟠蔓行，遂日久难制，若因擒治数起案犯即以为凶顽震帖，仅见通衢附郭良民即以为地方乐利，恐及此少有懈心，日后转须费力严饬勤拿，固未可以暂忘者。臣在滇署，业经通檄各属，并不时访察，兹自入粤境，复沿途细加查访，凡素行不法之棍霸，亦稍自敛戢，并有自行投首者，概许以自新，其凶恶不悛断难宽贷

---

① 《雍正七年正月二十五日云南总督鄂尔泰奏报剿捕橄榄坝首犯暨酌撤官兵情形折》，《雍正朝汉文朱批奏折汇编》，江苏古籍出版社1989年影印本，第14册，第439页。
② 《雍正八年正月十三日云南总督鄂尔泰奏报查访擒拿广西荼毒良善祸害边境贼犯棍霸情形折》，《雍正朝汉文朱批奏折汇编》，江苏古籍出版社1989年影印本，第17册，第699页。

者……勒限拿解。"① 此后,鄂尔泰又于雍正八年(1730)四月二十日上奏汇报了擒获广西右江与广东两地匪类的情形。对于这些"讹骗乡民、捏造谣言"②的匪类的治理,与其说是鄂尔泰的民族对策不如说是他对社会风气的整顿,只不过整顿对象恰是土著民族而已。依据鄂尔泰的奏折记载,这些"不法匪类"并非像贵州生苗拒绝朝廷统治,而是在当地做些骗抢钱财的勾当,因此鄂尔泰对其打击应属于普通的社会治安。其中,让鄂尔泰颇费力气的是思明土府的邓横寨。

通计不过一百九十余户,壮丁不满千人的邓横寨,"聚集凶徒,专事劫杀,左有雷蓬,右有那练,暗为党羽,互相勾结,密竹层栅,阳当外卫,深濠险坎。设内坑,筑土如城,建台安砲,鎗箭能出不能入,兵役敢近不敢前"③,鄂尔泰不满当地官员对其的姑息,决心整治,但没料到的是雍正八年(1730)八月的进剿"损兵挫威,首先失利"④。鄂尔泰痛斥广西属员的办事不力,下令如果再因循纵容,不仅邓横"逆贼",就连相关官员、土司、弁兵也要受到处置。"臣看得广西一省,盗贼殊多,而讳匿不少。大吏粉饰宁靖,有司瞻顾考成,上下相朦,积习已久。"⑤ 因此,鄂尔泰要求进剿邓横只能胜不可败,并想借机对广西吏治做一番整顿。待雍正九年(1731)五月完成对邓横的剿灭后,鄂尔泰上奏"全粤文武见臣必欲剿灭,不

---

① 《雍正八年正月十三日云南总督鄂尔泰奏报查访擒拿广西荼毒良善祸害边境贼犯棍霸情形折》,《雍正朝汉文朱批奏折汇编》,江苏古籍出版社1989年影印本,第17册,第700—701页。

② 《雍正八年四月二十日云南总督鄂尔泰奏两广散布伪劄案情俟审结从重惩处并请录用岑映翰兄弟折》,《雍正朝汉文朱批奏折汇编》,江苏古籍出版社1989年影印本,第18册,第516页。

③ 《雍正九年正二十八日云南总督鄂尔泰奏报委替军营总统严剿广西思明土府邓横寨凶苗折》,《雍正朝汉文朱批奏折汇编》,江苏古籍出版社1989年影印本,第19册,第892页。

④ 同上。

⑤ 同上书,第894页。

但有难词，且将作笑柄，意谓事必不能，不如将就，及见臣严行通饬，委蔡成贵前往，无不以为然，殊不知以全省兵力，不能制一邓横？任其顽抗历数十年，则獞狼獞猺尚何所忌惮，是以臣于此举多有激烈之言，从无和逊之意。谓置之死地而后生，此外绝无胜算，非止为邓横实为全粤计也"。① 这里有一个细节，鄂尔泰在说到不满千人的邓横却如此难攻时不由感慨："黔苗滇猓从无此凶悍"②，此前的贵州生苗虽然反复生事，但是在武器装备，作战安排方面远不是清军对手，即便鄂尔泰曾多次进剿，基本上一剿便得。由于邓横屡攻不克，雍正帝甚至还在朱批中询问鄂尔泰是否需要"冲天大砲"。收到朱批，彼时已经攻克邓横的鄂尔泰在雍正九年（1731）八月初一日的奏折里回复："蠢而苗蛮，原无大伎俩，但将领少具勇谋，鎗砲即可操必胜。"③ 此时他已治理西南近六年，"蠢而苗蛮"一词将其对于不服从中央管理的西南民族的歧视可谓一言道尽。

除了黔、滇、粤三省，鄂尔泰还在奏折中提及了对川滇边界"贼番""蛮夷"的进剿。比如：雍正五年（1727）六月，鄂尔泰命令永北镇总兵柳时昌协同川省进剿腊汝窝等"贼番"，生擒剿杀多人，直到同年七月，"贼番"情愿献出黑盐井以求宥罪，方才撤兵。其后的米贴之变时，鄂尔泰也曾令人趁机出兵擒剿川省的"不法蛮夷"。另外，对于黔、楚、川三省边界的红苗夷，鄂尔泰皆上奏过雍正帝，请求三省协力剿抚。因为四川、湖广本不属于鄂尔泰的管辖范围，此部分的记事在其奏折中也较为简略，所以此处也就不再详细展开。

---

① 《雍正九年五月二十六日云南总督鄂尔泰奏报委派右江总兵蔡成贵剿平广西太平府属邓横寨叛苗折》，《雍正朝汉文朱批奏折汇编》，江苏古籍出版社1989年影印本，第20册，第614—615页。

② 同上书，第614页。

③ 《雍正九年八月初一日云南总督鄂尔泰奏覆攻打苗寨不须颁发冲天大砲折》，《雍正朝汉文朱批奏折汇编》，江苏古籍出版社1989年影印本，第20册，第988页。

第四节 小结

纵观鄂尔泰对西南民族普通民众的治理，贵州生苗让其耗时耗力最多。此前关于鄂尔泰的研究多偏重其对土司的改土归流，对于其生苗治理的研究近些年才有所增加，但叙述比较笼统、简略，因此本章用了较大篇幅梳理清楚鄂尔泰治理生苗的整个过程。鄂尔泰在贵州的生苗治理主要分黔中南与黔东南两大区域，黔中南地区除了最初的长寨事件让其动用了兵力，基本上通过招抚就将生苗收归在朝廷统治之内。黔东南地区是鄂尔泰治苗的重点区域，也是被以往研究提及最多的部分。以往部分研究把鄂尔泰描述为屠杀西南民族民众的刽子手形象，当然，在鄂尔泰奏折中他对于反复的生苗充满痛恨之情，也确实在治苗后期过度迷信武力，但是需要强调的是：研究鄂尔泰的治苗方针不可断章取义，仅从一场战役，或者仅截取其奏折中的只言片语就下结论，而是应该结合当时的背景形势以及整个治苗的过程。

与治理土司一样，鄂尔泰对于生苗的认识以及对策都是逐渐发生变化的。从始至终，鄂尔泰都是"剿抚并行"，没有放弃"剿""抚"中的任何一种手段，但是不同时期"剿""抚"有所偏重。长寨之战时，刚接手苗疆事务的他试图以此重振贵州吏治，震慑其他群苗，因此对于仲苗甚为严苛，并注重"以苗击苗"手段的利用。其后，诸苗的自动归服让他自信可以通过招抚就可料理黔东南生苗事宜。不同于以往研究把"八寨事件"作为鄂尔泰治苗由"抚"为"剿"的转折点，本书认为"八寨事件"发生时，鄂尔泰虽然动用了兵力，但只是针对个别闹事苗寨的头人，对于大部分的寨子与民众，还都是通过招抚完成收服的，因此仍属于"以抚为先"的时期。丹江之战中张广泗动用了大兵，但同时期的方显在清水江地区的招抚顺利进行。待八寨、丹江事靖后，鄂尔泰支持张广泗进剿清水江地区的公鹅、鸡摆尾等寨，并且通过"以苗制苗"的手段，让苗寨之间互相担保，若有反事则牵连受罚，节省了兵力，取得了一定的治苗成效。进入治苗的后期，由于生苗的反复起事，再加之雍正帝已疲于对黔东南的用兵，不再信任生苗的鄂尔泰为了不辜负雍正帝最初的期望，开始急于求成，以剿先行，调拨大兵重惩生苗，最终将整个黔东南地区都纳入到清廷统治范围之内。

除了贵州生苗，鄂尔泰对滇南"凶猓"、广西"贼蛮"，也进行了进剿整顿。事后，鄂尔泰在西南改土归流地区以及新入版图区域采取了安营建制、编户保甲等管理措施，同时，为了发展经济，施行教化，他还兴修水利，开矿产盐，发展文教。关于这些善后管理措施，相关研究已有问世，① 鉴于本书研究主题及篇幅限制，就不再赘言。

种类众多，分布广泛，发展不一的西南民族，内部之间也存在诸多矛盾，这一点往往被此前的研究所忽略。很多研究一言及西南民族，就把其作为一个统一整体，作为鄂尔泰所代表的朝廷势力的反对面，从而对鄂尔泰治苗过程中"以苗击苗""以苗制苗"的手段避而不谈；只强调鄂尔泰在治苗中的用武，却不涉及某些生苗杀人抢劫的不法行为。仿佛若不是鄂尔泰大军的介入，苗疆就是一方和谐融洽的人间乐土。本书当然不赞成鄂尔泰在治苗后期中迷信武力的做法，但是也不赞同学者仅从个人感情或者凭空想象出发，以偏概全地进行史学研究。

---

① 比如：樊西宁《鄂尔泰与云南水利》(《中国水利》1984 年第 3 期)、范同寿《鄂尔泰及其经济活动浅析》(《贵州社会科学》1984 年第 3 期)、张明富《鄂尔泰与云贵边省经济开发》[《东北师大学报》(哲学社会科学版) 1994 年第 5 期]、刘本军《鄂尔泰与西南少数民族地区的水利建设》(《思想战线》1998 年第 10 期)、梁盼《鄂尔泰与云南治水》(《中国水利》2006 年第 14 期)、郭玉富《清雍正年间滇中及滇南地区的水利治理》[《云南民族大学学报》(哲学社会科学版) 2009 年第 5 期] 等。

通过阅读鄂尔泰与雍正帝的奏折朱批，可见两人对于西南民族民众都是心存歧视与偏见的，"蠢""恶""丑"等字眼屡见不鲜，谁都没有做到雍正帝在《大义觉迷录》中所标榜的"华夷一家，一视同仁"。但若比较鄂尔泰的奏折与雍正帝的朱批，雍正帝对于西南民族还显得更加包容一些，经常提醒鄂尔泰谨慎行事，不要伤及无辜，甚至也曾有撤兵丢弃古州的想法。在对待西南民族的态度方面，两人之所以有所差别，除了君臣所处位置的不同外，还与个人经历密切相关。雍正帝对于西南民族的认知，主要是通过地方官吏所上报的奏折，而鄂尔泰则是亲自冲到第一线，特别是亲历了诸苗的反复起事后，本以为不难料理招抚即可的他对于诸苗自然不可能再心平气和。虽心存偏见，但无论雍正帝还是鄂尔泰对于西南民族民众均无先入为主的"仇视"。起初都无意出动大军，而是试图通过招抚实现"一统"。在此后的治理中，雍正帝与鄂尔泰对西南民族民众的认识与评价则主要依据于其对朝廷的态度：顺从则为民，可被招抚；不从则为丑恶，须被剿杀。由此可见，所谓的"天下一统，华夷一家"，果真是只有先实现"天下一统"，西南民族均臣服于清廷统治之后，才可谈及"华夷一家"。

第五章

鄂尔泰对"汉奸"的治理

在鄂尔泰治理西南的过程中，除了西南民族首领土司与普通民众外，还有一个特殊群体亦属于其整顿的对象——"汉奸"[①]。由于这部分外来人口的人数远低于当地土著民族，因此"汉奸"在以往关于鄂尔泰治理西南的整体研究中并不被重视。笔者认为，研究这些混入民族地区并且成为鄂尔泰打击对象的汉人，对于了解鄂尔泰当时如何处理西南地区土著民族与汉人的关系有所帮助，故特设一章进行阐述。

《汉语大词典》中对"汉奸"一词的解释为："原指汉族的败类，后泛指投靠外族或外国侵略者，甘心受其驱使，出卖祖国民族利益的人。宋王明清《玉照新志》卷三：'桧既陷此，无以自存，乃日侍于汉奸戚悟室之门。'[②] 清无名氏《汉奸辨》：'中国汉初，始防边患；北鄙诸胡日渐交逼。或与之和亲，或与之构兵。由是汉人之名，汉奸之号创焉……所谓真汉奸者，助异种害同种之谓也'。"[③] 显然，鄂尔泰所面对的"汉奸"并不能直接套用此

[①] 本章中的"汉奸""川贩"，需要强调其为专有名词时，加了双引号；在叙事过程中作为指代名词出现时没加双引号，特此说明。

[②] "汉奸"最早见于宋王明清《玉照新志》的说法，通过王柯的考证已经被推翻，可详见《"汉奸"：想象中的单一民族国家话语》（《二十一世纪》2004 年 6 月号）一文。

[③] 罗竹风主编：《汉语大词典》第 6 卷，汉语大词典出版社 1990 年版，第 49 页。

解释。王柯《"汉奸":想象中的单一民族国家话语》(《二十一世纪》2004年6月号)一文认为:雍正时期,"汉奸"出现的社会背景是"满汉一体"意识的普及。"或者是满清统治者主张自己与汉人利害相通,或者是汉人认为满清的利益即汉人的利益,才有可能使用'汉奸'一词谴责他人'通敌'。"① 即当时的清朝统治者或者汉人把满汉作为与"苗蛮"相对的利益统一体,从而称那些鼓动串通"苗蛮"的汉人为"汉奸"。吴密在《"汉奸"考辩》中认为:若只从"通敌"的角度把握"汉奸"一词,取义过狭。虽然,两文在"汉奸"一词的出现背景与具体范围上还有争议,但达成一致的是:"从文献资料相关记载来看,'汉奸'一词首先出现于西南'苗疆'一带,并成为这一地区的严重社会问题……在官书档案中,汉奸通常用来指称与'生苗'、'生黎'、'夷匪'、'生番'、'野番'、'逆夷'等等所谓的'化外'民族交往、违法滋事、在外作乱的汉人。"② 在鄂尔泰之前,康熙时期的贵州巡抚田雯就曾使用过"汉奸"一词,"苗盗之患,起于汉奸。或为之发纵指示于中,或为之补救弥缝于外,党援既植,心胆斯张,跋扈飞扬而不可复制"③。雍正帝也于雍正二年(1724)有过"然土司之敢于恣肆者,大率皆由汉奸指使。……倘申饬之后,不改前非,一经发觉,土司参革,从重究拟,汉奸立置重典,切勿姑容宽纵"④ 之说。按照上述两人所言,西南的土司恣肆与苗盗之患皆因"汉奸"而起,因此,鄂尔泰治理西南自然也无法回避"汉奸"问题。同时,与"汉奸"相伴而存的还有"川贩"——"川贩即汉

---

① 王柯:《"汉奸":想象中的单一民族国家话语》,《二十一世纪》2004年6月号。
② 吴密:《"汉奸"考辩》,《清史研究》2010年第4期。
③ (清)田雯:《黔书》,《中国地方志集成·贵州府县志集》第3册,巴蜀书社2006年版,第486页。
④ 《清世宗实录》卷20,雍正二年五月辛酉,中华书局1985年影印本,第7册,第326页。

奸之属"①。鄂尔泰是如何认识"汉奸""川贩"问题的，又对其采取了哪些措施，这些措施对于当时的民族关系有何影响，将是本章所要讨论的主要内容。

第一节 鄂尔泰对"汉奸"问题的认识

鄂尔泰注意到"汉奸"，是在贵州围剿仲苗的长寨之战。战后初定，鄂尔泰便于雍正四年（1726）八月初六日上了一篇专门关于"汉奸""川贩"的奏折，论述了他对此问题的认识。首先，他认为"贵州大害"表面上是"苗猡"作乱，实际是汉奸指使，"黔省大害，阳恶莫甚于苗猡，阴恶莫甚于汉奸、川贩"。之所以有这样的结论，源于他认为当地夷人属于"有勇无谋"的愚蠢之类，故而易被汉奸引诱利用，"盖夷人愚蠢，虽性好劫掠，而于内地之事，不能熟悉；权谋巧诈，非其所有。惟一等汉奸，潜往野寨，互相依附，向导引诱，指使横行。始则以百姓为利，劫杀捆掳，以便其私；继复以苗猡为利，佯首阴庇以佑其财。是虐百姓者苗猡，而助苗猡者汉奸，虐苗猡者亦汉奸也"，即汉奸、苗猡危害百姓，而苗猡亦被汉奸欺虐，因此罪魁祸首还是汉奸。对于汉奸中的"川贩"，鄂尔泰还做了详细说明："至于川贩，即汉奸之属。串通苗猡，专以捆掠男女为事。缘本地既不便贩卖，且不能得价，故贩之他省，而川中人贵，故卖至川者居多。其往来歇宿，半潜匿苗寨，沿途皆有窝家，既可免官府之擒拿，又可通汉夷之消息。居则有歇家为之防卫，行则有党羽为之声援，无从盘诘，莫可稽查。及其路径既熟，呼吸皆通，不独掠汉人之丁口，亦复拐苗人之男妇，而苗人既堕其术中，遂终为所用。"由此可见，当时从事贩卖人口的不仅有汉人"川贩"，也

---

① 《雍正四年八月初六日管云贵总督事鄂尔泰奏报缉拿汉奸暨四川人贩情形折》，《雍正朝汉文朱批奏折汇编》，江苏古籍出版社1989年影印本，第7册，第835页。

有当地的苗人为其帮凶；而被劫捆拐卖的人中也是既有汉人，也有苗人。鄂尔泰决定要对其进行根除："臣入境以来，深知二者之患，留心访察，时欲穷其根株。"①

第二节 鄂尔泰对"汉奸"的治理

关于鄂尔泰对汉奸的整治，哈恩忠《铁拳出击——200多年前鄂尔泰在贵州惩治人贩子》(《中国档案报》2004年10月8日第001版)、《略论雍正年间清政府对贵州贩卖人口的整饬——以鄂尔泰打击川贩为中心》(《贵州文史丛刊》2006年第2期)两文利用档案叙述了鄂尔泰在雍正四年（1726）与雍正七年（1729）对于川贩的两次集中打击。这里需要注意的是——哈氏认为："从本质和目的上来看，（汉奸、川贩）二者是有所区别的。如果说所谓汉奸是有着带领当地人民反抗清政府暴力统治的背景，而川贩则是为了利用清政府在民族地区统治的薄弱与弊漏，赤裸裸地追求金钱利益。"② 笔者对此并不完全赞同，因为前文已经提到鄂尔泰说"川贩"是"汉奸"之属。只是由于"川贩"这一部分"汉奸"具有"团伙性""流动性""专业性"，所以在奏折中被提及时常常独立于"汉奸"出现，但这并不意味着"川贩"是"汉奸"之外的另一团体。因此，笔者将这两篇关于"川贩"的文章归为鄂尔泰整顿"汉奸"的研究之内。另外，张中奎《略论满清政府严禁西南人口贩卖政策之流变——以"改土归流"前后的贵州为例》(《贵州文史丛刊》2005年第3期)、《论清代前期贵州苗疆人口贩卖屡禁不止的原因》[《中南民族大学学报》（人文社会科学版）2009年第2期]两文主要探讨了清

---

① 《雍正四年八月初六日管云贵总督事鄂尔泰奏报缉拿汉奸暨四川人贩情形折》，《雍正朝汉文朱批奏折汇编》，江苏古籍出版社1989年影印本，第7册，第835页。

② 哈恩忠：《略论雍正年间清政府对贵州贩卖人口的整饬——以鄂尔泰打击川贩为中心》，《贵州文史丛刊》2006年第2期。

政府对西南人口贩卖政策的变化，并分析了这种变化与苗疆人口贩卖无法根除的多方面原因，其中亦有涉及鄂尔泰对"川贩"的打击。因此，关于鄂尔泰整治"川贩""汉奸"的具体细节，笔者不再重复叙述，只是在描述大概过程的基础上，通过分析鄂尔泰相关奏折特别是被上述研究所忽略的记载，研究鄂尔泰对"汉奸"的认识及对策。

在前文所提及的雍正四年（1726）的长寨之战中，鄂尔泰就借机对"川贩"进行了搜捕，并且请求雍正帝下谕，让川省官员配合擒拿。"密令诸将中有才略者细心访缉，借讨顽苗之名为搜川贩之计，合前后所获男妇大小数百口，令文武各员将要犯阿捞、阿捣、杨世臣、王有余等共十二名详加审讯，鞠其渠魁，究其胁从，探其窝巢，诘其踪迹。无论已获未获，俱逐一得实。除将现在要犯严行监禁，情罪可原者尽行释放，其已逃诸要犯隶黔属者通行捕拿外，伏祈圣恩，谕令川省抚提诸臣按姓名、居址，同心密缉，务期擒获。"① 此时鄂尔泰对于"川贩"的惩罚并不算太严格，除了对要犯严行监禁外，对"情罪可原"的人都进行了释放。只是没过多久，鄂尔泰就认识到"汉奸"分布广泛且零散，并不是单靠擒拿就可以解决的问题，于是他在雍正五年（1727）正月二十五日奉旨对候补通判管旆所陈"严禁汉奸"等五事发表评论时提出：在黔中南无营汛的地区禁止苗汉来往，以来杜绝汉奸勾结苗人。这条奏折在上述研究中未曾被利用到，因此本章将对其专门分析，以作补充。

首先，鄂尔泰又重新阐述了汉奸之恶，"查边境逞凶，莫如顽苗；而顽苗肆恶，专仗汉奸。此两省文武所共知，而臣于长寨一案已痛切言之，尽法处之"。继而，他认为从根本上杜绝汉奸的方法就

---

① 《雍正四年八月初六日管云贵总督事鄂尔泰奏报缉拿汉奸暨四川人贩情形折》，《雍正朝汉文朱批奏折汇编》，江苏古籍出版社1989年影印本，第7册，第835页。

是禁止汉苗往来，特别是在没有设置营汛的地区，"苗之族类甚繁，凡黔粤四川边界，所在皆有。今安设营汛，兵苗错处之地，虽不能禁汉民之不相往来，而劫杀之风，自可少息。其余，无营汛之寨，专属苗夷聚处，原不应许汉民杂居，多借贸易之名，巧为勾通之计。自宜严行禁止，立为条约，遍告汉夷，夷民勿得容留，汉民勿得擅入。况保甲之法已行，则乡保头人自应稽查，地方邻佑自应首告，使皆各有责成，违者并坐"。另外，为了加强当地流官土司对于汉奸川贩的搜捕力度，鄂尔泰还决定由此前"拿获川贩十五名准予记录一次"的旧议改为"每擒获一起即详加记录一次"，"夫川贩、汉奸潜匿凶寨，非动官兵难以擒拿，又各分巢穴，并非聚集一处，则以一时获十五名，此最难之事。即或前后合算，能拿获者或不止十五名，然多由外结，并不报部，故虽有鼓励之典而踊跃效力之员甚少。臣请嗣后凡有擒获川贩汉奸，审明实有通同苗夷劫杀案件，每擒获一起，即详加记录一次。一切劫杀等事，俱不得外结"。最后，他以赏银的方式激励告发川贩汉奸的行为。同时，为了预防发生诬告，他还宣布若被查明，诬告者会因此获罪，可谓考虑周全，"有能告首川贩汉奸情实罪当者，其应加记录之。官每获一人，赏出首人银五两，但不得挟仇射利，如虚反坐"。鄂尔泰自信通过以上层层措施，川贩汉奸将被彻底打击殆尽，"将不待三年而川贩汉奸，或可绝迹矣"。[①]

有了在长寨打击治理汉奸的经验后，鄂尔泰接受新化生苗归顺时，便试图防患于未然。雍正五年（1727）十二月十三日，他上奏称："至于外化苗夷，既经内附，则汉民往来，势难禁止。诚恐奸徒拨弄，匪类潜聚，又不可不虑。因复商之提臣，就各寨适中之地，移驻千总一员，量拨兵丁，分设防汛，巡缉稽查，以杜贩掠唆使等

[①] 此段落引文均出自《雍正五年正月二十五日云贵总督鄂尔泰奏覆候补通判管䇹所陈严禁汉奸等五事折》，《雍正朝汉文朱批奏折汇编》，江苏古籍出版社1989年影印本，第8册，第926—927页。

弊，庶可以清汉奸之源，绝苗夷之衅，而制之未然，不禁自止，则从此编氓或得以安枕矣。"① 此后，在鄂尔泰剿抚黔东南生苗过程中，对川贩汉奸的打击一直持续，相关情况可零散见于其上报的治苗奏折。雍正帝对于"汉奸"问题也极为重视："朕思苗猺本属蠢然无知，其肆恶抗横扰害地方之处，俱系汉奸从中勾引。此等奸人，平日为匪犯法，本籍无所容身，是以逃至苗猺窟穴生事，把持多方煽诱，以致抗法害民，其情罪甚属可恶。何以向来剿抚苗寨，未闻拿获汉奸严行究治者？今八达寨把事汉奸，未必至此数人，而从前乌蒙镇雄诸处，亦必有汉奸煽引等情……可留心访察，严拿究讯，勿使漏网。"② 鄂尔泰因此还特意总结了涉及汉奸川贩的事件：云南乌蒙镇雄叛案、贵州长寨顽苗拒官兵案中均有拿获、处决汉奸川贩，凯里丹江等处已拿获贩棍数名、奸细一名，广西八达寨也已拿获汉奸等待审理。同时，他还申明镇沅茶山的"夷民蠢动"确实与汉奸无关。雍正帝朱批："汉奸甚为可恶，当严究缉者。"③

收到雍正帝"严究汉奸"的旨意，继长寨事件之后，鄂尔泰又发动了一次对川贩汉奸的集中打击。关于这次打击的收获，鄂尔泰于雍正七年（1729）五月十八日专门上奏一篇《拿获川黔人贩十案情形折》，汇报了十起川贩、黔贩的案件的处理情况，因为哈氏与张氏的论文中都有详细叙述，所以此处笔者不再重复。通过此番整顿，"现犯者得以伏辜，未发者知所惩儆，而积案亦得清结"。对于还未拿获的汉奸，鄂尔泰也继续追剿："至于各种贩棍，原即系汉奸，夥同苗狆则残害汉民，夥同汉民则愚弄苗狆。其行踪诡秘，半潜住于

---

① 《雍正五年十二月十三日云南总督鄂尔泰奏续报安顺生苗向化归附折》，《雍正朝汉文朱批奏折汇编》，江苏古籍出版社1989年影印本，第11册，第246页。
② 《雍正七年正月二十五日云南总督鄂尔泰奏覆乌蒙等处苗寨汉奸俱已正法并再行察访严拿折》，《雍正朝汉文朱批奏折汇编》，江苏古籍出版社1989年影印本，第14册，第448页。
③ 同上。

第五章 鄂尔泰对"汉奸"的治理 139

山峒石窟，密箐深林。臣现又通饬文武各官，令砍伐林箐，堵塞窑峒，并严加防范，实力巡缉。"由此也印证了笔者此前的观点：无论"川贩"还是"黔贩"，都属于"汉奸"的一种。对汉奸深恶痛绝的雍正帝读此奏折，朱批："好！此辈当尽法处之，再严加访缉，务令此风尽息方可。"雍正帝与鄂尔泰此时如此痛恨汉奸，势必将其剿杀除尽是何原因？笔者认为一方面是对汉奸妨碍清廷统治的担忧，另一方面是对贵州吏治松弛的恼火。西南民族民众虽数量众多，但是在雍正帝与鄂尔泰心目中，他们只不过是愚蠢的未开化的乌合之众，除了拒绝朝廷的直接统治外，并无危及朝廷统治的实力。与之相比，汉奸的人数虽少，但"奸诈狡猾"且熟悉内地，对朝廷的危害要大得多。若当地土著民族民众被汉奸煽动对抗朝廷，那清廷的西南统治就会陷入困难重重甚至岌岌可危的境地。同时，汉奸之所以长期存在，和当地流官以及土司的纵容不无关系。鄂尔泰自己在奏折中也说："川贩勾通黔棍，略卖民间子女，向来文武各员惟利无事，并不实力拿惩。而差役兵丁遂尔得钱纵放，互相容隐，以致毫无顾忌，汉夷并遭其毒，且窜入苗寨勾结为非，靡恶不作，实为黔省之害。自雍正四年发兵擒剿长寨顽苗拿获积年贩棍李奇等，臣亲严审定拟题请正法之后，虽稍知敛形，然终未绝迹。揆厥由来，盖缘承审各官或因夥犯未获，或因供证未明，藉故拖延，因循悬搁，虽有一二完结，率多草率了事，奸恶之徒嗜利忘身，不无仍蹈旧习"，① 因此最崇"实心任事"的雍正帝与鄂尔泰对"敷衍了事"的贵州属员自是十分不满，也想借助打击"汉奸"一事一改颓风，重振吏治。

---

① 此段落内引文均出自《雍正七年五月十八日云南总督鄂尔泰奏报拿获川黔人贩十案情形折》，《雍正朝汉文朱批奏折汇编》，江苏古籍出版社1989年影印本，第15册，第333—334页。

第三节 小结

"汉奸"——清代苗疆地区的特殊人群，除了抢掠贩卖人口，破坏社会治安之外，更因为其对清朝西南统治的威胁，被雍正帝与鄂尔泰视为不得不拔的"眼中钉"。当然，即便抛开维护政治统治的目的，在今天看来对于"汉奸"特别是"川贩"的打击也是必需的，因为其让当地无数百姓家破人亡、妻离子散，被拐卖人口无论身体还是心灵都受到很大创伤，同时造成了社会恐慌，引发了民族之间的误解与仇视。

为了消灭汉奸川贩，鄂尔泰在进剿追捕同时，还实行"苗汉分离"政策，在某些没有设营汛的地区明令禁止汉苗往来。这一举措虽然确实减少了汉奸煽动苗众闹事的机会，但也阻断了汉苗之间必要的交流，特别是经济方面的贸易往来，笔者认为并不可取。"汉奸"的存在，除了自身原因外，也与当地某些土著民族的抢杀陋俗，以及当时贵州吏治的腐败涣散有关，不少官员属吏不仅不治理"汉奸"，还接受"汉奸"的贿赂，成为人口贩卖的帮凶。也正由于这些错综复杂的多重原因，虽然鄂尔泰对于"汉奸"的追剿贯穿其西南治理的始末，但"汉奸"特别是"川贩"在雍正一朝最终也未被消灭，甚至直到清朝末年仍旧存在。

结　　语

鄂尔泰自雍正四年（1726）正月抵滇，至雍正九年（1731）十月离滇，历任云南巡抚管云贵总督事务，云贵总督，云南、贵州、广西三省总督，治理西南三省近六年。根据对象的不同，本书将鄂尔泰的西南治理分为对土司的治理、对民众的治理，以及对"汉奸"的治理三部分，通过利用奏折朱批以及实录、地方志等文献资料，在理清基本史实的前提下，分析总结了鄂尔泰在此期间的民族观念及对策。除此前的每章小结外，笔者想再补充说明以下几点。

一　鄂尔泰与雍正帝论人用人治人中的民族观念：政治取向重于民族出身

首先，通过前文研究可以看出：雍正帝的民族思想与鄂尔泰的西南治理，存在互相影响的关系。无论是雍正帝还是鄂尔泰，最初对西南民族都存有偏见甚至鄙夷之心，但是出于"天下一统"的政治目标，又都希望能收其为民，对其教化。雍正帝在《大义觉迷录》中所宣扬的"华夷一家"是以"天下一统"的实现为前提的，反映在鄂尔泰的西南治理上就是：如服从清廷统治，则为"良民"，给予安抚；若有所反抗，则为"逆贼"，势必剿除。反之，鄂尔泰奏折中对西南民族特别是贵州生苗"种种恶行"的描述，也影响着雍正帝对于当时民族问题的认识，体现在《大义觉迷录》中就是：他一方面宣称清朝已无"华夷中外之分"，一方面又自相矛盾地说："若僻处深山旷野之夷狄番苗，不识纲维，不知礼法，蠢然漠然，或可加之以禽兽无异之名。"①

雍正帝颁行《大义觉迷录》之前，曾特意把曾静的言论发给远在西南的宠臣鄂尔泰。这一细节，在雍正七年（1729）四月十五日的鄂尔泰奏折中有所记载，"此因逆犯曾静之谕，朕欲遍示天下，录来与卿看"。颇让笔者出乎意料的是：鄂尔泰在表示一番愤慨之后，首先将矛头对准了满洲臣僚特别是曾经与雍正帝争储的允禩和允禟，"即满洲臣僚内，无知无耻，无殊异类者，固不乏人，其凡敦伦明理自省自立期于不愧不怍者，律以汉唐诸臣，亦谁甘不如，乃逆贼曾静捏造浮词，恣意狂悖，暗布匪党，耸动大臣，其所以能如此得如此者，臣以为其事有渐，其来有因。如诽谤圣躬诸事，若非由内而外，由满而汉，谁能以影响全无之言，据为可信。此阿其那、塞思黑②等之本意，为逆贼曾静之本说也。如诋毁天朝等语言，则江湖恶类，山野狉愚，不识天日者皆能造伪说，而不至若此之甚，此怀疑二蓄怨望诸汉人等之隐意，为逆贼曾静之借口也。"继而，鄂尔泰表达了对满人恨铁不成钢之意："今国家一统垂八十余年，圣圣相承，教养备至，而汉人之心思终不能一。视满洲之人物，犹未能争光，每一念及，臣窃有余恨！"在此处，雍正帝也朱批："叹息流涕耳。"③由此可见：虽然作为满洲，雍正帝与鄂尔泰都希望能有更多的本族

---

① （清）雍正帝：《大义觉迷录》，《近代中国史料丛刊》，文海出版社1966年版，第36辑，第9—10页。

② "阿其那、塞思黑"为满语发音，具体含义学界有所争论，可详见王锺翰《三释阿其那与塞思黑》（《历史档案》1998年第4期）一文。在此处，鄂尔泰所指的就是曾与雍正帝争储的康熙帝第八子允禩和第九子允禟二人。

③ 本段落内引文均出自《雍正七年四月十五日云南总督鄂尔泰奏覆捧读上谕曾静捏造浮词恣意狂悖不胜愤恨折》，《雍正朝汉文朱批奏折汇编》，江苏古籍出版社1989年影印本，第15册，第103—104页。

人才，但比起民族出身，政治取向更为重要。即便满洲臣僚甚至是雍正帝的亲兄弟，若有"不忠"之心，也与"异类"无别。这也就不难解释鄂尔泰治理西南时的"剿抚并用"。前文曾对雍正帝用人不拘于民族出身有所说明，纵观鄂尔泰在西南治理中的用人，亦是如此。在本书写作之初，笔者曾主观推测鄂尔泰的满洲出身，或许对其民族观念及对策有所影响，但通过研究发现：鄂尔泰在治理西南过程中所重用的哈元生为中土回人，张广泗为汉军八旗出身，而他也未因自己的满洲身份而对同为非汉民族的西南民族有所特殊关照。

除此之外，在实录中还可以看到雍正帝对于某些官员在意民族之事做了特别说明，以表明自己用人不拘民族出身，"用人惟当辨其可否，不当论其为满为汉也……盖汉人中，固有不可用之人，而可用者亦多。如三藩变乱之际，汉人中能奋勇效力，以及捐躯殉节者，正不乏人。岂可谓汉人不当用乎？满洲中，固有可用之人，而不可用者亦多。如贪赃坏法，罔上营私之辈，岂可因其为满洲而用之乎？且满洲人数本少，今只将中外紧要之缺补用，已足办理……朕临御以来，以四海为一家，万物为一体，于用人之际，必期有裨于国计民生。故凡秉公持正，实心办事者，虽疏远之人而必用；有徇私利己，坏法乱政者，虽亲近之人而必黜。总无分别满汉之见，惟知天下为公。"①。从雍正朝总督的民族出身统计来看："39位总督中，满人10人，汉军旗人13人，汉人16人"②，民族出身在雍正帝的选人条件中并非是第一位的。

二 鄂尔泰治理土司、民众、"汉奸"的区别与联系

鄂尔泰对土司、民众、"汉奸"的治理，前文已经分别对其进行

---

① 《清世宗实录》卷74，雍正六年十月癸未，中华书局1985年影印本，第7册，第1100—1101页。

② 王丹丹：《雍正朝总督群体研究》，硕士学位论文，黑龙江大学，2009年。

了研究。就地区分布而言，土司问题最集中的是云南，民众起事最多的是贵州，"汉奸"遍布西南各省但在贵州苗疆最为突出。其中，鄂尔泰着重治理的是云南土司与贵州生苗。鄂尔泰在治理西南之初就认识到云贵有别："云南土官多半强豪，所属苗众悉听其指使，残暴横肆，无所不为。其土官懦弱者，凶恶把目为害尤甚，不但目无府州，亦并心无督抚。……贵州土司单弱，不能管辖，故苗患更大。"[①] 在解决对策上，鄂尔泰在治理土司之前，就几次上奏阐述自己对于土司问题的认识与改土归流的计划；但是在解决"苗患"问题时，鄂尔泰则并未提前进行太多治理方针上的筹划。出现这种差别，笔者认为主要源于在鄂尔泰心目中，土司与生苗的实力差别以及两者对清廷在西南统治的危害有所不同。当时，土司已在清朝版图之内，而生苗却在"化外"之地。在西南特别是云南，土司已有较长时间的统治历史，其管辖地区在被改流之前俨然当地的独立王国，除了拥有土地、物产等经济来源外，还普遍拥有自己的武装力量，因此，鄂尔泰要对付土司自然不敢有丝毫大意。与之对比，贵州生苗虽然反复无常，但根本不具有与清廷相抗衡的资本。对此，鄂尔泰在奏折中也提到："臣查苗猓情状，虽初似凶猛，然大率乌合之众，志气不一，始锐中懈，攻击甚易"[②]，即使派驻大兵，目的也以震慑为主。至于"汉奸"，与土司、生苗相比，自身人数与势力并不成规模，但若其"挑拨煽动"当地民众，对清廷的西南统治同样具有较大危险，因此，鄂尔泰对"汉奸"的打击与治理也贯彻始终。

除了区别，鄂尔泰对土司、民众、"汉奸"的治理，三者之间又互有联系。作为鄂尔泰治理西南的组成部分，三者是同时进行的：

---

① 《雍正四年十一月十五日管云贵总督事鄂尔泰奏谢御赐人参等物并陈愚悃恭缴朱批十件折》，《雍正朝汉文朱批奏折汇编》，江苏古籍出版社1989年影印本，第8册，第444页。

② 《雍正六年七月二十一日云南总督鄂尔泰奏报委员招抚黎平镇远都匀等处生苗情形折》，《雍正朝汉文朱批奏折汇编》，江苏古籍出版社1989年影印本，第13册，第20页。

在时间上具有同步性，在空间上也有临近交叉重合。除此之外，一方的进展情况也影响着鄂尔泰对其他两项治理的决策，特别是在对土司与生苗的治理上，这种影响表现极为明显。虽然鄂尔泰始终推行"剿抚并行"路线，但是在不同时期与不同地点的侧重有所差别，方针路线也经历了由"以抚为先"向"以剿先行"的转变。大体而言：对于土司，这种转变始于雍正六年（1728）二月至五月的米贴之变；对于生苗，转变始于雍正六年（1728）九月至十二月的丹江之战。笔者认为两者时间上的临近，并非巧合。按照鄂尔泰到任之初的计划，他认为治理西南各项事宜，大概需要三五年即可，而雍正帝对此朱批："朕意原俟两三年之外，其可代之人，当徐为之留心，临期朕自有旨。"[①] 由此可见，无论雍正帝还是鄂尔泰都没意料到解决西南民族问题会如此耗时，再加之随着官兵与当地民众接触的增多，矛盾也与日俱增，鄂尔泰中后期的西南治理与前期相比，就显得急躁许多。

以上两点为正文中尚未论述之言，前人研究中也无人提及，故此处特作补充。对于鄂尔泰这样一个已经有众多相关研究成果的历史人物，本书从民族观念及民族对策角度对其研究，其实可以算得上是"旧瓶装新酒"的尝试。虽然笔者自本科就于中央民族大学开始了历史学的专业学习，但是在日本名古屋大学攻读博士课程之前，所从事的中国西南少数民族古村落研究，除参考地方志等基本的历史文献外，更多的是借助于田野调查。使用大量的奏折、实录等原始档案资料，在笔者的历史研究中亦尚属首次，因此，由于笔者的学识所限，本书也不免存在问题和疑惑，有待今后更加深入的研究。

（一）文献资料的利用

在研究开展之初，笔者对于雍正时期的用人选吏、奏折制度等

[①] 《雍正四年十一月十五日管云贵总督事鄂尔泰奏谢御赐人参等物并陈愚悃恭缴朱批十件折》，《雍正朝汉文朱批奏折汇编》，江苏古籍出版社1989年影印本，第8册，第446页。

背景知识了解甚少，遇到此前并不熟悉的历史事件、文献版本等问题，通常是边学边用或者先学后用，比如绪论中就曾提到，本书对鄂尔泰奏折的选择经历了从《朱批谕旨》版本到《雍正朝汉文朱批奏折汇编》版本的转变。与此同时，鄂尔泰西南治理是一项前后持续近六年，涉及广阔区域与众多人口的系统性长期事件，虽然笔者已经试图周全，但肯定还有遗漏疏忽之处，特别是在利用同时期西南地区其他官员的奏折资料方面，还比较欠缺，留待在日后的研究中继续完善。

（二）观点的提炼与整合

研究个人的民族观念及对策，不似研究群体或者国家，所依据的材料非常零散，得出的观点也是如此，很难整合形成一套系统的理论分析。鄂尔泰相关的研究成果已十分丰富，但是从民族观念及民族对策对其进行研究的成果寥寥无几，或许也正是源于此因。尽管如此，本书还是努力通过鄂尔泰奏折中的零散记载，提炼出鄂尔泰的民族观念与对策，以及其观念与对策在整个治理过程中的变化，试图还原历史的本来面目，这也是本书研究的最终目的。

鄂尔泰治理西南近六年，而本书研究从最初选题到最终完结，亦已历经近十年的时间。学史治史十六载，却愈加体会到"史海无边"，特别是在此书写作中时常有"书到用时方恨少"之感慨。除文中所著内容外，写作中翻阅史籍所增之见识，请教师长所获之教益，亦都化为一份难以磨灭的记忆，留存心中。笔者将带着上述已得之收获与未解之困惑，怀着一颗感恩和谦逊的心，在日后的治学路上，继续深入研究，前行求索。

参考文献

一 古籍档案

[1]（西汉）司马迁：《史记》，中华书局1959年版。

[2]（东汉）班固：《汉书》，中华书局1962年版。

[3]（东汉）郑玄：《礼记郑注》校相台岳氏本，新兴书局1981年版。

[4]（东汉）赵岐：《孟子赵注》校永怀堂本，新兴书局1979年版。

[5]（东汉）何休：《春秋公羊传》校永怀堂本，新兴书局1982年版。

[6]（南朝）范晔：《后汉书》，中华书局1965年版。

[7]（唐）李百药：《北齐书》，中华书局1972年版。

[8]（唐）房玄龄：《晋书》，中华书局1974年版。

[9]（宋）司马光：《资治通鉴》，中华书局1956年版。

[10]《明太祖实录》，北平图书馆红格本之晒蓝本，"中央研究院"历史语言研究所校印1962年版。

[11]（清）雍正帝：《大义觉迷录》，沈云龙主编《近代中国史料丛刊》第36辑，文海出版社1966年版。

[12]（清）赵尔巽等撰：《清史稿》，中华书局1977年版。

[13]（清）鄂容安著，李致忠点校：《鄂尔泰年谱》，中华书局1993年版。

[14]（清）金鉷：《广西通志》，美国加利福尼亚大学伯克利分校藏刊本。

[15]（清）鄂尔泰：《云南通志》，中国国家图书馆藏清乾隆元年刻本。

[16]（清）鄂尔泰、张广泗：《贵州通志》，中国国家图书馆藏清乾隆六年刻本。

[17]（清）方显：《平苗纪略》，同治癸酉刊本。

[18]（清）袁枚：《随园诗话》，人民文学出版社1982年版。

[19]（清）田雯：《黔书》，《中国地方志集成·贵州府县志集》第3册，巴蜀书社2006年版。

[20]《清世祖帝实录》，中华书局1986年版。

[21]《清太宗帝实录》，中华书局1985年版。

[22]《清世宗帝实录》，中华书局1985年版。

[23]《大清十朝圣训》，北京燕山出版社1998年版。

[24] 王鍾翰点校：《清史列传》，中华书局1987年版。

[25]《朱批谕旨》不分卷六十册，清光绪十三年上海点石斋石印本。

[26]（民国）刘显世：《贵州通志》，贵阳书局1948年铅印本。

[27] 中国第一历史档案馆编：《雍正朝汉文朱批奏折汇编》，江苏古籍出版社1989年版。

[28] 中国第一历史档案馆编：《雍正朝汉文论旨汇编》，广西师范大学出版社1999年版。

[29] 台北"故宫"博物院：《宫中档雍正朝奏折》，台北"故宫"博物院1977年版。

[30] 俞冰、杨光辉主编：《朱批鄂太保奏折》，中华全国图书馆文献缩微复制中心2005年版。

[31] 楚雄彝族文化研究所编：《清代武定彝族那氏土司档案史料校编》，中央民族学院出版社1993年版。

二 论著

[1] 杨启樵：《雍正帝及其密折制度研究》，上海古籍出版社 2003 年版。

[2] 清史编委会编：《清代人物传稿》，中华书局 1984 年版。

[3] 方国瑜：《中国西南历史地理考释》，中华书局 1987 年版。

[4] 龚荫：《中国民族政策史》，四川人民出版社 2006 年版。

[5] 龚荫：《中国土司制度》，云南民族出版社 1992 年版。

[6] 徐兴祥：《中国古代民族思想与羁縻政策研究》，云南民族出版社 1999 年版。

[7] 杨启樵：《揭开雍正皇帝隐秘的面纱》，上海书店出版社 2002 年版。

[8] 冯尔康：《雍正传》，上海三联书店 1999 年版。

[9] 冯尔康：《雍正帝》，中华书局 2009 年版。

[10] 宫崎市定『雍正帝―中国の独裁君主』、中央公論社、1996 年。

[11] 平野聪『清帝国とチベット問題―多民族統合の成立と瓦解』、名古屋大学出版会、2004 年。

[12] 付春：《尊王黜霸：云南由乱向治的历程（1644—1735）》，云南大学出版社 2011 年版。

[13] 张中奎：《改土归流与苗疆再造》，中国社会科学出版社 2012 年版。

三 论文[①]

[1] 金炳镐：《我国"少数民族"一词的出现及使用情况探讨》，《黑龙江民族丛刊》1987 年第 4 期。

---

① 绪论鄂尔泰研究综述中出现的诸多论文作为研究对象，具体的出版信息都已经在文章中说明，就没有再将其重复列于参考文献内。在正文中被引作注释的论文除外。

［2］郝时远：《中文"民族"一词源流考辨》，《民族研究》2004 年第 6 期。

［3］李世愉：《清政府对云南的管理与控制》，《中国边疆史地研究》2000 年第 4 期。

［4］张永国：《略论贵州"改土归流"的特点》，《贵州文史丛刊》1981 年第 3 期。

［5］刘本军：《震动与回响》，博士学位论文，云南大学，1999 年。

［6］马国君、黄健琴：《略论清代对贵州苗疆"生界"的经营及影响》，《三峡论坛》（三峡文学·理论版）2011 年第 4 期。

［7］秦中应：《建国以来关于"改土归流"问题研究综述》，《边疆经济与文化》2005 年第 6 期。

［8］庄吉发：《从鄂尔泰已录奏折谈〈朱批谕旨〉的删改》，《清史论集》（十二），文史哲出版社 2003 年版。

［9］李国荣：《雍正朝汉文朱批奏折汇编出版》，《档案学研究》1989 年第 2 期。

［10］李世愉：《清前期治边思想的新变化》，《中国边疆史地研究》2002 年第 1 期。

［11］丁宏：《试析方略与清代统治者的民族观》，《青海民族研究》2004 年第 4 期。

［12］李治亭：《清代民族"大一统"观念的时代变革》，《社会科学集辑刊》2006 年第 3 期。

［13］何晓芳：《论雍正的〈大义觉迷录〉及其民族思想》，《满族研究》1986 年第 2 期。

［14］钱伯城：《一次关于政权问题的大辩论——雍正〈大义觉迷录〉书后》，《书屋》1998 年第 4 期。

［15］吴洪琳：《试论雍正帝的民族思想——〈大义觉迷录〉新解读》，《西北农林科技大学学报》（社会科学版）2004 年第

6 期。

[16] 周玲:《从〈大义觉迷录〉看雍正的民族思想》,《文山师范高等专科学校学报》2006 年第 1 期。

[17] 栾洋、姜胜南:《帝王眼中的华夷之分与君臣之伦——从〈大义觉迷录〉看雍正的政治思想》,《燕山大学学报》(哲学社会科学版) 2008 年第 1 期。

[18] 库晓慧:《析清代"华夷一家"的民族观念——以〈大义觉迷录〉为视角》,《河北青年管理干部学院学报》2009 年第 2 期。

[19] 林开强:《华夷之别思想的辩驳与消弭——以清雍正年间思想整合运动为中心》,《中华文化论坛》2009 年第 3 期。

[20] 衣长春:《论清雍正帝的民族"大一统"观——以〈大义觉迷录〉为中心的考察》,《河北学刊》2012 年第 1 期。

[21] 郭成康:《也谈满族汉化》,《清史研究》2000 年第 2 期。

[22] 李世愉:《清政府对云南的管理与控制》,《中国边疆史地研究》2000 年第 4 期。

[23] 李世愉:《清代的国家统一是历史的必然》,《史学集刊》2000 年第 4 期。

[24] 黄秀蓉:《"夷夏变迁"与明清"改土归流"》,《广西民族研究》2007 年第 3 期。

[25] 王鍾翰:《雍正西南改土归流始末》,《清史新考》,辽宁大学出版社 1990 年版。

[26] 方铁:《历代王朝经营西南边疆的得与失》,《社会科学战线》2012 年第 7 期。

[27] 孙兵:《〈朱批谕旨〉所见雍正帝用人之道的主要特色》,《前沿》2009 年第 8 期。

[28] 孙兵:《从〈朱批谕旨〉看雍正帝用人之道》,《学习月刊》2009 年第 13 期。

[29] 孙兵：《论雍正帝用人行政的主要特色——以〈朱批谕旨〉为考察中心》，《湖北社会科学》2010 年第 3 期。

[30] 孙兵：《雍正帝察吏之术探微——以〈朱批谕旨〉为考察中心》，《社会科学论坛》2010 年第 13 期。

[31] 杨胜勇：《清朝经营贵州苗疆研究》，博士学位论文，中央民族大学，2003 年。

[32] 王柯：《"汉奸"：想象中的单一民族国家话语》，《二十一世纪》2004 年 6 月号。

[33] 吴密：《"汉奸"考辩》，《清史研究》2010 年第 4 期。

[34] 王鍾翰：《三释阿其那与塞思黑》，《历史档案》1998 年第 4 期。

[35] 哈恩忠：《铁拳出击——200 多年前鄂尔泰在贵州惩治人贩子》，《中国档案报》2004 年第 8 期。

[36] 哈恩忠：《略论雍正年间清政府对贵州贩卖人口的整饬——以鄂尔泰打击川贩为中心》，《贵州文史丛刊》2006 年第 2 期。

[37] 张中奎：《略论满清政府严禁西南人口贩卖政策之流变——以"改土归流"前后的贵州为例》，《贵州文史丛刊》2005 年第 3 期。

[38] 张中奎：《论清代前期贵州苗疆人口贩卖屡禁不止的原因》，《中南民族大学学报》（人文社会科学版）2009 年第 2 期。

[39] 陈维新：《鄂尔泰与雍正对云南改土归流的"君臣对话"——台北故宫博物院所藏朱批奏折选件》，《思想战线》2018 年第 4 期。

[40] 王丹丹：《雍正朝总督群体研究》，硕士学位论文，黑龙江大学，2009 年。

[41] 小野川秀美「雍正帝と大義覚迷録」（『東洋史研究』第 16 卷 4 号、1958 年）。

[42] 神戸輝夫「鄂爾泰と雲南」（『史学論叢』第 21 号、1990 年）。

［43］神戸輝夫「清代雍正朝期の改土帰流政策—烏蒙・鎮雄両土府の場合」（『大分大学教育学部研究紀要』第 15 巻 2 号、1993 年）。

［44］神戸輝夫「清代雍正朝期の少数民族統治について—改土帰流後の烏蒙府を中心に」（『大分大学教育学部研究紀要』第 16 巻 1 号、1994 年）。

［45］神戸輝夫「清代雍正朝期の少数民族統治について—貴州省仲家苗を中心に」（『大分大学教育学部研究紀要』第 17 巻 2 号、1995 年）。

［46］神戸輝夫「清代雲南省武定県彝族那氏土司の活動について」（『大分大学教育福祉科学部研究紀要』第 24 巻 2 号、2002 年）。

［47］楊啓樵「北京と臺北に所蔵されている『朱批諭旨』の異同」（『東方学』第 74 巻、1987 年）。

［48］森永恭代「清代雍正期における鄂爾泰の雲南経営—改土帰流と地域開発」（『京都女子大学大学院文学研究科研究紀要』史学編第 6 号、2007 年）。

附录一

《清史稿》鄂尔泰传[①]

鄂尔泰，字毅庵，西林觉罗氏，满洲镶蓝旗人，世居汪钦。国初有屯泰者，以七村附太祖，授牛录额真。子图扪，事太宗，从战大凌河，击明将张理，阵没，授备御世职。雍正初，祀昭忠祠。

鄂尔泰，其曾孙也。康熙三十八年举人。四十二年，袭佐领，授三等侍卫。从圣祖猎，和诗称旨。五十五年，迁内务府员外郎。世宗在藩邸，偶有所嘱，鄂尔泰拒之。世宗即位，召曰："汝为郎官拒皇子，其执法甚坚。"深慰谕之。雍正元年，充云南乡试考官，特擢江苏布政使。于廨中建春风亭，礼致能文士，录其诗文为《南邦黎献集》。以应得公使银买谷三万三千四百石有奇，分贮苏、松、常三府备赈贷。察太湖水利，拟疏下游吴淞、白茆，役未举。

三年，迁广西巡抚，甫上官，调云南，以巡抚治总督事。贵州仲家苗为乱二十余年，巡抚石礼哈、提督马会伯请用兵，上未即许。巡抚何世璂疏言仲家苗药箭铦利，地势险阻，用兵不易，上即命世璂招抚，久未定，诏谘鄂尔泰。四年春，疏言："云、贵大

[①] （清）赵尔巽等撰：《清史稿》卷288列传75《鄂尔泰》，中华书局1977年点校本，第10229—10236页。

患无如苗、蛮。欲安民必制夷,欲制夷必改土归流。而苗疆多与邻省相错,即如东川、乌蒙、镇雄,皆四川土府,东川距云南四百余里。去冬乌蒙攻掠东川,滇兵击退,而川省令箭方至。乌蒙距云南省城亦仅六百余里,钱粮不过三百余两,取于下者百倍。一年四小派,三年一大派,小派计钱,大派计两。土司娶子妇,土民三载不敢婚。土民被杀,亲族尚出垫刀数十金,终身不见天日。东川虽已改流,尚为土目盘据,文武长寓省城,膏腴四百里无人敢垦。若改隶云南,俾臣得相机改流,可设三府、一镇。此事连四川者也。广西土府、州、县、峒、寨等一百五十余员,分隶南宁、太平、思恩、庆远四府。其为边患,自泗城土府外,皆土目横于土司。黔、粤以牂牁江为界,而粤属西隆州与黔属普安州越江互相斗入。苗寨寥阔,将吏推诿。应以江北归黔,江南归粤,增州设营,形格势禁。此事连广西者也。滇边西南界以澜沧江,江外为车里、缅甸、老挝诸境,其江内镇沅、威远、元江、新平、普洱、茶山诸夷,巢穴深邃,出没鲁魁、哀牢间,无事近患腹心,有事远通外国。论者谓江外宜土不宜流,江内宜流不宜土。此云南宜治之边夷也。贵州土司向无钳束群苗之责,苗患甚于土司。苗疆四围几三千余里,千三百余寨,古州踞其中,群寨环其外。左有清江可北达楚,右有都江可南通粤,蟠据梗隔,遂成化外。如欲开江路通黔、粤,非勒兵深入徧加剿抚不可。此贵州宜治之边夷也。臣思前明流、土之分,原因烟瘴新疆,未习风土,故因地制宜,使之向导弹压。今历数百载,以夷治夷,即以盗治盗,苗、猓无追赃抵命之忧,土司无革职削地之罚。直至事上闻,行贿详结,上司亦不深求,以为镇静,边民无所控诉。若不铲蔓塞源,纵兵刑财赋事事整理,皆非治本。改流之法:计擒为上,兵剿次之;令其自首为上,勒献次之。惟剿夷必练兵,练兵必选将。诚能赏罚严明,将士用命,先治内,后攘外,实边防百世之利。"疏入，上深然之。

会石礼哈疏报遣兵击破谷隆、长寨、者贡、羊城垦诸隘，擒其渠阿革、阿绐及诸苗之从为乱者，上命交鄂尔泰按谳。五月，鄂尔泰遣兵三道入：一自谷隆，一自焦山，一自马落孔。破三十六寨，降二十一寨，抚苗民五百余户、二千余口，察出荒熟田地三万亩。又以镇沅土知府刀瀚、沾益土知州安于藩素凶诈，计擒之；者乐甸土司刀联斗乞免死，改土归流。鄂尔泰疏报仲家苗悉定。上嘉其成功速，令议叙。旋条上经理仲苗诸事，报可。十月，真除云贵总督。

四川乌蒙土司禄万钟为乱，侵东川。鄂尔泰请以东川改隶云南，上从之。仍命会四川总督岳钟琪按治，招其渠禄鼎坤出降。鄂尔泰令鼎坤招万钟，数往不就抚，乃檄总兵刘起元率师讨之，破其所居寨。万钟走匿镇雄土司陇庆侯所。五年，万钟诣钟琪降，庆侯亦诣钟琪请改土归流。上命钟琪以万钟、庆侯交鄂尔泰按谳。叙功，授世职拜他喇布勒哈番。三月，镇沅倮刀如珍等戕官焚掠，遣兵讨平之，获如珍。泗城土知府岑映宸纵其众出掠，又发兵屯者相，立七营。鄂尔泰疏劾，令诸道兵候檄进讨，映宸乞免死存祀，改土归流。鄂尔泰请映宸送浙江原籍，留其弟映翰奉祀。七月，发兵与湖北师会讨定谬冲花苗，获其渠，降其余众。威远倮札铁匠等、新平倮李百叠等应如珍为乱。九月，鄂尔泰檄临元总兵孙宏本率师讨之，获札铁匠，降李百叠。威远、新平皆定。十一月，招降长寨后路苗百八十四寨，编户口，定额赋。得旨嘉奖，进世职一等阿达哈哈番。十二月，攻破云南倮窝泥种，取六茶山地千余里，划界建城，置官吏。

云南南徼地与安南接，前总督高其倬疏言安南国界应属内地者百二十里，请以赌咒河为界。安南国王黎维裪奏辩，上命鄂尔泰清察。鄂尔泰请与地八十里，于铅厂山下小河内四十里立界，上从之，敕谕安南。六年，维裪表谢，上嘉其知礼，命复与四十里。旋讨擒东川法戛土目禄天佑、则补土目禄世豪；按治米贴土目禄永孝，论斩。永孝妻陆氏结倮㑩为乱，檄总兵张耀祖讨之，攻克门坎山。师入，获陆氏。米贴平。广西八达寨侬颜光色等为乱，提督田畯不能讨。鄂尔泰遣兵往，侬杀光色以降。上命鄂尔泰总督云、贵、广西三省，发帑十万犒师。旋又抚贵州拜克猛、长寨、古羊等生苗百四十五寨。十月，万寿节，云南卿云见，鄂尔泰疏闻。

七年正月，命超授三等阿思哈尼哈番，云、贵两省巡抚、提督、总兵，文知县、武千总以上，皆加级。三月，令按察使张广泗率师攻贵州丹江鸡沟生苗，破其寨，种人悉降。上下九股、清水江、古州诸地以次定。下部议叙，鄂尔泰疏辞，而乞予曾祖图扪封典，俾昭忠祠位得改书赠官，列大臣之末，上允其请，仍命议叙。七月，招安顺、高耀等寨生苗及侬、仲诸种人内附。十月，云南赵州醴泉出，鄂尔泰疏闻。上褒鄂尔泰化民成俗，格天致瑞，寻加少保。八年五月，招黎平、都匀等寨生苗内附。鄂尔泰既讨定群苗为乱者，诸土司慑军威纳土，疆理其地，置郡县，设营汛，重定三省及四川界域，而诸土司世守其地，一旦归版籍，其渠诛夷、迁徙皆无倖。

属苗内愤嫚，乌蒙倮最狡悍，总兵刘起元移镇其地，恣为贪虐。六月，禄鼎坤及其族人鼎新、万福遂纠众攻城，劫杀起元及游击江仁、知县赛枝大等，尽戕其孥。鄂尔泰疏闻，请罢斥，上慰谕之。乌蒙既陷，江外凉山、下方、阿驴，江内巧家营、者家海诸寨及东川禄氏诸土目皆起而应之，又令则补、以址诸寨要截江路，以则、以擢诸寨窥伺城邑，东川境内乞泥、矣氏、歹补、阿汪诸寨，东川境外急罗箐、施鲁、古牛、毕古诸寨，及武定、寻甸、威宁、镇雄所属诸夷，远近响应，杀塘兵，劫粮运，堵要隘，毁桥梁，所在屯聚为乱。鄂尔泰集官兵万数千人，土兵半之，分三路进攻：令总兵魏翥国攻东川；哈元生攻威宁，副将徐成贞副之；参将韩勋攻镇雄。

毳国师行，土目禄鼎明遣行刺，被创，以总兵官禄代将。师进，焚苗寨十三。遣游击何元攻急罗箐，杀三百余，降一百三十余。游击纪龙攻者家海，破寨，尽歼其众。勳与苗兵遇于莫都，战一昼夜，破寨四，杀数百人。进攻奎乡，战三日，杀二千余。元生、成贞自威宁攻乌蒙，射杀其渠黑寡、暮末，连破寨八十余，击败其众数万，遂克乌蒙。鄂尔泰檄提督张耀祖督诸军分道穷搜屠杀，刳肠截胫，分悬崖树间，群苗詟慄。上奖鄂尔泰及诸将，以元生、成贞、勳为功首，发帑犒师。陇庆侯庶母二禄氏、四川沙马土妇沙氏以不从乱，给诰命，赉银币。于是苗疆复定。鄂尔泰令于云、贵界上筑桥，命曰庚戌桥，以年纪其绩也。

是岁，永昌边外孟连土司请岁纳厂课六百，鹤庆边外俅子请岁贡土物，鄂尔泰疏闻。上以边外野夷向化，命减孟连厂课之半。俅子入贡，犒以盐三百斤。九年，疏请重定乌蒙、镇远①、东川、威宁营汛。别疏请兴云南水利，濬嵩明州杨林海，开垦周围草塘，疏宜良、寻甸诸水，耕东川城北漫海，筑浪穹羽河诸隄，修临安诸处工，暨通粤河道，皆下部议行。十年，召拜保和殿大学士，兼兵部尚书，办理军机事务。叙定苗疆功，部议进世职一等精奇尼哈番，上特命授一等伯爵，世袭。

师讨准噶尔，六月，命鄂尔泰督巡陕、甘，经略军务。九月，师破敌额尔德尼昭，鄂尔泰檄大将军张广泗遣兵截衮塔马哈戈壁，断敌北遁道。寻疏请屯田。十年六月，还京师。入对，言准部本可骤灭，用兵久，敝中国，无益，上颇然之。

十三年，台拱苗复叛。上命设办理苗疆事务处，以果亲王、宝亲王、和亲王、鄂尔泰及大学士张廷玉等董其事。苗患日炽，焚掠黄平、施秉诸地。鄂尔泰以从前布置未协，引咎请罢斥，并削去伯

---

① 根据前后文语意，笔者认为此处"镇远"应改为"镇沅"。

爵。上曰："国家锡命之恩，有功则受，无功则辞，古今通义。"允其请，予休沐，仍食俸。寻命留三等阿思哈尼哈番。

八月，世宗疾大渐，鄂尔泰仍以大学士与庄亲王允禄，果亲王允礼，大学士张廷玉，内大臣丰盛额、讷亲、海望同被顾命。鄂尔泰与廷玉捧御笔密诏，命高宗为皇太子。俄，皇太子传旨命鄂尔泰等辅政。世宗崩，宣遗诏以鄂尔泰志秉忠贞，才优经济，命他日配享太庙。高宗即位，命总理事务，进一等精奇尼哈番。乾隆二年十一月，辞总理事务，授军机大臣；又辞兼管兵部，上不许，加拜他喇布勒哈番，合为三等伯，赐号襄勤。迭主会试，充领侍卫内大臣、议政大臣、经筵讲官。

四年，南河河道总督高斌请开新运口，河东河道总督白钟山请复漳河故道，命鄂尔泰按视。寻加太保。七年，副都御史仲永檀以密奏留中事告鄂尔泰长子鄂容安，命王大臣会鞫，请夺鄂尔泰官逮问，上不许。十年，以疾乞解任。上慰留，加太傅。卒，命遵遗诏配享太庙，并祀贤良祠，赐祭葬，谥文端。二十年，内阁学士胡中藻以诗辞悖逆获罪，中藻出鄂尔泰门下，鄂尔泰从子甘肃巡抚鄂昌与唱和，并坐谴。上追咎鄂尔泰植党，命撤出贤良祠。

附录二

《清史列传》鄂尔泰传[①]

鄂尔泰，满洲镶蓝旗人，姓西林觉罗氏，世居汪钦。高祖屯泰，国初率族来归，授佐领。曾祖图扣，天聪五年，从征明大凌河，力战阵殁，授骑都尉世职。雍正三年，入祀昭忠祠。祖图彦图，袭世职，官户部郎中。父鄂拜，国子监祭酒。

鄂尔泰由举人于康熙四十二年袭佐领，授三等侍卫。五十五年，迁内务府员外郎。雍正元年，充云南乡试副考官，特擢江苏布政使。八月，授广西巡抚。

三年十月，命署云贵总督。四年五月，贵州仲苗负险肆横，议抚久无成。鄂尔泰分三路进剿：一由谷隆，一由焦山，一由马落孔，焚其寨七，进克长寨、养成巠等，奏于长寨增驻游击。又以镇沅土府刀瀚、沾益土州安于藩凶诈，计擒之。者乐甸土司刀联斗乞免死归流，奏给职衔，示鼓励。寻奏仲苗及川贩窝党悉就擒。上嘉其成功速，议叙加三级。又奏："经理仲苗事宜十条：一、未获犯中胁从者，自首，概宽免；一、苗民失耕种期，免本年正赋；一、归寨者月给米盐抚恤，并给耕种，逾一月未归，田土赏兵；一、苗多占地仇杀，令契开明界址，官给印信承业；一、同名各照祖姓造册，不

[①]（清）佚名撰：《清史列传》卷14大臣画1传档正编11《鄂尔泰》，中华书局1987年点校本，第1018—1026页。

知本姓者为立姓；一、军器悉缴，隐匿及私造处决；一、兵不得欺陵，官不约束严参；一、移贵阳府同知驻长寨化导；一、移长寨把总驻打壤寨控制；一、员弁闻劫掠即拿，一面申报，获犯会审，毋袒徇。"部议从之。十月，实授总督。先是，四川乌蒙土司禄万钟扰东川府，与滇接壤，鄂尔泰奏改东川隶滇，从之。命会同川督岳钟琪办理乌蒙事，嗣招其魁禄鼎坤为土守备，万钟不就抚。至是，檄总兵刘起元整兵直入，各寨投诚，万钟遁镇雄。五年正月，万钟潜投四川，被获，解钟琪军前。其党镇雄土司陇庆侯亦赴川缴印献土。叙功加二级，特旨给骑都尉世职。三月，镇沅倮贼戕官焚掠，剿平之，获贼首刀如珍等，又广西土府岑映宸淫虐，鄂尔泰曾奏敕惩治，上命广西巡抚韩良辅赴滇会议用兵。鄂尔泰以滇、粤相距远，贵州安笼与泗城接，即亲往商。六月，映宸惶惧，乞改流存祀，奏革世职免罪，安置浙江原籍，给其弟映翰顶带，奉其祖岑继禄祀。七月，同楚省会剿谬冲花苗，擒其渠，余众归顺。九月，擒威远倮贼扎铁匠，降新平野贼李百叠等。议叙加三级。十一月，招抚长寨后路生苗百八十四寨，编户口，定额赋。得旨嘉奖，授一等轻车都尉。十二月，攻破云南倮贼窝泥种，其六茶山地千余里，划界建城，设员弁。议叙加二级。先是，前任云贵总督高其倬查奏安南国界，有内地旧境百二十里应清理，于赌咒河立界。国王黎维祹奏辩。复命鄂尔泰清查，给与八十里，于铅厂山下小河以内四十里立界，颁敕晓谕。至六年正月，国王具表谢，鄂尔泰以闻。上嘉其知礼，仍赏给地四十里。又奏乌蒙设镇，驻总兵，改贵州威宁镇为营，置参将，与镇雄、东川二营归统辖；并乌蒙设府治，改镇雄为州，隶之：俱议行。三月，剿擒东川谋逆之法戛伙目禄天佑、则补营长禄世豪等。又米贴土目禄永孝缘罪斩候，妻陆氏勾倮㑩反，调总兵张耀祖等攻门坎山，所向皆克，擒陆氏，米贴平。时广西侬颜光色等不法，提督田畯不能剿，鄂尔泰调兵至，贼杀光色等降。

六月，命总督云、贵、广西三省事务。七年正月，云南卿云见，由一等轻车都尉加授三等男。三月，疏奏："贵州丹江鸡沟生苗向不服化，前檄按察使张广泗相机剿抚，今攻克各寨，苗众投诚。其上下九股及清水江、古州等处，以次宁贴。"叙功加二级。九月，奏乞销去苗疆议叙，赏给曾祖图扣封典，俾昭忠祠牌位得以改书赠官，允之。其苗疆功仍议叙，寻加少保。十二月，奏："新开苗疆立营设官事宜：一、八寨距都匀府九十里，地方辽阔，改都匀营为协，设副将驻扎；一、丹江逼凯里，素为生苗盘据，增丹江营，设参将；一、九股尤强悍，移黄施营游击驻施秉旧县；一、清水江有南北两岸，居中增清江协，设副将；一、镇远协原防清水江生苗，今改为营，设参将，归清江协；一、天柱营近生苗，向设参将，今既分设营汛，改为都司；一、古州为都匀、黎平要隘，设古州镇，驻总兵，改黎平协为营，听统辖；一，营汛既定，设文员分驻，增都匀府同知一驻八寨，通判一驻丹江，镇远府同知一，驻清江，黎平府同知一驻古州，俱加"理苗"字样；一、所设同知、通判，于同驻官兵内，各拨把总、兵丁为亲标护卫；一、施秉旧县添设施秉县县丞分驻。"从之。八年八月，乌蒙倮贼结凉山等蛮反，总兵刘起元被害。禄鼎坤侄万福与贼合。鄂尔泰饬诸将进讨，参将韩勋大败贼于奎乡，总兵哈元生复乌蒙，同攻克大川与关兵会。十二月，擒万福，渠凶尽获。奏入，谕曰："乌蒙改设府治之切，诸事尚未就绪，又值刘起元不善抚驭，激成事端，逆党勾连，几有猝难收拾之势；而将弁军士奋勇争先，旬月间削平寇乱。此皆鄂尔泰平时节制封疆，以公忠表率官僚，以义勇训练将士，而临机应敌，又复调度有方，用能迅奏肤功，永安苗境。论功行赏，当以鄂尔泰为先，但念该督自闻贼变以来，时时以先事疏防引过自责；今军事告竣，不肯自居荡寇之功，屡次陈奏，情词恳切，朕曲从其请，以成其谦抑之素志。"九年六月，疏奏："乌蒙善后事宜：乌蒙镇旧设中、左、右三营，请增设前营，四营各游击一、守备一、千总二、把总四。中营驻府城，左营驻大关，右营驻永善，前营驻凉山。镇雄、东川二营俱增设守备一，分左、右军，左军守备各驻府、州城，镇雄右军守备驻奎乡，东川右军守备驻阿白溪。又改威宁营为协，设副将，仍归乌蒙镇辖；寻甸州增奇兵营，设参将，归督标辖。"从之。寻奏："全滇水利事宜：一、浚嵩明州之阳林海，周围草塘，可开垦；一、宜良县开河五，其四灌田，惟江头村旧开河形高，自胡家营北另开一道，资灌溉；一、寻甸州寻川河有石，难以灌溉，应另浚沙河十五里；一、东川府城北漫海地肥水消，令民承垦；一、浪穹县羽河等处加修堤工；一、临安等处修筑工程，暨通粤河道，嵩明州河口，俱查勘，以时兴工。"下部议行。

十年正月，陛见。二月，授保和殿大学士，兼兵部尚书，办理军机事务。谕曰："大学士鄂尔泰节制云、贵、广西三省，历有岁年，于所属苗疆，悉心经理，使蛮夷慕义向风，咸登乐土。至于古州等处生苗，自昔未归王化，鄂尔泰运筹调度，剿抚兼施，俾苗人怀德畏威，抒诚内向，疆域开拓，边境辑宁。数年以来功绩，实非寻常可比。鄂尔泰著授一等伯爵，世袭罔替。"四月，谕曰："朕与鄂尔泰面加商酌，新疆辽阔，兼有内地旧汛，非古州一镇所能统辖。都江、清水二江地界形势，两路划然，牵合归一，终难控御；而古州镇处都江适中，清江协处清江适中，遥对雄峙，各踞要区。若于清江协裁去副将，改设一镇，将新疆之丹江营与内地之铜仁、镇远、黄施、天柱、石阡、平越等协营俱归管辖，其余都匀协、黎平营并新设之上江、下江诸协营，俱隶古州镇辖，则数千里之苗疆，可无鞭长不及之虑，更属妥协。著将清江协改镇。"

时大军剿准噶尔，七月，命督巡陕甘，经略军务。九月，奏报："我兵败北路贼于额尔得尼昭，贼遁必由毕跻一路，中有衮塔马哈戈壁，系要隘，咨行署宁远大将军张广泗选将弁堵截，并令广泗继进，以壮声援。"得旨嘉奖。又奏："屯田事宜：一、总理屯田大员，颁给关防；一、客民首报地亩，分别给工价，其夫役等工价口粮外，加赏衣帽银；一、夫役在甘、凉、肃雇募，地方官出结，以免逃逸，沿途给口食，并筑土堡客居；一、屯田诸务，令所在有司协理；一、各项支用银，令总理屯田大臣奏报，在军需银内支者，另行报销。"十一年五月，奏言："明岁大兵前进阿勒台，应先将特斯台、锡里二处所驻兵，令秋后至科布多水草佳处，并于札卜堪察罕鄂罗木筑堡规守台站运路；又于塔木托罗海、额克阿喇勒、默尔根西纳所在各驻兵四千，俟进剿时，即前至科布多候调遣。"俱从之。六月，还京，仍兼兵部事。十月，充八旗志馆总裁，兼署吏部。十二年二月，奏参兵部堂司官造册朦混，冒销驿站钱粮，上以鄂尔泰实心任事，议叙加一级。七月，署镶黄旗满洲都统。十三年正月，充皇清文颖馆总裁。

五月，台拱逆苗叛，鄂尔泰自以从前筹划未周请罪，并陈疾，乞赐罢斥、削伯爵，暂假调理。得旨："卿才品优长，忠诚任事，历经简用，未负朕恩。今以抱病虚羸，恳请罢斥，情词皆实，著解大学士之任，削去伯爵，俾得悉心调摄。至于古州苗疆，从前石礼哈等皆曾奏请用兵，朕悉未允行；及鄂尔泰为滇、黔总督，以此事必应举行，剖切陈奏。朕以鄂尔泰居心诚直，识见明达，况亲在地方，悉心筹划，必有成算，始允所请，命其慎重办理。彼时苗民相率向化，成功迅速，朕心甚悦，特锡伯爵，以奖勋庸。乃平定未久，苗即数次蠢动，近则直入内地，煽惑熟苗，焚劫黄平一带地方，居民受其扰害。朕询问情由，鄂尔泰亦以出于意外为词。是从前经理之时，本无定见，布置未协所致。则朕昔时之轻率误信，亦无以自解。国家锡命之恩，有功则受，无功则辞，乃古今之通义。今鄂尔泰请削伯爵，于情理相合，朕鉴其悃诚而俞允之。并请将前后情事，宣谕中外，以示吾君臣公而无私、过而不饰之意。"寻命仍留三等男爵。

八月，今上御极，命同庄亲王允禄、果亲王允礼及大学士张廷玉总理事务。十二月，诏授一等轻车都尉，并前男爵为一等子。乾隆元年二月，充会试正考官。七月，充三礼义疏总裁。二年五月，充农书总裁。八月，查直隶河道。九月，奏言："永定河上游无分泄，下游不得畅达，以致为患。请于半截河隄北开新河，即以北隄为南隄，沿之东下，入六道口经三角淀，北至青沽，西入大河。更作泄潮埝数段，俾沙停埝外，水归河中，则下口无阻。再于上游河身自半截河以上，挑浚深通，南北岸分建滚水石坝四，各开引河一，合清隔浊，补救无难。"又言："千里长隄为数十州县保障，隶霸州、保定、文安、大城境者最险要，今年风浪摧坏，拟于淀口出口处至陶官营筑培隄工，照底阔顶突法修成坦坡形，龙堂湾转角处补筑月隄，以资重障。疏大隄对岸支河淤浅，禁拦河叠道，俾得畅达。"又言："静海县北至独流，内受淀水，外当河道，亦最险处。请于东岸建滚水坝，开引河，注之中塘洼，疏通下口达海，建闸防潮。"下王大臣议行。

十一月，命为军机大臣，兼理侍卫内大臣。十二月，以总理事务议叙，由一等子加骑都尉，并授为三等伯，赐号襄勤。三年，兼议政大臣。四年二月，充经筵讲官。先是，江南河道总督高斌请开新运口，论者以为不便。至是，上命鄂尔泰阅视。四月，奏言："漕河运口因时制宜，屡经改易。今所建新口，离黄稍远，可避倒灌，不无小效。臣愚以为可用，围水挑坝稍短，应再筑长坝，宽围过水口，一如磨盘墩式，俾外通大溜抵黄，内引回流入运。其新运口内头、二、三坝向东转北，即天妃闸旧运河路自三坝向东南湾，转而北过越闸，即河臣拟改新运河路，旧河直接新路纡曲。为漕运计，应行旧河。今新建闸坝未开，仍取道天妃闸，既属便利，永宜遵行。"又言："陶庄引河长而稍曲，旋开旋淤。筑引河法宜径直，乃能迅驶头沙，并须头迎溜，尾顺溜，放水及时。臣拟定于旧河头之东迎溜处东北直下四百六十余丈，尾对惠济祠仍系顺溜。俟大溜盛时开放。再于对岸上流二坝、三坝间接筑挑水大坝，令黄水全势趋北，倒灌之虞可免。"得旨，如所请行。又言："湖河机要二事：一、天然二坝不宜开，免湖水全泄，并兴化、盐城等县水患；一、毛城铺坝已经变迁，宜酌复，河取直，兼放淤培岸，省埽坝费。"下大学士、九卿议，从之。

时河东总河白钟山奏请复漳河故道，谕鄂尔泰于归途勘奏。寻奏言："漳河故道有二：由山东丘县城西者，旧迹全湮，难以开通；由城东者，疏浚较易。应自和尔寨村东承漳河北折之势，接开十余里，至漳桐村入旧河，即于新河头下东流入卫处建闸。卫水弱，启以济运；足用则闭。再于青县下，另建闸坝，酌水势分泄，以保万全。"从之。五月，加太保。七年三月，充玉牒馆总裁。十二月，副都御史仲永檀以密奏留中事洩于鄂容安，命王大臣鞫实，请将鄂尔泰革职拿问。谕曰："仲永檀如此不端之人，鄂尔泰于朕前屡奏其端正，党庇显然，久在朕洞鉴中。若欲将伊革职拿问，则已于前日降旨，何待尔等今日之奏请？盖以鄂尔泰乃皇考遗留之大臣，于政务尚为谙练；若以此事深究，不但罪名重大，承受不起，而国家少一能办事之大臣，为可惜耳！但其不择门生之贤否，不训伊子以谨饬，朕亦不能为伊屡宽也。鄂尔泰著交部议处，以示薄罚。"寻议降二级调用，奉旨，抵销留任。八年，管翰林院掌院事。

十年正月，以疾请解任调理，上慰留。三月，加太傅。四月，卒。遗疏入，得旨："大学士伯鄂尔泰公忠体国，直谅持躬。久任边疆，茂著惠绩。简领机务，恩日赞襄。才裕经纶，学有根柢。不愧国家之柱石，允为文武之仪型。向用方殷，倚毗正切。昨冬忽婴痰疾，朕心厪念，选医调理，存问日颁。今春病势有加，朕往看视，加衔太傅，冀其获痊。不意竟至不起，朕心深为震悼！亲临祭奠，辍朝二日。披览遗疏，具见忠君爱国之悃忱，尤为追念不置。昔皇考有配享太庙遗诏，著该部遵奉举行。并入贤良祠，加祭二次。"寻予祭葬，谥文端。

二十年，甘肃巡抚鄂昌与诗词悖逆之胡中藻倡和，事觉，革职治罪。谕曰："胡中藻系鄂尔泰门生，且与其侄鄂昌叙门谊，则鄂尔泰从前标榜之私，适以酿成恶逆。其诗中谗舌青蝇，供指张廷玉、张照二人。即张廷玉之用人，亦未必不以鄂尔泰、胡中藻为匪类也。鄂尔泰、张廷玉亦因遇皇考及朕之君，不能大有为耳。不然，何事不可为哉？使鄂尔泰尚在，必将重治其罪，为大臣植党者戒！著撤出贤良祠。"四十四年，御制怀旧诗，列诸五阁臣中，诗曰："业师祗三人，其三情向剖。皇考重英才，率命书房走。鄂、蒋以阁臣，蔡、法列卿九。胡、顾、刘、梁、任，邵、戴来先后。其时学亦成，云师而实友。不足当绛帷，姓名兹举偶。鄂其中巨擘，内外勤宣久。初政命总理，顾问备左右。具瞻镇百僚，将美惠九有。好恶略失尚，性阴阳则否。遵诏命配享，旌善垂不朽。

附录三

鄂尔泰奏折影印件选录

一 雍正四年八月初六日 管云贵总督事鄂尔泰奏陈宜重流官职守宜严土司考成以靖边地管见折①

---

① 《雍正四年八月初六日管云贵总督鄂尔泰奏陈宜重流官职守宜严土司考成以靖边地管见折》，《雍正朝汉文朱批奏折汇编》，江苏古籍出版社1989年影印本，第7册，第851—854页。

附录三　鄂尔泰奏折影印件选录

官责在文员求成武职责在武职者亦未减
文员泰莉难供不克辄重各有似分盗由苗寨
者是平时不行稽查而临事又不行防闲此土
司之罪也盗起内地者是乡保不能稽查而捕
快又不能缉获此文员之罪也盗自外来者是
汛塘不能堵缉而兵丁又不能戢捕此武职之
罪也以此三者分别议罪土司无辞流官亦服
然所以清盗之源者莫善于保甲之法及塘共
贤且揭各时撑旦何世瑺熟筹的议拟立规除
行之两省及闽粤钞知荷蒙
圣恩著九卿詳议具奏旦寻状筱奉
旨卻行到日当即领行一体遵奉外按保甲之法营
以十户为牌雪五苗难庞户多畸零保甲之
不行多主此议不知除生苗外其衙民農九肉
三户起者可编为一甲其不及三户者令连附
近地方安许阔住則逐村清理逐户稽查貴在
鄉保甲长一遇有事将先及之一家被盗一村
千速鄉保甲長不能覺察左隣右舍不能救援
各寄的報無所逃罪此法一行則盜賊未嘗合
村皆姓鳴鑼吶喊互相守望互相救護即有兇
狠之盜不可救當而省其來路尾其去路盡在

跟尋訪緝愚亦無所逃至于保甲之外最望者
莫如嚴責捕狀與汛兵盜内地之盜捕快多有
知情外来之盜拏且滿過氣平時辨盜之捕
快宜分定鄉村某方失盜罪在某捕快而捕
快之中亦有奸良不一能否不舜又須每十人
立一伙頭如辨盜不獲者捕快與快頭一同治
罪大抵盜情未有能欺捕快與塘兵之談原
以盡則看騂賂錢夜則飲酒酣眠恃伊等平日無所事事
責則肴騂賂錢夜則飲酒酣眠其戒衰空偷竊
出入不意禋禋非为又戎野来結強寬使知探
陰防陰助其恶不可胜言必须嚴加號令定為
成法使不得不留心盡力盤詰稽查刷盜贼既
外西兵丁亦當可用矣謹其陳明伏乞
聖鑒謹
奏
臣鄂爾泰謹

兵部刑部察院奏議會奏
雍正四年八月初六日

六〇四

云南巡抚管云贵总督事臣郝玉麟奏报

奏为请

旨事窃准兵部咨议政大臣会议又木多乃通藏要路诏驻兵丁恃为藏地拟有安易于收复故暂将云南兵一千名驻扎又木多令藏地热忙青海等亦军防守各省要地应令各省官兵驻防但现据云南提督郝玉麟四川总兵周瑛会勘两省地界俟分定后又木多地方若归川省则应将川省官兵沃撤或又木多地方仍现驻之兵暂留或另沃官兵更换行令着总督岳锺琪总督高其倬详加确商定议具题等因

奏

旨依议钦遵在案嗣准川陕督臣岳锺琪奏请又木多照旧提胡圆克充管理凡又木多以外洛龙宗等处一切郝来撤换仍照制准管辖已查又木多地方既不归滇亦不归川云南现驻官兵似应撤回随咨商川陕督臣岳锺琪续准咨覆现今

钦差前往查勘地界俟到又木多时仍令驻防官兵接替撤退候

旨定夺等因今准部咨议又木多等处拾连帅州外及胡圆克充管其续应归蜀归滇者亦经分定已委勇前往会同蜀员清查界址等项而又木多所驻官兵似属无庸应俟

钦差截四之日撤田滇以蜀按又木多之势摆再中旬所驻官兵原为又木多之繁摆又兵既撤兵中旬又迟之要复驾鸡赏之赏且中旬天气寒冷不能非退藏大路若仍驻扎中旬史督摆说多住桩植人多疾病似应于中旬附近之州普煽凶等处择一和暖可居之地另疑一卷为久远计不惟可专弹压巡防在易兵久居斯土操演哨处之餘尚可整拼经川兵食似不无裨益除委员勘明界址之日商定安营处所并官兵作何裁截抽调另题具

题请

奏请

附录三　鄂尔泰奏折影印件选录　171

旨遵行外所有驻防又水乡官兵应先撤回靖山之
提督同管抚事舒玉鳞名酌拨以郝玉麟会同
兴
奏伏乞
皇主批示遵行谨
奏
此奉差到已有旬日料理筹划重要者
惟土府威远等镇守之委於古十齐部议

雍正四年八月初六日

二 雍正九年九月初二日　云南总督鄂尔泰奏报下江滚塘等寨剿抚已竣古州大局全定折①

云南总督臣鄂尔泰谨

奏为滚塘勦抚已竣古州大局全定事窃照属古州地方道里辽远山川险深村寨稠茂人丁顽悍自歷经勦抚已八九就绪犹有下江滚塘等数寨匿慝粤水陆接壤之咽喉虽不敢送兑亦不甘投顺恐将来村持道路阻截兵民出没于新定之区终无以善後是以復令镇将等官假撤回粤兵路过该地之便柬料理臣已附

摺奏明在案陛辞接据署理古州镇事新授临安总兵官董芳等禀报本辨料理深塘各寨查滚塘係总名有内外二廠在内省已順归城省亦有数寨永惟才元揭宝加约的等寨约千餘户因後路通连老荒山辣直四十餘里與粤西思恩鼐城两县地方接壤寨山深菁人跡罕至特有退藏之地歲其頑抗之習器若頑德剿必先把截後路等路高冈方可进承但下江一带他未加兵此奏間係各糸亦仍派副将赵文英潘

詔剧施善无分顾合攻布冕已定于六月二十

一日五鼓自諸葛警起躯由水路前迫順次速于刻即抵穗洞江登岸鎮将等各選将精兵盟坡越澗而进先见尧苗百餘人執器械于埔上排立呐喊官兵丘上兩至半山隨有伏苹兑苗出拒敢官兵奋勇勒殺赴勢搶登山頂各苗势不能致即乘械清退已被伤充数十人時因口柰未便羁追即龙山梁剥普二十三等日光分兵截住苗寨陵路即退攻才无加的两寨仍偽夯逃随將該寨晓燬分项追捕照寨雪山菁普层深险尚未能過搜勦回大雨三日暫駐营勒温至二十七日天晴熨硝进勸即有藝洞勒能二寨苗頭領塘根等十餘逐人赴营款械查此保未曾拒敢寨分富即収械撫役才充加约的等寨苗霹亦夹隈塞頭人拦保求撫因具先此抗頑復狂逞寨難梵搗苗未剪除亦以示微戒逐出不准復遣兵搜撫歷山菁各有新擺且得龍械营多兵丁雖间亦被伤倖无妨碍後將谑兑苗首极懸示各寨群苗実不戰惟而才元等寨餘棄无進逃逃將送俘將所有藏匿之军器軌未勒龍寨頭人一併負

一四五

---

① 《雍正九年九月初二日云南总督鄂尔泰奏报下江滚塘等寨剿抚已竣古州大局全定折》，《雍正朝汉文朱批奏折汇编》，江苏古籍出版社1989年影印本，第21册，第145—147页。

赴營慇哀求饒命並願納糧當差察其情狀苦
厲誠切當將諧苗為招傳集內外溪塘苗眾訂
期欵衛時附近各寨及散處下江一帶百里內
外寨分並住居深僻從前招撫未盡之苗未來
傳喚亦各肯負繈負絡繹而至皆聚集營門輸
誠請撫諸鎮將等提出才庀諸苗嚴加曉諭劃
切宣諭該苗等感泣服罪誓願歸誠而各寨苗
眾咸自繳之鳥鎗長鎗環刀戈鐵劍盔甲共三千
欵别謝各回寨料理事竣兵撤回營現在商酌
據自徼之鳥鎗長鎗環刀戈鐵劍盔甲共三十
四百八十一件料理事竣撤兵回營現在上下
兩江遠近各廢勘均已勘撫平定地方又約
千里可圖乂安寧情臣查苗蠻之是威毎甚于
銳利不減也抑古州地廣苗多勢險習悍鎗砲
苗疆之大較也古州地廣苗多勢險習悍鎗砲
後叔服庶足以懾其膽而堅其心此從來料理
感恩若戒無可畏亦恩不知感故必先創懲而
章次第緩圖均有頭緒惟此溪塘等寨猶致自
居化外既當水陸之衝途復介黔粵之要害俯

因事已無成少有将就將來必生事端又滋招
感是以臣故示嚴急切如不了不休毎慮文
武弁亦不得已故令董芳趙文英等也無
勞顏一照臣所指賢力妥辦毋客縱亦不榮
連遠近苗眾皆知畏知感而造辟時寨之並
不招自至繳械輸誠約累計其止今年叔獲軍
器又不下萬餘件而楚粵江路通行現在商船
客貨抵鎮協新城下由古州大局拾可謂全
定但得任黙文武各處忠誠勿有事而隱諱故小成
之住來嚴兵役之驗援勿有事而隱諱故小成
大切無事而鋪張計實希功則數年以後將為
富庶之鄉即黔省内地省有不如臣亦與榮
光西忘皺送矣撫臣張廣泗查勘事畢于八
月二十一日回省撼伊朱扎亦極稱妥慎道重
芳之能除将自七年冬以後料理勤撫情形容
敘疏恭摺其續闗新疆應添兵設營的調將情形
及一切後續調劑事宜另疏請
旨遵行外所有古州大局全定縁由合丹奏
聞伏乞

聖主睿鑒臣鄂泰謹
奏
硃批知道了
雍正九年九月初二日

三 雍正五年正月二十五日 云贵总督鄂尔泰奏覆候补通判管莅所陈严禁汉奸等五事折①

① 《雍正五年正月二十五日云贵总督鄂尔泰奏覆候补通判管莅所陈严禁汉奸等五事折》，《雍正朝汉文朱批奏折汇编》，江苏古籍出版社1989年影印本，第8册，第926—929页。

获川版十五名准加纪录一次夫川版汉奸潜匿究察非勷官兵难以擒等又各分票穴并非聚集一处则以一时获十五名此最难之节或前後合算能拏获者或不止十名之节亦由外结并不报部故难有鼓励之典两劝踊勤力之黄恶少且靖峒後尤有擒获川版汉奸罪恶实有通同苗羲刻敷案件每擒获一起即明加起録一次一切剿敷等事

且有任该常有能告首川版汉奸情愿罪当者其愿加起録之官免获一人賞出身銀五两但不得狀加虛飾刋如虛罪將不俟三年而川版汉奸或可絕跡矣

一藥苗宜禁一條臣查兄苗所恃惟有己瓮自亲行長寨巳將定廣各塞凶苗变識無餘仿行通省自可漸及但查内地勲的火器易邊地生苗之推殘則外徼之渠凡鄉抵敷又不可不慎今揆嚴定規條通行各屬一

切兵器只許收藏在家以防盜賊凡白晝出門者票不許携帶其有萬不得巳事远被後行裝携帶兵器者先通知鄉保頭人忠以欲往某處携帶何器何時回家鄉的給以回書号票所過共載塘汛則詢以载獲票每一處汛盤验放行取票登等示每終鄉保至塘汛查對凡有白畫擅帶兵器及侵行無號票帶兵器者九省塘汛摭獲如行票報以滿賊倫偷有行票報者即一同治罪如此則兵器誰不收

樂牧徼同俾頑文武各員本行發明厳示山下東兵亦有何心耳乎某藥某器有滿至于葡藥多自川粤來見巳嚴示前後嚴拿其合白敦黑如說臣自受事後即行訪緝拿共令白敘黑如說臣自受事後即行嚴掺犯者意以重法令此風難少减尚未能盡净怨俟兒恩可起若于治其本縦時加剪代

庾後斯此思可起若于治其本縦時加剪代恐旋除旋长終非速計也

一倉貯宜較一條臣查積贮之法欤原勝米然定心任事存乎其人不但尋七糶三可以长

行即肯黃不接之時穀價多難俟秋成買補既可推陳納新並可歲增除息則倉廩日盈災荒無慮見不受告然毋庸一概忙飢徒飽此貧民不沽恩輕不難以亦斗粒入官藉潰而民未受戴德之利已受穀出之實較之此柴江浙為甚竟已自溫飽以米凡銀所印借氏久勢燎中樂皆浙次簗止共有虧短各屬盡勤限完捕飾限不完者

即指名

題奏令巳名知警惕努力急公千未能一應候命飭清便後經通行現在猶未能盡一應候命飭清便後

一黔省鼓鑄一條臣查黔省地方瘠民貧故分髪出入必須較量輕戥潮銀所在通行苦換剃錢必先加戥折色甚以為苦見兒苗苟錯見財即殺人陡來行客尤未便帶錢鼓鑄之議不果行至于黔省產銅原不止威寧一府即不須運雲南銅亦可以供鑄但開採

礦廠勸聚千萬人油米等項定須預為若少不接濟則商燕多息民累責食一旦計門而眾無所歸勢必結黨為盜入察為奸誠不可不慎也振與愚見必光開墾田畝多種稻穀則油米價賤開採不難而銅課改多錢亦不止然後開局鼓鑄官私通行則錢可當銀民自樂利處義可以行逸為現令計似猶未輕談也

一嚴辦撒批宜行禁止一條臣查當辦撒批原係銅習緣上下文移非史不諳是否定例非史不熟故它不親理固全憑乎史官即親理亦半恃乎史官見原半史等見利則眼不知史等辦事則識見原半史等見利則眼孔甚小何知憚抨是圖則亦何事非辦縱有精明之官能自作主而憲臺奸巧寬官之意指承官之懶息援例授情言之確鑿鮮有不為所惑者茲通判不准書辦擅扎之靖固亦清奬之一端但官無識力或少精勤則內幕

178　天下一统为一家

● ● ○●

朱批
甚合情理諸苗事宜料理有頭緒時不論何
事內題來

雲南總督臣鄂爾泰謹

奏為恭報雨雪事竊以滇城氣候四時相近伏不
言暑臘不知寒三冬之雪尤不多仰賴我
聖主乾念代依遠邇一視
躬耕祈穀報稿勤農以先天下達于海隅
仁孝誠微
上天鑒之自郊畿之近說萬里之遙無不丕應如響聞
聲今
京師大靈益尺而滇中之靈亦前所布有冬至前
後天氣甚正水能結冰自二十二十三日始
霏前復雪約可穀寸城外較九各郡縣所報不
一大祭得雪處多十二月初十日雪勢尤為遍

六六六

代勢之說其榮定與書辦撒批等此誠希官
之大戒尤可痛懲者也挺之事無巨細務以
朝着畫例書等原應分任或乎成及斷須自
主惟據理按律竭力盡心仰胸中不執一成
見自推度不至于大至于才具屬情原不
能自辦操守貪鄙原不肯公辦者其與不
是惟道理挺 〇〇〇 大手快行
此乎指意買辭易人曹等夕證據憨見逐條
覆
奏伏乞
聖主容鑒施行臣兩泰謹
奏

览

雍正五年正月二十五日

附录四

《宫中档雍正朝奏折》所录鄂尔泰奏折索引[1]

333 件鄂尔泰奏折所在册数及页码，以"② 92"为例，即第二册，92 页。	② 92 225 735 853 903 904 ③ 127 128 201 362 365 ⑤ 483 645 646 740 742 744 744 746 796 799 800 ⑥ 59 60 61 62 63 64 179 180 182 184 187 269 271 272 419 421 422 425 427 429 430 431 434 435 437 438 599 601 603 604 605 606 870 873 875 878 879 880 882 ⑦ 168 171 174 176 179 180 182 354 355 358 361 362 453 456 584 585 587 588 590 593 598 602 844 845 848 849 851 854 856 ⑧ 174 177 178 182 184 185 189 190 411 415 417 418 659 661 663 666 669 671 672 901 902 904 905 907 910 910 ⑨ 102 104 105 108 281 284 286 289 290 473 477 479 480 577 578 580 790 792 793 795 797 799 ⑩ 23 24 27 30 171 173 176 342 343 346 347 350 354 472 473 475 481 482 483 484 605 607 610 615 617 618 887 889 892 894 897 901 904 ⑪ 41 43 45 235 237 238 242 245 576 578 580 582 583 585 586 588 592 594 749 751 754 ⑫ 15 17 21 24 302 305 308 311 315 317 321 512 513 515 518 520 522 524 871 874 876 877 878 ⑬ 187 189 191 193 195 198 442 447 450 712 714 715 716 717 718 720 722 776 ⑭ 219 221 222 224 451 452 454 456 459 462 464 465 859 860 863 865 866 ⑮ 457 459 461 463 468 470 473 476 477 ⑯ 60 62 65 70 71 72 74 254 255 257 517 518 520 522 660 718 724 725 727 830 832 834 ⑰ 4 68 69 70 248 252 254 371 372 375 377 379 519 524 527 ⑱ 14 15 18 20 273 274 279 281 283 285 613 615 616 618 619 756 ㉑ 460 ㉕ 227 227 232 289 355 372 423 ⑰ 230 230 232 232 232 233 233 235 235 237 240 242 242

---

[1] 此表引自杨启樵《雍正帝及其密折制度研究》，上海古籍出版社 2003 年版，第 419—420 页。

附录五

《雍正朝汉文朱批奏折汇编》[①]所录鄂尔泰奏折索引

序号	上奏时间	奏折名称	册数/页码
1	雍正元年 十一月二十六日	江苏布政使鄂尔泰奏交盘已竣特陈额外亏缺折	第2册305页
		附录：修订朱批一件	第2册307页
2	雍正二年 正月十一日	江苏布政使鄂尔泰奏奉遵令补亏空之谕并缴朱批折	第2册490页
		附录：修订朱批二纸	第2册491页
3	雍正二年 六月初八日	江苏布政使鄂尔泰奏谢天语褒嘉并缴朱谕折	第3册145页
		附件：朱批修正稿一件	第3册146页
4	雍正二年 七月初五日	江苏布政使鄂尔泰奏谢宽免失察属下之罪折	第3册283页
5	雍正二年 七月二十四日	江苏布政使鄂尔泰奏凛遵宝训恭缴朱批折	第3册349页
6	雍正二年 七月二十四日	江苏布政使鄂尔泰奏陈民事管见四条折	第3册350页
		附录：修订朱批两条	第3册353页
7	雍正二年 九月初四日	江苏布政使鄂尔泰奏遵旨访查京口旗兵借帑银案折	第3册552页

---

① 中国第一历史档案馆编：《雍正朝汉文朱批奏折汇编》，江苏古籍出版社1989年版。

续表

序号	上奏时间	奏折名称	册数/页码
8	雍正二年九月初四日	江苏布政使鄂尔泰奏江苏地方遭飓风骤雨海潮泛溢督抚散赈安民等情折	第3册553页
		附录：修订朱批一条	第3册555页
9	雍正二年九月十五日	江苏布政使鄂尔泰奏保送吴县知县杨绍折	第3册642页
10	雍正二年九月十五日	江苏布政使鄂尔泰奏陈江常镇道王玑等员操守折	第3册644页
11	雍正二年十月二十四日	江苏布政使鄂尔泰奏陈承审原藩李世仁亏空一案情节折	第3册869页
12	雍正二年十月二十四日	江苏布政使鄂尔泰奏知县杨绍称职可用折	第3册871页
13	雍正三年十二月十九日	云南巡抚鄂尔泰奏谢召见恩训并报病体痊愈折	第6册619页
14	雍正四年二月二十四日	云南巡抚鄂尔泰奏谢赐福字及物品并缴朱批折	第6册846页
15	雍正四年二月二十四日	云南巡抚鄂尔泰奏遵旨覆议滇省田则增减之法折	第6册847页
16	雍正四年三月二十日	云南巡抚鄂尔泰奏陈应将黑井赢余银两抵补减价正额折	第7册8页
17	雍正四年三月二十日	云南巡抚鄂尔泰奏陈东川事宜折	第7册11页
		附件：朱谕一纸	第7册12页
		修订谕旨一纸	第7册13页
18	雍正四年三月二十日	云南巡抚鄂尔泰奏稽查钱局亏空情形并拟请暂停鼓铸折	第7册13页
		附录：修订朱批一件	第7册14页
19	雍正四年三月二十日	云南巡抚鄂尔泰奏遵旨议覆元江建城事宜折	第7册15页
20	雍正四年四月初九日	云南巡抚鄂尔泰奏要职需材恳恩补调并报官员操守折	第7册116页

续表

序号	上奏时间	奏折名称	册数/页码
21	雍正四年四月初九日	云南巡抚鄂尔泰奏报铜厂一季获铜觔余息银两数目折	第7册117页
22	雍正四年四月初九日	云南巡抚鄂尔泰奏请肃清抗阻建造营房苗人折	第7册118页
		附录：修订朱批一件	第7册120页
23	雍正四年五月二十五日	云南巡抚鄂尔泰奏谢恩赐小种茶并朱批训勉折	第7册317页
		附录：修订朱批一件	第7册319页
24	雍正四年五月二十五日	云南巡抚鄂尔泰奏报病体痊愈折	第7册319页
		附录：修订朱批三件	第7册320页
25	雍正四年五月二十五日	云南巡抚鄂尔泰奏报滇黔二省豆麦等项收成分数及米粮价值折	第7册321页
26	雍正四年五月二十五日	云南巡抚鄂尔泰奏请留楚姚总兵南天培在任守制以重边隅折	第7册322页
27	雍正四年五月二十五日	云南巡抚鄂尔泰奏报进剿苗寨情形折	第7册322页
		附录：修订朱批一件	第7册325页
28	雍正四年六月二十日	云南巡抚鄂尔泰奏谢赏赐丹锭并将胞兄鄂临泰女许与弘晈阿哥折	第7册489页
		附件：修订朱批一纸	第7册491页
29	雍正四年六月二十日	云南巡抚鄂尔泰奏确勘酌商东川归滇事宜折	第7册491页
30	雍正四年六月二十日	云南巡抚鄂尔泰奏苗寨防御事宜折	第7册493页
31	雍正四年六月二十日	云南巡抚鄂尔泰奏请裁减钱局以流通钱法折	第7册495页
32	雍正四年六月二十日	云南巡抚鄂尔泰遵照部议酌量料理各项盐课额外赢余银两折	第7册497页
33	雍正四年七月初九日	云南巡抚鄂尔泰奏擒制镇沅沾益积恶土官折	第7册632页

续表

序号	上奏时间	奏折名称	册数/页码
34	雍正四年七月初九日	云南巡抚鄂尔泰奏报苗寨已靖定议安营设兵事宜折	第7册633页
		附录：修订朱批二件	第7册636页
35	雍正四年七月初九日	云南巡抚鄂尔泰奏覆委任刘业长办理盐务等事折	第7册637页
36	雍正四年八月初六日	管云贵总督事鄂尔泰奏报缉拿汉奸暨四川人贩情形折	第7册835页
		附录：修订朱批一纸	第7册836页
37	雍正四年八月初六日	管云贵总督事鄂尔泰奏呈已获四川人贩十二人姓名家址折	第7册836页
38	雍正四年八月初六日	管云贵总督事鄂尔泰奏呈现缉未获四川人贩四十七人姓名家址折	第7册838页
39	雍正四年八月初六日	管云贵总督事鄂尔泰奏陈所知滇黔大小文武各官情形以备采择折	第7册840页
		附录：修订朱批一条	第7册841页
40	雍正四年八月初六日	管云贵总督事鄂尔泰奏开呈滇黔督抚提镇及学政各官操守官声折	第7册842页
41	雍正四年八月初六日	管云贵总督事鄂尔泰奏开呈滇黔知府知州知县二十员操守官声折	第7册844页
42	雍正四年八月初六日	管云贵总督事鄂尔泰奏开呈滇黔副将参将游击十八人操守官声折	第7册845页
43	雍正四年八月初六日	管云贵总督事鄂尔泰奏开呈滇黔同知知州知县十人官声操守送部引见折	第7册848页
44	雍正四年八月初六日	管云贵总督事鄂尔泰奏开注滇黔游击守备千总十五人弓马操守送部引见折	第7册849页
45	雍正四年八月初六日	管云贵总督事鄂尔泰奏陈宜重流官职守宜严土司考成以靖边地管见折	第7册851页
46	雍正四年八月初六日	管云贵总督事鄂尔泰奏请撤回驻防叉木多官兵折	第7册853页
47	雍正四年八月初六日	管云贵总督事鄂尔泰奏报自陈迟延缘由并谢宽免处分折	第7册854页

续表

序号	上奏时间	奏折名称	册数/页码
48	雍正四年九月十九日	云南巡抚鄂尔泰奏遵旨剿办不法苗人折	第8册111页
49	雍正四年九月十九日	云南巡抚鄂尔泰遵旨商酌安顿东川乌蒙地方等事折	第8册113页
50	雍正四年九月十九日	云南巡抚鄂尔泰奏报剪除彝官清查田地折	第8册115页
51	雍正四年九月十九日	云南巡抚鄂尔泰奏报收盐办铜数目折	第8册116页
52	雍正四年九月十九日	云南巡抚鄂尔泰奏报秋收米价折	第8册118页
53	雍正四年九月十九日	云南巡抚鄂尔泰奏谢赏给驿马银两及珍器菜干等物折	第8册119页
		附件：修订朱批一纸	第8册120页
54	雍正四年十一月十五日	管云贵总督事鄂尔泰奏谢御赐人参等物并陈愚悃恭缴朱批十件折	第8册443页
		附录：修订朱批一条	第8册446页
55	雍正四年十一月十五日	管云贵总督事鄂尔泰奏谢钦赐御用既济丹等物折	第8册447页
		附录：修订朱批二条	第8册448页
56	雍正四年十一月十五日	管云贵总督事鄂尔泰奏报安抚长寨等处苗人情形折	第8册448页
		附录：修订朱批一条	第8册451页
57	雍正四年十一月十五日	管云贵总督事鄂尔泰奏议除乌蒙等三十一府以靖云贵川粤四省边界折	第8册451页
58	雍正四年十一月十五日	管云贵总督事鄂尔泰奏覆何世璂蔡嵩法敏鄂尔奇等员操守官声折	第8册452页
		附录：修订朱批一条	第8册454页
59	雍正四年十二月二十一日	云贵总督鄂尔泰奏谢御赐貂皮等物暨朱批矜奖折	第8册697页
60	雍正四年十二月二十一日	云贵总督鄂尔泰奏报审讯抗阻官兵建营仲苗暨川贩汉奸情由折	第8册699页

附录五 《雍正朝汉文朱批奏折汇编》所录鄂尔泰奏折索引　185

续表

序号	上奏时间	奏折名称	册数/页码
		附件：长寨示稿一件	第8册700页
61	雍正四年十二月二十一日	云贵总督鄂尔泰奏报经过东川所见地方情形折	第8册702页
		附录：修订朱批一条	第8册704页
62	雍正四年十二月二十一日	云贵总督鄂尔泰奏陈宜将敦扎什调回川省奔子栏等处归滇管辖折	第8册704页
		附录：修订朱批一条	第8册706页
63	雍正四年十二月二十一日	云贵总督鄂尔泰奏遵旨商回乌蒙土府归属事宜折	第8册706页
		附录：修订朱批二条	第8册709页
64	雍正四年十二月二十一日	云贵总督鄂尔泰奏钦奉朱谕暨遵旨差员护送陈时夏之母往赴苏州折	第8册710页
		附件：朱谕一件	第8册712页
		附录：修订朱谕一件	第8册712页
65	雍正四年十二月二十一日	云贵总督鄂尔泰覆何世璂人品操守折	第8册713页
66	雍正五年正月二十五日	云南总督鄂尔泰奏报甘肃布政使钟保等员官箴折	第8册922页
67	雍正五年正月二十五日	云南总督鄂尔泰奏报剿抚乌蒙土司情形折	第8册923页
		附录：修订朱批一件	第8册926页
68	雍正五年正月二十五日	云南总督鄂尔泰覆候补通判管旃所陈严禁汉奸等五事折	第8册926页
		附录：修订朱批一件	第8册929页
69	雍正五年正月二十五日	云南总督鄂尔泰奏报滇黔雨雪霑足折	第8册929页
		附录：修订朱批一件	第8册930页
70	雍正五年正月二十五日	云南总督鄂尔泰奏谢恩赐貂冠等物并缴朱批折	第8册930页
		附录：修订朱批一件	第8册932页

续表

序号	上奏时间	奏折名称	册数/页码
71	雍正五年二月初二日	署广西巡抚韩良辅奏进泗城地图并恭缴朱批折	第9册10页
		附件:鄂尔泰朱批奏折一件	第9册10页
72	雍正五年二月初十日	云贵总督鄂尔泰等奏报彝倮不法实情相机剿抚折	第9册64页
		附:修订朱批两件	第9册65页
73	雍正五年二月初十日	云南总督鄂尔泰奏报剿抚乌蒙情形请旨改土归流折	第9册66页
74	雍正五年三月十二日	云南总督鄂尔泰奏报奉旨料理苏州巡抚陈时夏之母前赴任所折	第9册232页
75	雍正五年三月十二日	云南总督鄂尔泰奏请改卫为县添设官兵等五事折	第9册232页
76	雍正五年三月十二日	云南总督鄂尔泰奏覆乌蒙镇雄二府底定情由并筹善后事宜折	第9册235页
		附录:修订朱批一件	第9册236页
77	雍正五年三月十二日	云南总督鄂尔泰奏议覆永宁副将张瑛条陈治理乌蒙等地事宜折	第9册236页
		附录:修订朱批一件	第9册239页
78	雍正五年三月十二日	云南总督鄂尔泰奏议覆候补通判程廷伟条陈积谷垦荒二事折	第9册239页
		附录:修订朱批二件	第9册243页
79	雍正五年三月十二日	云南总督鄂尔泰奏报遣发官兵擒获彝倮情形折	第9册244页
		附录:修订朱批一件	第9册248页
		附件:鄂尔泰奏拿获刀如珍片	第9册248页
80	雍正五年三月十二日	云南总督鄂尔泰奏谢恩赐食品并请准进京庆祝万寿折	第9册249页
81	雍正五年三月十二日	云南总督鄂尔泰奏贺黄河水清折	第9册250页
82	雍正五年闰三月二十六日	云南总督鄂尔泰奏报料理镇沅一案善后事宜折	第9册516页

续表

序号	上奏时间	奏折名称	册数/页码
		附录：修订朱批二件	第9册518页
83	雍正五年闰三月二十六日	云南总督鄂尔泰奏报料理黔粤边境事宜折	第9册519页
		附录：修订朱批一件	第9册521页
84	雍正五年闰三月二十六日	云南总督鄂尔泰奏据实陈明剿办乌蒙镇雄始末情形折	第9册521页
		附录：修订朱批三件	第9册523页
85	雍正五年闰三月二十六日	云南总督鄂尔泰覆游击哈元生等人升补事宜折	第9册523页
86	雍正五年闰三月二十六日	云南总督鄂尔泰奏报盐道刘业长实心料理盐课折	第9册525页
		附录：修订朱批一件	第9册525页
87	雍正五年闰三月二十六日	云南总督鄂尔泰奏报厂务情形折	第9册525页
88	雍正五年闰三月二十六日	云南总督鄂尔泰奏谢恩赐物品并陈愚悃折	第9册526页
		附录：修订朱批一件	第9册528页
89	雍正五年五月初十日	云南总督鄂尔泰奏遵旨覆盐斤抵补减价增薪原委数目折	第9册765页
90	雍正五年五月初十日	云南总督鄂尔泰奏报铜矿工本不敷恳恩通那以资调剂折	第9册767页
		附录：修订朱批一件	第9册768页
91	雍正五年五月初十日	云南总督鄂尔泰奏报泗城土府事宜折	第9册769页
		附录：修订朱批二件	第9册772页
92	雍正五年五月初十日	云南总督鄂尔泰奏报剿抚谬冲等处花苗情形折	第9册772页
		附录：修订朱批一件	第9册774页
93	雍正五年五月初十日	云南总督鄂尔泰奏报审办镇沅地方叛逆首恶缘由折	第9册774页
		附录：修订朱批一件	第9册776页

续表

序号	上奏时间	奏折名称	册数/页码
94	雍正五年五月初十日	云南总督鄂尔泰奏报审办禄万钟等乌镇案犯等情折	第9册776页
		附录：修订朱批一件	第9册779页
95	雍正五年五月初十日	云南总督鄂尔泰奏报豆麦收成分数折	第9册779页
		附录：修订朱批一件	第9册780页
96	雍正五年五月初十日	云南总督鄂尔泰奏谢恩赐物品及奉到慈训朱批折	第9册780页
97	雍正五年六月二十七日	云南总督鄂尔泰奏覆朱批岳钟琪办理乌蒙事宜折	第10册74页
		附录：修订朱批四条	第10册77页
98	雍正五年六月二十七日	云南总督鄂尔泰奏谢赐丹锭贡茶锦扇等物折	第10册78页
		附录：修订朱批一条	第10册79页
99	雍正五年六月二十七日	云南总督鄂尔泰奏报生苗向化请附版图折	第10册79页
100	雍正五年六月二十七日	云南总督鄂尔泰奏报泗城改土归流事宜及韩良辅李绂等官箴折	第10册81页
		附件：修订朱批三条	第10册84页
101	雍正五年八月初十日	云南总督鄂尔泰奏请缓扣兵丁借支银两折	第10册347页
		附录：修订朱批一件	第10册349页
102	雍正五年八月初十日	云南总督鄂尔泰奏覆广南府土目陆顺连等不法情形折	第10册349页
		附录：修订朱批一件	第10册351页
103	雍正五年八月初十日	云南总督鄂尔泰奏报开垦田亩及查出隐射田地数目折	第10册351页
104	雍正五年八月初十日	云南总督鄂尔泰奏陈开发江南水利事宜折	第10册354页
105	雍正五年八月初十日	云南总督鄂尔泰奏谢恩赏珊瑚等物品及温谕祝愿多子多福折	第10册357页

续表

序号	上奏时间	奏折名称	册数/页码
		附录：修订朱批一件	第10册359页
106	雍正五年八月初十日	云南总督鄂尔泰奏覆张大有何经文等员官箴折	第10册359页
107	雍正五年八月初十日	云南总督鄂尔泰奏呈轮流引见官员参将梁彪游击周涵等四人考语折	第10册360页
108	雍正五年九月十六日	云南总督鄂尔泰奏报进剿威远等处倮彝情形折	第10册650页
109	雍正五年九月十六日	云南总督鄂尔泰奏谢恩赐龙盒砚等物折	第10册652页
110	雍正五年九月十六日	云南总督鄂尔泰奏报用兵永北协剿逆番情事折	第10册653页
111	雍正五年九月十六日	云南总督鄂尔泰奏报谬冲花苗各寨接踵归诚折	第10册654页
112	雍正五年九月十六日	云南总督鄂尔泰奏呈投诚生苗户口钱粮及收缴军器数目折	第10册656页
113	雍正五年九月十六日	云南总督鄂尔泰奏覆粮道李日更参劾贵州巡抚何世璂情状不实折	第10册657页
		附件：誊录朱批一条	第10册660页
114	雍正五年十月初八日	云南总督鄂尔泰奏谢钦赐御书匾对折	第10册772页
115	雍正五年十月初八日	云南总督鄂尔泰奏谢恩命顾济美就近补授绍兴知府折	第10册773页
116	雍正五年十月初八日	云南总督鄂尔泰奏遵旨密议进兵西藏事宜折	第10册774页
117	雍正五年十月初八日	云南总督鄂尔泰奏钦奉圣谕酌筹运铜它省事宜折	第10册777页
118	雍正五年十月初八日	云南总督鄂尔泰奏报查出官庄田地报明归公缘由折	第10册779页
119	雍正五年十月初八日	云南总督鄂尔泰奏报酌均公件耗羡以昭书一折	第10册780页
		附录：修订朱批一款	第10册782页

续表

序号	上奏时间	奏折名称	册数/页码
120	雍正五年十月初八日	云南总督鄂尔泰奏呈各官养廉银数及节省归公银数折	第10册783页
121	雍正五年十一月十一日	云南总督鄂尔泰奏谢颁赐折匣素缎等物及传谕问慰折	第11册9页
122	雍正五年十一月十一日	云南总督鄂尔泰奏覆新任布政使富贵官箴折	第11册10页
123	雍正五年十一月十一日	云南总督鄂尔泰奏代学政巩建丰臬臣张允随进呈折子折	第11册11页
124	雍正五年十一月十一日	云南总督鄂尔泰奏遵旨筹划进兵西藏事宜折	第11册12页
125	雍正五年十一月十一日	云南总督鄂尔泰奏报调兵进剿边地窝泥逆贼情由折	第11册15页
126	雍正五年十一月十一日	云南总督鄂尔泰奏遵旨议覆改设贵州驿站事宜折	第11册18页
127	雍正五年十一月十一日	云南总督鄂尔泰奏报滇省新增盐课余息缘由折	第11册19页
		附件：誊录朱批一条	第11册21页
128	雍正五年十一月十一日	云南总督鄂尔泰奏报滇黔二省秋成米价折	第11册22页
129	雍正五年十一月十一日	云南总督鄂尔泰奏报安南国王差员迎请勅谕情形折	第11册22页
130	雍正五年十二月十三日	云南总督鄂尔泰奏陈挪借藩库钱粮情由并请严查议处折	第11册234页
131	雍正五年十二月十三日	云南总督鄂尔泰奏遵旨酌议安南事宜折	第11册238页
132	雍正五年十二月十三日	云南总督鄂尔泰奏谢朱谕训诲暨遵旨筹划进兵西藏事宜折	第11册240页
133	雍正五年十二月十三日	云南总督鄂尔泰奏报古州彝苗愿附版图情由折	第11册242页
		附录：誊清朱批五条	第11册245页

续表

序号	上奏时间	奏折名称	册数/页码
134	雍正五年十二月十三日	云南总督鄂尔泰奏续报安顺生苗向化归附折	第11册245页
		附录：誊清朱批一条	第11册246页
135	雍正五年十二月十三日	云南总督鄂尔泰奏报滇省喜得瑞雪折	第11册247页
		附录：誊清朱批一条	第11册247页
136	雍正雍五年十二月十三日	云南总督鄂尔泰奏谢赏驿马克食等物折	第11册248页
		附录：誊清朱批三条	第11册249页
137	雍正六年正月初八日	云南总督鄂尔泰奏谢颁赐御制律历渊源折	第11册362页
		附录：修订朱批一条	第11册364页
138	雍正六年正月初八日	云南总督鄂尔泰奏谢恩赏世袭阿达哈哈番并陈续化苗寨事宜折	第11册364页
139	雍正六年正月初八日	云南总督鄂尔泰奏报进剿茶山情形并陈荡平边界未定地区管见折	第11册366页
		附录：修订朱批四条	第11册370页
140	雍正六年正月初八日	云南总督鄂尔泰奏报料理进藏官兵事宜并请敕部拨饷协济折	第11册371页
141	雍正六年二月初十日	云南总督鄂尔泰奏谢赐福字物品并缴朱谕折	第11册645页
142	雍正六年二月初十日	云南总督鄂尔泰奏谢朱批训诲折	第11册646页
		附录：修订朱批一条	第11册647页
143	雍正六年二月初十日	云南总督鄂尔泰奏议覆何世璂所陈军田疆界及苗民管辖二事情形折	第11册647页
		附录：修订朱批四条	第11册648页
144	雍正六年二月初十日	云南总督鄂尔泰奏覆知府何经文亏空谷米情由并请审清后仍留安顺折	第11册649页
145	雍正六年二月初十日	云南总督鄂尔泰奏滇省铸钱日多请增发运折	第11册650页

续表

序号	上奏时间	奏折名称	册数/页码
		附录：修订朱批一条	第 11 册 652 页
146	雍正六年二月初十日	云南总督鄂尔泰奏覆遵旨办妥调兵进取西藏事宜折	第 11 册 652 页
147	雍正六年二月初十日	云南总督鄂尔泰奏覆安南事宜折	第 11 册 655 页
148	雍正六年二月初十日	云南总督鄂尔泰奏陈滇南地方安设营汛管见折	第 11 册 657 页
		附录：修订朱批一条	第 11 册 659 页
149	雍正六年三月初八日	云南总督鄂尔泰奏谢恩赐瓜果干乳饼等物折	第 11 册 858 页
150	雍正六年三月初八日	云南总督鄂尔泰奏覆为杨名时所愚缘由并抒愚悃折	第 11 册 859 页
151	雍正六年三月初八日	云南总督鄂尔泰奏遵旨行文安南暨钦差杭奕禄等宜由广西一路前往折	第 11 册 863 页
152	雍正六年三月初八日	云南总督鄂尔泰奏报调遣官兵剿拿米贴案犯情形折	第 11 册 865 页
		附录：修订朱批三条	第 11 册 867 页
153	雍正六年三月初八日	云南总督鄂尔泰奏报削平东川土目法戛始末折	第 11 册 867 页
154	雍正六年三月初八日	云南总督鄂尔泰奏陈文武旗员无可举荐缘由折	第 11 册 870 页
155	雍正六年三月二十八日	云南总督鄂尔泰奏谢恩赐御定子史精华并食物折	第 12 册 77 页
156	雍正六年三月二十八日	云南总督鄂尔泰奏报盐务零星银两拨充公用折	第 12 册 79 页
		附录：修订朱批一条	第 12 册 79 页
157	雍正六年三月二十八日	云南总督鄂尔泰奏议办理军需物品事宜折	第 12 册 80 页
158	雍正六年三月二十八日	云南总督鄂尔泰奏报茶山首凶刀正彦就擒折	第 12 册 82 页
		附录：修订朱批二条	第 12 册 84 页

续表

序号	上奏时间	奏折名称	册数/页码
159	雍正六年三月二十八日	云南总督鄂尔泰奏陈调剂捐例事宜折	第12册85页
160	雍正六年三月二十八日	云南总督鄂尔泰奏陈刑部侍郎黄炳等员才具折	第12册86页
161	雍正六年三月二十八日	云南总督鄂尔泰奏覆宁州知州姚应鹤人品才守折	第12册87页
162	雍正六年三月二十八日	云南总督鄂尔泰奏报钦差杭奕禄等自滇起程前往安南日期折	第12册88页
163	雍正六年四月二十六日	云南总督鄂尔泰奏覆勅谕下颁安南国王折	第12册292页
		附录：咨覆安南国王稿	第12册293页
164	雍正六年四月二十六日	云南总督鄂尔泰奏覆商酌买补出兵西藏中途倒毙马匹情由折	第12册294页
165	雍正六年四月二十六日	云南总督鄂尔泰奏谢恩赏皇舆图十卷暨御制瓷器等物折	第12册298页
		附录：修订朱批一条	第12册299页
166	雍正六年四月二十六日	云南总督鄂尔泰奏报分兵进剿米贴情形折	第12册299页
		附录：修订朱批一条	第12册302页
167	雍正六年四月二十六日	云南总督鄂尔泰奏报滇省春熟分数折	第12册303页
		附录：修订朱批二条	第12册303页
168	雍正六年四月二十六日	云南总督鄂尔泰奏陈招抚化导古州边地苗彝情形折	第12册306页
		附录：修订朱批四条	第12册292页
169	雍正六年四月二十六日	云南总督鄂尔泰奏报查得原鹤丽总兵张耀祖侵蚀钱粮情由折	第12册307页
		附录：修订朱批二条	第12册310页
170	雍正六年四月二十六日	云南总督鄂尔泰奏报办理铜觔鼓铸情形折	第12册310页

续表

序号	上奏时间	奏折名称	册数/页码
171	雍正六年五月二十一日	云南总督鄂尔泰奏请以哈元生补授元江协副将以田玉补授寻霑营参将情由折	第12册514页
172	雍正六年五月二十一日	云南总督鄂尔泰奏报雍正五年铜厂课息数目折	第12册516页
173	雍正六年五月二十一日	云南总督鄂尔泰奏覆署府耿觐漠暗通彝人陷害官兵案未可尽信候事定审讯折	第12册517页
		附录：修订朱批一条	第12册518页
174	雍正六年五月二十一日	云南总督鄂尔泰奏报拿获米贴彝人首犯陆氏等暨余孽剿擒将尽折	第12册518页
		附录：修订朱批二条	第12册524页
175	雍正六年五月二十一日	云南总督鄂尔泰奏报委令云南臬臣赵弘本暂署贵州藩司折	第12册524页
		附录：修订朱批一条	第12册525页
176	雍正六年五月二十一日	云南总督鄂尔泰奏报各属清丈自首开垦田地亩数折	第12册525页
177	雍正六年五月二十一日	云南总督鄂尔泰奏报黔省豆麦收成分数折	第12册526页
178	雍正六年五月二十一日	云南总督鄂尔泰奏谢御赐六安茶二瓶并缴朱批六件折	第12册527页
179	雍正六年六月十二日	云南总督鄂尔泰奏覆盐驿道刘业长元江府普洱通判张世祜官声折	第12册660页
180	雍正六年六月十二日	云南总督鄂尔泰奏报滇省抽收商土税余银两数目折	第12册661页
181	雍正六年六月十二日	云南总督鄂尔泰奏覆酌匀公件耗羡情由折	第12册663页
		附录：修订朱批一条	第12册665页
182	雍正六年六月十二日	云南总督鄂尔泰奏报所属各官养廉银两数目折	第12册665页
183	雍正六年六月十二日	云南总督鄂尔泰奏谢御赐秘制丹锭等药并缴朱批九件折	第12册667页
		附录：修订朱批三条	第12册669页

续表

序号	上奏时间	奏折名称	册数/页码
184	雍正六年六月十二日	云南总督鄂尔泰奏请恩免乌蒙叛案内土司禄鼎坤远徙折	第12册669页
		附录：修订朱批一条	第12册670页
185	雍正六年六月十二日	云南总督鄂尔泰奏钦奉圣谕备陈版纳地方防务情由折	第12册671页
		附录：修订朱批一条	第12册674页
186	雍正六年六月十二日	云南总督鄂尔泰奏报酌撤滇黔进剿米贴官兵及会兵擒剿川省不法彝人折	第12册674页
		附录：修订朱批二条	第12册678页
187	雍正六年六月十二日	云南总督鄂尔泰奏报会剿不法彝目王兴运等情形折	第12册679页
		附录：修订朱批一条	第12册680页
188	雍正六年七月二十一日	云南总督鄂尔泰奏谢御赐凉簾冠等物折	第13册17页
		附录：修订朱批一条	第13册17页
189	雍正六年七月二十一日	云南总督鄂尔泰奏报委员招抚黎平镇远都匀等处生苗情形折	第13册21页
		附录：修订朱批一条	第13册21页
190	雍正六年七月二十一日	云南总督鄂尔泰奏报广西西隆州八达寨土目颜光色等拒杀官兵情形折	第13册23页
		附录：修订朱批二条	第13册23页
191	雍正六年七月二十一日	云南总督鄂尔泰奏报商酌征收归黔之泗城江北地方银粮情由折	第13册23页
192	雍正六年七月二十一日	云南总督鄂尔泰奏覆黔省田赋情弊折	第13册25页
		附录：修订朱批一条	第13册27页
193	雍正六年七月二十一日	云南总督鄂尔泰奏报添派官兵会剿川彝情由折	第13册27页
		附录：修订朱批一条	第13册31页
194	雍正六年七月二十一日	云南总督鄂尔泰奏请照维西兵丁之例赏给移驻镇雄官兵搬迁银两折	第13册32页

196　天下一统为一家

续表

序号	上奏时间	奏折名称	册数/页码
		附录：修订朱批一条	第 13 册 32 页
195	雍正六年七月二十一日	云南总督鄂尔泰奏报总兵南天祥驻劄察木多副将李宗膺前往络隆宗缘由折	第 13 册 33 页
196	雍正六年八月初六日	云南总督鄂尔泰奏谢恩赏钦定骈字类编等物并缴朱批八件折	第 13 册 131 页
197	雍正六年八月初六日	云南总督鄂尔泰奏报安龙官兵会剿粤西土司颜光色伤亡情由折	第 13 册 132 页
198	雍正六年八月初六日	云南总督鄂尔泰奏报会剿川省喇汝窝不法番民并擒获首领丫马车情形折	第 13 册 134 页
199	雍正六年八月初六日	云南总督鄂尔泰奏报贵州八寨生苗招抚完竣事宜折	第 13 册 136 页
200	雍正六年八月初六日	云南总督鄂尔泰奏覆俟张广泗回黔接受抚印再令赵弘本赴黔接受臬印等事折	第 13 册 138 页
201	雍正六年九月初三日	云南总督鄂尔泰奏谢御赐花纱等物并缴朱批八件折	第 13 册 342 页
		附录：修订朱批一条	第 13 册 343 页
202	雍正六年九月初三日	云南总督鄂尔泰奏谢赏加总督养廉银两折	第 13 册 343 页
203	雍正六年九月初三日	云南总督鄂尔泰奏报会剿广西西隆土目并斩颜光色缘由折	第 13 册 344 页
204	雍正六年九月初三日	云南总督鄂尔泰奏报添拨官兵剿抚贵州丹江生苗情由折	第 13 册 347 页
205	雍正六年九月初三日	云南总督鄂尔泰奏报橄榄坝摆彝闹事不法缘由折	第 13 册 349 页
		附录：修订朱批一条	第 13 册 352 页
206	雍正六年九月初三日	云南总督鄂尔泰奏覆云南宁州知州姚应鹤官声操守折	第 13 册 352 页
207	雍正六年十月二十日	云南总督鄂尔泰奏谢恩赏新制玻璃瓶等物折	第 13 册 699 页
208	雍正六年十月二十日	云南总督鄂尔泰奏陈周瑛所称滇兵马匹口粮甚觉狼狈并非确论折	第 13 册 700 页

续表

序号	上奏时间	奏折名称	册数/页码
209	雍正六年十月二十日	云南总督鄂尔泰奏报南天章才具平缓恐不胜任永宁营参将折	第13册702页
210	雍正六年十月二十日	云南总督鄂尔泰奏转呈楚姚总兵张应宗折和夹板一件折	第13册703页
211	雍正六年十月二十日	云南总督鄂尔泰奏覆办理广西八达寨事宜情节折	第13册703页
212	雍正六年十月二十日	云南总督鄂尔泰奏报张广泗剿抚甲些乌归等寨生苗情形折	第13册705页
213	雍正六年十月二十日	云南总督鄂尔泰奏覆酌议剿抚贵州苗彝之法折	第13册706页
		附录：修订朱批一条	第13册708页
214	雍正六年十月二十日	云南总督鄂尔泰奏报添拨官兵进剿丹江各寨并九股等处生苗投诚情形折	第13册709页
215	雍正六年十月二十日	云南总督鄂尔泰奏报调遣官兵筹剿橄榄坝叛彝折	第13册713页
216	雍正六年十月二十日	云南总督鄂尔泰奏报剿擒四川雷波土司杨明义等情形折	第13册715页
		附录：修订朱批一条	第13册717页
217	雍正六年十月二十日	云南总督鄂尔泰奏报设法填抵无着之亏空以清积案折	第13册718页
		附录：修订朱批一条	第13册719页
218	雍正六年十月二十日	云南总督鄂尔泰奏报各属官庄实余租息归公裕赋折	第13册719页
219	雍正六年十月二十日	云南总督鄂尔泰奏报借动库项收铅运售护息缘由折	第13册721页
220	雍正六年十月二十日	云南总督鄂尔泰奏报滇黔二省秋收分数折	第13册722页
		附录：修订朱批一条	第13册723页
221	雍正六年十一月初十日	云南总督鄂尔泰奏谢钦赐御服皮掛等物折	第13册909页

续表

序号	上奏时间	奏折名称	册数/页码
222	雍正六年十一月初十日	云南总督鄂尔泰奏陈办理八万古州苗地事宜并缴朱批折	第13册910页
		附录：修订朱批一条	第13册912页
223	雍正六年十一月初十日	云南总督鄂尔泰奏报阿驴地方苗人起事缘由及现在剿抚情形折	第13册912页
		附录：修订朱批一条	第13册914页
224	雍正六年十一月初十日	云南总督鄂尔泰奏密陈访察逆党奸民管见折	第13册915页
		附录：朱谕一件	第13册917页
225	雍正六年十一月初十日	云南总督鄂尔泰覆整顿广西吏治营伍及各镇总兵任用事宜折	第13册918页
		附录：朱谕一件	第13册921页
		附录：修订朱谕一件	第13册921页
226	雍正六年十一月初十日	云南总督鄂尔泰奏覆李卫石礼哈人品操守折	第13册921页
227	雍正六年十二月初八日	云南总督鄂尔泰奏谢恩命总督滇黔桂三省事务并陈料理地方事宜缘由折	第14册147页
		附录：修订朱批一条	第14册149页
228	雍正六年十二月初八日	云南总督鄂尔泰奏恭逢圣诞庆睹祥云折	第14册149页
		附录：修订朱批一条	第14册152页
229	雍正六年十二月初八日	云南总督鄂尔泰奏报分兵进剿阿驴等处情形折	第14册152页
		附录：修订朱批一条	第14册156页
230	雍正六年十二月初八日	云南总督鄂尔泰奏报官兵克取橄榄坝情形折	第14册156页
231	雍正六年十二月初八日	云南总督鄂尔泰奏报张广泗带兵克取小丹江情形折	第14册158页
		附录：修订朱批一条	第14册162页
232	雍正六年十二月初八日	云南总督鄂尔泰奏陈吏部单发十五人才守暨题补缘由谨请采择折	第14册162页

附录五 《雍正朝汉文朱批奏折汇编》所录鄂尔泰奏折索引　199

续表

序号	上奏时间	奏折名称	册数/页码
233	雍正七年正月二十五日	云南总督鄂尔泰奏谢御赐鹿尾等物并朱批问候新年折	第14册437页
		附录：修订朱批三条	第14册438页
234	雍正七年正月二十五日	云南总督鄂尔泰奏报剿捕橄榄坝首犯暨酌撤官兵情形折	第14册439页
		附录：修订朱批一条	第14册440页
235	雍正七年正月二十五日	云南总督鄂尔泰奏报剿抚阿驴诸彝已靖现正撤师回汛折	第14册441页
		附录：修订朱批一条	第14册444页
236	雍正七年正月二十五日	云南总督鄂尔泰奏报剿抚丹江一带生苗情形折	第14册444页
		附录：修订朱批三条	第14册447页
237	雍正七年正月二十五日	云南总督鄂尔泰奏覆乌蒙等处苗寨汉奸俱已正法并再行察访严拿折	第14册448页
238	雍正七年正月二十五日	云南总督鄂尔泰奏覆滇黔广西官兵会剿八达寨情形暨西隆州知州刘德健劣蹟折	第14册449页
		附录：朱谕一件	第14册451页
		附录：修订朱批四条	第14册451页
239	雍正七年正月二十五日	云南总督鄂尔泰奏遵旨呈各色石头折	第14册452页
240	雍正七年正月二十五日	云南总督鄂尔泰奏覆齐元辅张耀祖等操守等事折	第14册453页
		附录：修订朱批三条	第14册455页
241	雍正七年正月二十五日	云南总督鄂尔泰奏覆参将南天章身世才守并以升衔降补游击等事折	第14册456页
242	雍正七年正月二十五日	云南总督鄂尔泰奏报贵州按察使赵宏本无力代完赔项请分五年抵补折	第14册457页
243	雍正七年二月二十四日	云南总督鄂尔泰奏谢赏银四万两并报养廉银应用情形折	第14册666页
		附录：修订朱批一条	第14册667页

续表

序号	上奏时间	奏折名称	册数/页码
244	雍正七年二月二十四日	云南总督鄂尔泰谢钦赐锦丝盒盛上御宝带等物并缴朱批折	第14册667页
245	雍正七年二月二十四日	云南总督鄂尔泰奏覆地方命盗案件再审事宜折	第14册669页
		附录：修订朱批一条	第14册670页
246	雍正七年二月二十四日	云南总督鄂尔泰奏覆按察使元展成前赴广西新任日期等事折	第14册670页
		附录：修订朱批一条	第14册672页
247	雍正七年二月二十四日	云南总督鄂尔泰奏报滇省水利事宜折	第14册672页
		附录：修订朱批一条	第14册675页
248	雍正七年二月二十四日	云南总督鄂尔泰奏报招抚滇黔两省彝苗情形折	第14册675页
		附录：修订朱批一条	第14册677页
249	雍正七年二月二十四日	云南总督鄂尔泰奏覆病体痊愈缘由折	第14册678页
250	雍正七年四月十五日	云南总督鄂尔泰奏谢赏赐御服等物折	第15册91页
251	雍正七年四月十五日	云南总督鄂尔泰奏报广南府天现祥云折	第15册92页
252	雍正七年四月十五日	云南总督鄂尔泰奏粤抚金鉷操守并黔抚张广泗亲往柳罗地方驻劄调度安抚折	第15册93页
		附录：修订朱批二条	第15册94页
253	雍正七年四月十五日	云南总督鄂尔泰奏覆齐元辅仇元正郝玉麟王弘绪操守折	第15册95页
254	雍正七年四月十五日	云南总督鄂尔泰奏覆镇协参游十人才具并请酌调升补折	第15册96页
255	雍正七年四月十五日	云南总督鄂尔泰奏覆知府张钺方显暨府经历许登第等人操守折	第15册99页
256	雍正七年四月十五日	云南总督鄂尔泰奏覆进攻准噶尔事宜折	第15册100页

续表

序号	上奏时间	奏折名称	册数/页码
257	雍正七年四月十五日	云南总督鄂尔泰奏覆堪丈贵州地亩事宜折	第15册101页
		附录：修订朱批一条	第15册103页
258	雍正七年四月十五日	云南总督鄂尔泰奏覆捧读上谕曾静捏造浮词恣意狂悖不胜愤恨折	第15册103页
259	雍正七年五月十八日	云南总督鄂尔泰奏谢御赐叭尔萨吗香牙盒等物暨奏请将鄂昌仍调内用折	第15册324页
		附录：修订朱批三条	第15册325页
260	雍正七年五月十八日	云南总督鄂尔泰奏进翡翠石等二十块折	第15册326页
261	雍正七年五月十八日	云南总督鄂尔泰奏报查讯卖药行医流民许英贤案内人犯情形折	第15册326页
262	雍正七年五月十八日	云南总督鄂尔泰奏报化导贵州生苗严惩凶犯情形折	第15册329页
263	雍正七年五月十八日	云南总督鄂尔泰奏报清江顽苗就抚攻克情形折	第15册331页
264	雍正七年五月十八日	云南总督鄂尔泰奏报拿获川黔人贩十案情形折	第15册333页
265	雍正七年五月十八日	云南总督鄂尔泰奏报穷兵小民路不拾遗情形折	第15册335页
266	雍正七年五月十八日	云南总督鄂尔泰奏报军田赋重并请宽免新增税银折	第15册337页
		附录：修订朱批一条	第15册338页
267	雍正七年五月十八日	云南总督鄂尔泰奏报地方雨水收成情形折	第15册338页
		附录：修订朱批三条	第15册339页
268	雍正七年六月十八日	云南总督鄂尔泰奏谢恩赐锭药等物并缴朱批折	第15册589页
269	雍正七年六月十八日	云南总督鄂尔泰奏报遵旨劝勉粤督郝玉麟情形折	第15册590页

续表

序号	上奏时间	奏折名称	册数/页码
270	雍正七年六月十八日	云南总督鄂尔泰奏报广西豆麦收成分数并云南陆凉南宁被水情形折	第15册592页
271	雍正七年六月十八日	云南总督鄂尔泰奏报剿抚公鹅等寨暨丹江苗众情形折	第15册594页
272	雍正七年六月十八日	云南总督鄂尔泰保举贵州学政徐本并陈未经深知司道各员才守折	第15册598页
273	雍正七年六月十八日	云南总督鄂尔泰奏覆副将杨洪将来可任总兵并请将禄鼎坤送部引见折	第15册599页
274	雍正七年六月十八日	云南总督鄂尔泰奏覆应将定边裁县归并蒙化管辖暨尚未具题缘由折	第15册600页
275	雍正七年七月二十四日	云南总督鄂尔泰奏谢恩赐御书扇八柄暨勉励鄂昌折	第15册853页
		附件：朱谕一件	第15册854页
276	雍正七年七月二十四日	云南总督鄂尔泰奏谢恩命照旧供职折	第15册854页
277	雍正七年七月二十四日	云南总督鄂尔泰奏报老挝国输诚进贡折	第15册855页
		附录：修订朱批一件	第15册857页
278	雍正七年七月二十四日	云南总督鄂尔泰奏呈黔省蚕豆豌豆并报田禾情形折	第15册857页
		附录：修订朱批二件	第15册858页
279	雍正七年七月二十四日	云南总督鄂尔泰奏黔省呈现庆云折	第15册858页
		附录·修订朱批一件	第15册859页
280	雍正七年七月二十四日	云南总督鄂尔泰奏请改大定州为大定府威宁府为威宁州折	第15册859页
281	雍正七年七月二十四日	云南总督鄂尔泰奏覆筹办苗疆营汛等事情形折	第15册861页
282	雍正七年七月二十四日	云南总督鄂尔泰奏请拣发题补边方营伍人员折	第15册863页

续表

序号	上奏时间	奏折名称	册数/页码
283	雍正七年七月二十四日	云南总督鄂尔泰奏请招抚黔川楚三省边境生苗折	第15册865页
		附录：修订朱批二件	第15册867页
284	雍正七年七月二十四日	云南总督鄂尔泰奏覆发落卖药流民并拿究川贩安置难民情由折	第15册867页
285	雍正七年闰七月初一日	云贵广西总督鄂尔泰奏为黔省摆顶宗地等处设立营汛事致大学士启东折	第16册8页
286	雍正七年八月十八日	云南总督鄂尔泰奏谢恩赐食品等物折	第16册407页
287	雍正七年八月十八日	云南总督鄂尔泰报接待老挝贡使情形折	第16册408页
288	雍正七年八月十八日	云南总督鄂尔泰奏覆抚臣金鉷张广泗官箴折	第16册411页
289	雍正七年八月十八日	云南总督鄂尔泰奏贵州庆云嘉禾呈祥情形折	第16册413页
290	雍正七年八月十八日	云南总督鄂尔泰奏赈恤滇省被水地方折	第16册414页
		附录：修订朱批一件	第16册415页
291	雍正七年八月十八日	云南总督鄂尔泰奏报拿获药犯张鲁能等讯供解楚质审折	第16册415页
292	雍正七年八月十八日	云南总督鄂尔泰奏请准冬至后赴粤会同抚臣整饬地方营伍折	第16册417页
		附录：修订朱批一件	第16册417页
293	雍正七年九月十九日	云南总督鄂尔泰奏谢恩命曾祖图扪入祀昭忠寺并陈从龙家世始末折	第16册651页
		附录：修订朱批一条	第16册652页
294	雍正七年九月十九日	云南总督鄂尔泰奏谢钦赐御服等物并宽宥办理王志正亏空一案过失折	第16册652页
		附录：修订朱批一条	第16册653页
295	雍正七年九月十九日	云南总督鄂尔泰奏覆州县副员似无庸添设折	第16册654页

204　天下一统为一家

续表

序号	上奏时间	奏折名称	册数/页码
		附录：修订朱批一条	第16册656页
296	雍正七年九月十九日	云南总督鄂尔泰奏报料理广西蛮人事宜情形折	第16册657页
		附录：修订朱批一条	第16册659页
297	雍正七年九月十九日	云南总督鄂尔泰奏请招抚生苗以安三省边境折	第16册659页
		附录：修订朱批一条	第16册661页
298	雍正七年九月十九日	云南总督鄂尔泰奏请开黔省鼓铸并试采银金铜等矿折	第16册662页
		附录：修订朱批一条	第16册663页
299	雍正七年九月十九日	云南总督鄂尔泰奏报赵州白崖地方涌出甘泉二股附近田地皆可灌溉折	第16册663页
		附录：修订朱批一条	第16册664页
300	雍正七年九月十九日	云南总督鄂尔泰覆知府耿觐谟才可办事努力奉公暨春豆大小米麦价值折	第16册665页
		附录：修订朱批二条	第16册666页
301	雍正七年十一月初七日	云南总督鄂尔泰奏谢御赐花缎等物并报已定赴粤日期折	第17册153页
302	雍正七年十一月初七日	云南总督鄂尔泰奏谢圣训并续报庆云芝草折	第17册154页
		附录：修订朱批二条	第17册156页
303	雍正七年十一月初七日	云南总督鄂尔泰奏黔省苗民归依诚恳地方安静宁贴折	第17册157页
		附录：修订朱批一条	第17册158页
304	雍正七年十一月初七日	云南总督鄂尔泰奏报银铜锡各厂底母息银情形折	第17册159页
305	雍正七年十一月初七日	云南总督鄂尔泰奏报调剂黔省铅觔并办获滇省铅息情形折	第17册159页
306	雍正七年十一月初七日	云南总督鄂尔泰奏报七年分盐铜课息情形折	第17册161页

续表

序号	上奏时间	奏折名称	册数/页码
307	雍正七年十一月初七日	云南总督鄂尔泰奏报委遣同知杨绂侯等员前往江南收捐情形折	第17册162页
308	雍正七年十一月初七日	云南总督鄂尔泰奏请留丁忧回籍举人李旭等在广委用夏治源等来滇委用折	第17册163页
309	雍正七年十一月初七日	云南总督鄂尔泰奏请以游击徐成贞补参将遗缺并与禄鼎坤同行赴部引见折	第17册164页
310	雍正八年正月十三日	云南总督鄂尔泰奏谢恩赐宁绸等物及朱批问慰折	第17册686页
311	雍正八年正月十三日	云南总督鄂尔泰奏谢恩加少保及给与曾祖祖父一品诰封折	第17册688页
		附录：修订朱批一条	第17册689页
312	雍正八年正月十三日	云南总督鄂尔泰奏派拨粤西官兵会剿黔省定旦苗人三事折	第17册690页
313	雍正八年正月十三日	云南总督鄂尔泰奏覆黔省钱文可以通行折	第17册692页
314	雍正八年正月十三日	云南总督鄂尔泰奏报兴修云南宜良县水利并改自滇通粤河道折	第17册693页
		附录：修订朱批一条	第17册695页
315	雍正八年正月十三日	云南总督鄂尔泰奏报巡察广西所见沿途城池营伍土官彝情暨田粮水利河道等情折	第17册695页
		附录：修订朱批四条	第17册699页
316	雍正八年正月十三日	云南总督鄂尔泰奏报查访擒拿广西荼毒良善祸害边境贼犯棍霸情形折	第17册699页
		附录：修订朱批一条	第17册701页
317	雍正八年正月十三日	云南总督鄂尔泰奏报广南富州土司土目投见归诚情形折	第17册701页
		附录：修订朱批二条	第17册704页
318	雍正八年正月十三日	云南总督鄂尔泰奏查拿饬审两广地方散布伪劄匪类折	第17册705页
		附录：修订朱批一条	第17册707页

续表

序号	上奏时间	奏折名称	册数/页码
319	雍正八年三月二十六日	云南总督鄂尔泰奏谢恩赐福字等物并朱批问好折	第18册279页
320	雍正八年三月二十六日	云南总督鄂尔泰奏报南宁府星辰呈祥折	第18册281页
		附录：修订朱批一条	第18册282页
321	雍正八年三月二十六日	云南总督鄂尔泰奏请酌添粤西官员养廉折	第18册282页
322	雍正八年三月二十六日	云南总督鄂尔泰奏呈广西通省养廉新添议加数目折	第18册284页
323	雍正八年三月二十六日	云南总督鄂尔泰奏请将广西荔波县改隶贵州及广东封川开建二县改隶广西折	第18册285页
324	雍正八年三月二十六日	云南总督鄂尔泰奏覆抚臣沈廷正颇有历练亦具才情但器局琐屑意念游疑折	第18册286页
325	雍正八年三月二十六日	云南总督鄂尔泰奏报云南府海口兴工神龙示瑞及埂滩修挖情形折	第18册287页
326	雍正八年三月二十六日	云南总督鄂尔泰奏报清水江苗业经剿定各寨畏服情形折	第18册289页
327	雍正八年三月二十六日	云南总督鄂尔泰奏报剿平定旦来牛等处生苗开通都江河路情形折	第18册291页
		附录：修订朱批一条	第18册296页
328	雍正八年四月二十日	云南总督鄂尔泰奏呈调羹批子等物折	第18册506页
329	雍正八年四月二十日	云南总督鄂尔泰奏报达赖喇嘛被劫请兵并川兵未动各情由折	第18册507页
330	雍正八年四月二十日	云南总督鄂尔泰奏覆乌蒙投诚土府禄鼎坤若授职官宜于他省补用折	第18册508页
331	雍正八年四月二十日	云南总督鄂尔泰奏报孟连土官刀派鼎愿纳厂课银两及怒江彝人愿纳土产折	第18册509页
332	雍正八年四月二十日	云南总督鄂尔泰奏报清查贵州遵义田亩新增额赋事已告竣折	第18册511页

续表

序号	上奏时间	奏折名称	册数/页码
333	雍正八年四月二十日	云南总督鄂尔泰奏覆粤西仓谷积贮管见折	第18册512页
334	雍正八年四月二十日	云南总督鄂尔泰奏两广散布伪劄案情俟审结从重惩处并请录用岑映翰兄弟折	第18册514页
335	雍正八年五月二十二日	云南总督鄂尔泰奏覆广西梧州副将徐成贞等员官箴折	第18册737页
336	雍正八年五月二十六日	云南总督鄂尔泰奏覆访求医生道士事宜折	第18册769页
337	雍正八年五月二十六日	云南总督鄂尔泰奏覆访询临桂知县刘永潘任职情形折	第18册771页
338	雍正八年五月二十六日	云南总督鄂尔泰奏覆广西布政使员缺无员替代请准元展成暂留此任折	第18册772页
		附录：修订朱批一件	第18册773页
339	雍正八年五月二十六日	云南总督鄂尔泰奏请添设云南巡迤东道管理地方事宜并以元江知府迟维玺补授折	第18册773页
340	雍正八年五月二十六日	云南总督鄂尔泰奏报黑井五码桥河畔地涌卤泉缘由折	第18册775页
341	雍正八年五月二十六日	云南总督鄂尔泰奏报酌筹开凿海子屯河道以利民生情形折	第18册776页
342	雍正八年五月二十六日	云南总督鄂尔泰奏报滇黔二省豆麦收成分数折	第18册778页
343	雍正八年五月二十六日	云南总督鄂尔泰奏报嵩明州属杨林海涸出田地变价升科缘由折	第18册779页
344	雍正八年五月二十六日	云南总督鄂尔泰奏谢御赐锭药扇器等物并缴朱瑜朱批折	第18册781页
345	雍正八年六月二十日	云贵总督鄂尔泰奏报惊闻怡亲王薨逝并亲撰诔词交陈希芳赴京会同胞弟鄂尔奇等叩奠折	第18册954页
346	雍正八年七月二十四日	云南总督鄂尔泰奏报奉到谕示知悉圣主痊愈敬摅愚忱折	第18册1026页
347	雍正八年七月二十四日	云南总督鄂尔泰奏覆恺切劝勉鄂弥达加意开导葛森并张允随暂留滇藩任折	第18册1031页

续表

序号	上奏时间	奏折名称	册数/页码
348	雍正八年七月二十四日	云南总督鄂尔泰奏覆会商元展成条陈于寻常举劾外另立科条劝惩官员情形折	第18册1033页
349	雍正八年七月二十四日	云南总督鄂尔泰奏覆整饬地方胥吏折	第18册1036页
		附录：修订朱批一条	第18册1037页
350	雍正八年七月二十四日	云南总督鄂尔泰奏报剿抚古州三保等处山苗备细情形折	第18册1038页
351	雍正八年七月二十四日	云南总督鄂尔泰奏报拿获土富州各要犯及讯供缘由折	第18册1044页
352	雍正八年七月二十四日	云南总督鄂尔泰奏报古州定旦等寨建营设汛开路濬河事宜折	第18册1048页
353	雍正八年七月二十四日	云南总督鄂尔泰奏请赏发古州新添弁兵搬移路费折	第18册1052页
354	雍正八年七月二十四日	云南总督鄂尔泰奏请按照条例垦辟广西荒田折	第18册1053页
355	雍正八年九月初四日	云南总督鄂尔泰奏谢恩赐花绢荔枝并陈下悃折	第19册95页
		附录：修订朱批二条	第19册96页
356	雍正八年九月初四日	云南总督鄂尔泰奏报剿平古州摆调方胜等寨生苗情形折	第19册97页
357	雍正八年九月初四日	云南总督鄂尔泰奏报剑川副将李宗膺等四员操守并先后给咨赴部引见折	第19册99页
358	雍正八年九月初四日	云南总督鄂尔泰奏报拿获李天保散布伪劄案内莫王及供吐情由折	第19册99页
359	雍正八年九月初四日	云南总督鄂尔泰奏报乌蒙总兵刘起元恣肆妄行并乌蒙倮彝叛乱情形折	第19册102页
360	雍正八年九月十四日	云南总督鄂尔泰奏报禄万福等谋反情实请将禄鼎坤交部拿禁严讯通谋情弊折	第19册212页
		附录：修订朱批一条	第19册213页
361	雍正八年十月十七日	云南总督鄂尔泰奏谢恩赐人参等物暨圣慈垂注等事折	第19册294页

续表

序号	上奏时间	奏折名称	册数/页码
362	雍正八年十月十七日	云南总督鄂尔泰奏报滇黔两省秋收分数米粮价值折	第 19 册 297 页
363	雍正八年十月十七日	云南总督鄂尔泰奏报官兵报捷恢复乌蒙详情折	第 19 册 299 页
		附录：修订朱批四条	第 19 册 305 页
364	雍正八年十月十七日	云南总督鄂尔泰奏报审讯禄鼎正等情由并请将禄鼎坤等勒部解滇正法折	第 19 册 306 页
365	雍正八年十月十七日	云南总督鄂尔泰请速令革职副将王大绶王廷诏暨辰州都司李汝良来滇委用折	第 19 册 308 页
366	雍正八年十一月二十八日	云南总督鄂尔泰奏覆访求名医等事折	第 19 册 513 页
		附录：修订朱批一件	第 19 册 514 页
367	雍正八年十一月二十八日	云南总督鄂尔泰奏覆酌议鄂弥达条诚苗疆事务情形折	第 19 册 514 页
368	雍正八年十一月二十八日	云南总督鄂尔泰奏报进剿乌蒙等处苗倮各路报捷情形折	第 19 册 518 页
369	雍正八年十一月二十八日	云南总督鄂尔泰奏报楚黔苗界情形及化海管辖原委折	第 19 册 530 页
370	雍正八年十一月二十八日	云南总督鄂尔泰奏请简补乌蒙临安古州三镇总兵并陈楚姚总兵官禄违误军机折	第 19 册 533 页
371	雍正八年十一月二十八日	云南总督鄂尔泰奏谢恩赐西洋糕等物并教诲矜怜折	第 19 册 535 页
372	雍正八年十二月十七日	云南总督鄂尔泰奏覆剿抚苗倮及添设兵将事宜折	第 19 册 665 页
373	雍正八年十二月十七日	云南总督鄂尔泰奏覆元展成迎养伊父业已到署并缴朱批折	第 19 册 667 页
		附录：修订朱批一条	第 19 册 668 页
374	雍正八年十二月十七日	云南总督鄂尔泰奏覆韩勳等员升补事宜折	第 19 册 669 页
375	雍正八年十二月十七日	云南总督鄂尔泰奏谢恩赐人参等物并朱批训诲问候折	第 19 册 671 页

续表

序号	上奏时间	奏折名称	册数/页码
		附录：修订朱批一条	第19册672页
376	雍正八年十二月十七日	云南总督鄂尔泰奏报南掌国使叭猛花等起程回国并莽国请求进贡折	第19册672页
		附录：修订朱批一条	第19册675页
377	雍正八年十二月十七日	云南总督鄂尔泰奏报克复永善擒戮首犯搜获镇印等情折	第19册675页
378	雍正九年正月二十八日	云南总督鄂尔泰奏谢恩赐锦绣荷包等物并朱批问候折	第19册876页
379	雍正九年正月二十八日	云南总督鄂尔泰奏覆西疆军务紧急遵即暂缓剪除容美西阳土司之举折	第19册877页
380	雍正九年正月二十八日	云南总督鄂尔泰奏代梧州副将徐成贞镇雄参将韩勳恭谢恩赐翎帽等物折	第19册880页
381	雍正九年正月二十八日	云南总督鄂尔泰奏报乌蒙叛首全获各路荡平折	第19册883页
382	雍正九年正月二十八日	云南总督鄂尔泰奏报讯供乌蒙禄鼎坤谋反节要折	第19册888页
383	雍正九年正月二十八日	云南总督鄂尔泰奏报委替军营总统严剿广西思明土府邓横寨凶苗折	第19册892页
384	雍正九年正月二十八日	云南总督鄂尔泰奏报筹议贵州官员养廉数目请旨遵行折	第19册895页
		附录：修订朱批一条	第19册897页
385	雍正九年正月二十八日	云南总督鄂尔泰奏呈酌议贵州官员及新设苗疆各员养廉增减银数清折	第19册897页
386	雍正九年正月二十八日	云南总督鄂尔泰奏报贵州通省年需公费银两数目清折	第19册902页
387	雍正九年正月二十八日	云南总督鄂尔泰奏请添借帑银收买铅觔折	第19册904页
388	雍正九年四月初九日	云南总督鄂尔泰奏谢恩赐元宵等物并缴朱批折	第20册306页
389	雍正九年四月初九日	云南总督鄂尔泰奏报擒获稿坪落塘叛苗等情折	第20册307页

续表

序号	上奏时间	奏折名称	册数/页码
390	雍正九年四月初九日	云南总督鄂尔泰奏报剿抚古州滚踪等处叛苗情形折	第20册309页
		附录：修订朱批一条	第20册311页
391	雍正九年四月初九日	云南总督鄂尔泰奏报进剿乌蒙叛倮及拿获首要眷属解省折	第20册312页
392	雍正九年四月初九日	云南总督鄂尔泰奏请赏给普洱镇调拨补额未搬家口兵丁路费等情折	第20册314页
		附录：修订朱批一条	第20册315页
393	雍正九年五月二十六日	云南总督鄂尔泰奏谢恩赐御书单条对联等物并缴朱批折	第20册600页
394	雍正九年五月二十六日	云南总督鄂尔泰奏谢恩胞弟鄂尔奇补校都察院左都御史仍兼理工部侍郎事务折	第20册602页
395	雍正九年五月二十六日	云南总督鄂尔泰奏覆酌议今科中式进士分派各府知府衙门学习事宜折	第20册603页
396	雍正九年五月二十六日	云南总督鄂尔泰奏报委员照看并派差伴送南掌国贡使叭猛花等回国等事折	第20册605页
397	雍正九年五月二十六日	云南总督鄂尔泰奏报广西巡抚金鉷遵知会圣训并陈张体义两次通揭等情折	第20册607页
398	雍正九年五月二十六日	云南总督鄂尔泰奏报进剿铜仁府属稿坪落塘苗寨情形折	第20册609页
399	雍正九年五月二十六日	云南总督鄂尔泰奏报剿抚古州邱车等苗寨并收缴军器缘由折	第20册611页
400	雍正九年五月二十六日	云南总督鄂尔泰奏报委派右江总兵蔡成贵剿平广西太平府属邓横寨叛苗折	第20册613页
		附录：修订朱批一条	第20册615页
401	雍正九年五月二十六日	云南总督鄂尔泰奏报滇桂黔三省豆麦收成分数折	第20册615页
		附录：修订朱批一条	第20册617页
402	雍正九年五月二十六日	云南总督鄂尔泰奏拟八月初四日自滇起程陛见并请将督印仍交张广泗署理等情折	第20册617页
		附录：修订朱批一条	第20册619页

212　天下一统为一家

续表

序号	上奏时间	奏折名称	册数/页码
403	雍正九年八月初一日	云南总督鄂尔泰奏谢御赐各种丹锭等物并缴朱批十五件折	第20册977页
404	雍正九年八月初一日	云南总督鄂尔泰奏敬读圣谕感召天和折	第20册978页
405	雍正九年八月初一日	云南总督鄂尔泰奏覆张体义举动乖谬常安临事矜持均难胜抚任折	第20册980页
406	雍正九年八月初一日	云南总督鄂尔泰奏覆哈元生调任黔省提督蔡成贵补授滇省提督相宜折	第20册982页
		附录：修订朱批一条	第20册983页
407	雍正九年八月初一日	云南总督鄂尔泰奏覆遵谕暂缓进京陛见安心办事折	第20册983页
		附录：修订朱批一条	第20册985页
408	雍正九年八月初一日	云南总督鄂尔泰奏报东川昭通府属隔年荞根花实繁茂及鸟食稻虫缘由折	第20册985页
409	雍正九年八月初一日	云南总督鄂尔泰奏报南宁祥云捧日折	第20册987页
410	雍正九年八月初一日	云南总督鄂尔泰奏覆攻打苗寨不须颁发冲天大砲折	第20册988页
411	雍正九年九月初二日	云南总督鄂尔泰奏覆接奉进京筹划西北用兵事宜上谕并陈防剿机宜等事折	第21册138页
412	雍正九年九月初二日	云南总督鄂尔泰奏报楚省镇箪总兵周一德等进剿黔属稿坪凶苗甚为不及情由折	第21册141页
413	雍正九年九月初二日	云南总督鄂尔泰奏报下江滚塘等寨剿抚已竣古州大局全定折	第21册145页
414	雍正十年六月十四日	大学士鄂尔泰奏议四川竹核地方设兵驻防情由折	第22册700页
415	雍正十年八月十五日	大学士鄂尔泰奏覆岳钟琪资敌辱国并恳请同查郎阿前赴巴尔库尔车营等事折	第23册144页
416	雍正十年九月十五日	督巡陕甘经略一应军务鄂尔泰奏报停止运送甘省备买鲁谷庆耕种牛只缘由折	第23册292页

续表

序号	上奏时间	奏折名称	册数/页码
417	雍正十年九月二十八日	督巡陕甘经略一应军务鄂尔泰奏谢谕知鄂容安中举并遵旨撤回堵截北路逃敌各官兵折	第23册354页
418	雍正十年九月二十八日	督巡陕甘经略一应军务鄂尔泰奏覆酌议两路军营马步兵协调使用折	第23册356页
419	雍正十年九月二十八日	督巡陕甘经略一应军务鄂尔泰奏举陈弼可胜花马池副将及卓灵阿堪署灵州参将折	第23册358页
420	雍正十年九月二十八日	督巡陕甘经略一应军务鄂尔泰奏参署宣化总兵高弘荣溺职劣跡三款折	第23册359页
421	雍正十年九月二十八日	督巡陕甘经略一应军务鄂尔泰奏请将现行捐纳款项改收本色粮石以备边地仓储折	第23册361页
422	雍正十年九月二十八日	督巡陕甘经略一应军务鄂尔泰奏覆遵议西宁大通安西三镇不应增给粮草折色价值缘由折	第23册364页
423	雍正十年九月二十八日	督巡陕甘经略一应军务鄂尔泰奏陈酌议接济运粮骡户以速军储管见四条折	第23册366页
424	雍正十年十月初七日	督巡陕甘经略一应军务鄂尔泰奏陈商议开采嘉峪关附近硫矿以资军需事宜折	第23册410页
425	雍正十年十月初七日	督巡陕甘经略一应军务鄂尔泰等奏请酌定押运粮石解送马匹考成则例折	第23册411页
426	雍正十一年四月十一日	大学士鄂尔泰奏请谕令大同总兵李如柏速造百位过山鸟砲运送北路军营折	第24册306页
427	雍正十一年四月十一日	大学士鄂尔泰奏请令八旗出师兵丁家眷酌备衣帽鞋袜汇集转送北路军营折	第24册307页
428	雍正十一年四月二十七日	钦差大学士鄂尔泰奏谢特谕示知长子鄂容安佺鄂伦同中二甲进士并缴朱批折	第24册392页
429	雍正十二年八月十九日	内阁大学士鄂尔泰等奏参进呈本章粘合失次刑部堂司各官并自请议处折	第26册868页
430	雍正十三年闰四月十五日	大学士鄂尔泰等奏议巴尔摩尔等处应撤兵丁及轮班更换驻防兵丁事折	第28册241页
431	雍正十三年九月十四日	总理兵部事务鄂尔泰等奏请嗣后直隶等六省将弁出缺应停止分派仍照例题补推补折	第29册197页

续表

序号	上奏时间	奏折名称	册数/页码
432	雍正十三年九月十四日	总理兵部事务鄂尔泰等奏请现令撤回八旗军前官兵应否给假一年请旨遵行折	第29册198页
433	雍正十三年九月十六日	总理兵部事务鄂尔泰等奏覆应如都统李禧所请八旗左右两翼各设察班转牌折	第29册220页
434	雍正十三年九月二十四日	大学士鄂尔泰奏覆据实保举工部侍郎等京官四员折	第29册336页
435	雍正十三年九月二十八日	总裁官鄂尔泰等奏报谨遵先帝谕旨恭奉三朝实录陆续进呈折	第29册365页
436	雍正十三年十月十五日	总理兵部事务鄂尔泰等奏请将分发各省武进士令各督抚造具履历送部按科签补折	第29册522页
437	雍正十三年十一月初一日	总理兵部事务鄂尔泰等奏请照原拨之数将拨给八旗训练营马分交各佐领下拴养折	第29册698页
438	雍正十三年十一月初三日	总理兵部事务鄂尔泰等奏请将原任尚书高起挟诈怀私各款一并交与刑部审拟折	第29册737页
439	雍正十三年十一月十八日	总理兵部事务鄂尔泰等奏请免追营驿项下本非浮冒持因事后核减勒令分赔军需折	第29册934页
440	雍正十三年十一月二十二日	大学士鄂尔泰奏覆太仆寺卿翁兆岳及工部侍郎富德似可胜任江西巡抚折	第30册9页
441	雍正十三年十一月三十日	大学士鄂尔泰奏覆杨凯等人才具情形并请将杨凯补湖广提督林祖成补镇筸总兵折	第30册108页
补遗			
442	雍正十一年二月十四日	钦差大学士鄂尔泰奏覆谕子鄂容安有云贵广西递到事件即送张廷玉阅看酌之处折	第30册583页
443	雍正十二年二月十九日	大学士鄂尔泰等奏覆仍令程元章等勘议塘工并设法堵塞尖山水口折	第30册726页
无具文时间奏折（按具奏人姓氏笔画顺序编次）			
444		云南巡抚管云贵总督事鄂尔泰奏请圣安折	第32册873页
445		云南巡抚管云贵总督事鄂尔泰奏举江南嘉定知县赵向奎等二十四员请赐引见折	第32册873页

续表

序号	上奏时间	奏折名称	册数/页码
446		云南巡抚管云贵总督事鄂尔泰奏请圣安折	第32册876页
447		云南总督鄂尔泰奏请圣安折	第32册876页
		附录：修订朱批一条	第32册876页
448		云南总督鄂尔泰奏报滇黔粤西三省秋收分数米粮价值折	第32册876页
449		云南总督鄂尔泰奏请圣安折	第32册878页
450		云南总督鄂尔泰奏请圣安折	第32册878页
451		云南总督鄂尔泰奏请圣安折	第32册879页
452		云南总督鄂尔泰奏请圣安折	第32册879页
453		云南总督鄂尔泰奏请圣安折	第32册879页
454		云南总督鄂尔泰奏报寻甸建水州等新开水道并兴修陆路情形折	第32册879页（原文为779页，经前后文对比，应为879页）
455		云南总督鄂尔泰奏请赏给总兵哈元生翎子等事折	第32册883页
456		大学士鄂尔泰等奏覆楚省六里苗民鸟鎗器械宜听其自行投缴并酌给价银折	第32册883页
457		大学士鄂尔泰等奏议应行文岳钟琪将厄鲁特王属下人津巴等押送来京折	第32册884页
458		大学士鄂尔泰等奏议覆封开会川宁番各铜矿矿厂事宜折	第32册885页
459		大学士伯鄂尔泰等奏覆湖北丁随粮派一案情形折	第32册887页
460		大学士鄂尔泰等奏覆重议河东恩赏兵丁生息银两协营未得同霑缘由折	第32册889页
461		内阁大学士伯鄂尔泰等奏呈颁赐陕西生员李倬等匾额字样恭请御书颁发折	第32册891页
462		大学士伯鄂尔泰等奏湘抚钟保请裁铺兵改设递马似属可信折	第32册892页

续表

序号	上奏时间	奏折名称	册数/页码
463		大学士伯鄂尔泰等奏请陆续裁汰川省添募新兵及办理其借欠各项还补事宜折	第 32 册 893 页

后 记

2009年10月5日，我第一次迈出国门，抵达日本名古屋中部机场，以一名中国公派留学生的身份，正式开始在日四年的读博生活。初到他乡，诸多不适，但在名古屋大学东洋史学研究室老师与同学们的热情帮助下，我的学习与研究很快走上了正轨。日本的史学研究向来以重视文献考据著称，结合我的专业背景与研究方向，导师林谦一郎先生专门为我开设了"中国西南文献释读"课程，在阅读清代云南的相关史料时，我与鄂尔泰"不期而遇"。虽然此前我对土司制度与改土归流已有一些了解，但较为笼统，并不知晓鄂尔泰其人其事。这位雍正帝的心腹重臣，主政云南、贵州、广西西南三省近六年，不仅是清朝改土归流的主要推动者，而且还将当时的"苗疆"地区纳入了清廷的直接统治之内，更为重要的是其对西南三省政治、经济、文化、教育等多领域的治理与开发，大大加速了西南边疆地区与内地的"一体化"。与前朝相比，由满洲统治者建立的清朝政权在对民族问题的认识与处理方面具有诸多特色，其中由雍正帝提出的"天下一统，华夷一家"民族观颇具代表性。满洲出身的鄂尔泰，自然深受雍正帝民族观的影响，但是两人又有所不同。套用今天的话语，与身居北京大内的雍正帝不同，鄂尔泰在西南民族地区有着长达近六年的一线工作经验，其对西南民族既有先入为主的认识，也有因具体实践而发生的改变。因此，我对鄂尔泰如何认识西南民族，如何治理西南民族地区，经历了怎样的变化，形成了怎样的结果等问题产生了浓厚的研究兴趣。当然，进行史学研究仅靠兴趣是不够的，还必须要有充足的史料文献可供利用。机缘巧合，不久我就在研究室主任井上进先生主持的"雍正朱批谕旨研究班"上接触到了雍正时期的朱批奏折。最近几年随着雍正帝"朕知道了"、"朕就是这样汉子"等朱批话语在网络上的走红，朱批奏折开始走入大众的视野，但是在十年前，除部分学者外，朱批奏折还鲜为人知。鄂尔泰在治理西南期间，与雍正帝往来奏折朱批几百件，这些数量众多内容丰富的奏折朱批使我的研究计划最终得以实现。2013年我的论文《鄂尔泰的西南治理——论其民族观念及对策》顺利通过日本名古屋大学东洋史学研究室的博士学位答辩。2014年我入职中国社会科学院民族学与人类学研究所后，由于工作安排及研究内容的转换，博士论文的修改工作几度被搁置，直到2018年才有精力重新拾起。2019年，我幸获中国社会科学院哲学社会科学创新工程提供的学术出版资助，《天下一统为一家——鄂尔泰的西南治理》一书得以由中国社会科学出版社付梓。虽不完美，但这本书是我博士学业的一个结点，也是我继续努力的一个起点。

  师者，传道授业解惑也。自2003年考入中央民族大学历史系，我所遇良师众多，其中硕士导师苍铭先生与博士导师林谦一郎先生对我帮助最大。两位先生均以中国西南民族史为研究专长，每有疑惑向其请教，总能有豁然开朗之感。苍铭先生不仅领我入门，让我走上了中国西南民族史的研究之路，而且他的鼓励与支持给予了我孤身前往日本读博的勇气。留学四年，林谦一郎先生对我的学习用心尽责，每周三的下午，先生都为我进行一对一的辅导，内容围绕中国西南民族史展开，既包括对原始史料档案的研读，也包括对中日学界研究成果与研究动态的讨论，所受裨益，至今匪浅。博士论文从选题、资料搜集到写作、修改、定稿，均得到了林谦一郎先生的悉心指导。漫漫求学路，两位恩师如同我的"贵人"，指引着我前进，书稿出版之际，我想把最真挚的敬意与谢意献给他们。同时，十分感谢东洋史学研究室主任井上进先生带我走进了奏折世界，先生致力于中国出版文化史与明清学术思想史的研究，学识渊博，博通今古，无论是上学时还是工作后，遇到档案与古籍版本问题时，我总是请教于先生，每次都能获得满意的答复。另外，还要感谢博士论文答辩委员会的加藤久美子先生与吉田纯先生，他们提出的宝贵意见对于日后书稿的修改提供了极大的帮助。

毕业之后，我入职中国社会科学院民族学与人类学研究所。对于从事民族研究的人而言，能够来到这里工作，何其幸运与幸福。感谢研究所诸位领导对我一直以来的关爱与鼓励，感谢诸多同事对我的帮助与启发，特别是在书稿订正过程中，彭丰文研究员提出了诸多宝贵修改意见，其细心与用心，让人十分感动。一个人能走多远，很多时候取决于与之同行的人。我虽自知才疏学浅，但能与诸多优秀的专家学者共事，耳濡目染，收益良多，心中满是前行的动力。

虽说学海无涯苦作舟，学习与研究的过程中不乏枯燥与辛苦，但是生活的欢乐与美好总能让这些困难变得微不足道。感谢我硕士期间的同窗好友崔晨、魏晓明、江南、蒲章霞等人，在田野的同甘共苦中与在宿舍的朝夕相处中，我们结下了宝贵的情谊。感谢我博士期间的好友常雅军、陈学鸿、白雪、张玲、李勇等人，无数个不能归家的节日，我们像亲人一般在异国共同渡过。感谢导师林谦一郎先生一家特别是林师母对我生活上细致入微的照顾，我第一次到日本的晚上恰逢台风过境，风雨交加之中林师母亲自开车，载着先生与三岁的孩子，前往机场迎接我，使我心中的忐忑与不安瞬间全无，虽是初到异国却犹如回家般温暖。林师母不仅为我的寓所提前备好了锅碗瓢盆等日用品，而且每年生日她都亲自为我制作蛋糕，这样暖心感人的回忆举不胜举。感谢井上进先生与井上师母对我的关照与帮助，带我看红叶赏樱花，感受日本传统文化，同为东洋史学专业出身的井上师母毕业于京都大学，在音乐与语言方面造诣颇深，她孜孜不倦的学习精神，对生活的热爱，对工作的热情深深感染着我。同样感谢善良友爱的日本友人小岛和典、小岛纪子夫妇，我们通过名古屋大学的留学生寄宿家庭（homestay）活动认识，初次见面时我正身体不适，他们带我去医院，然后一直照顾我至痊愈，此后也时常对我的生活嘘寒问暖，我们如同亲人般相处至今。感谢这些美好的人，感谢他们陪伴我的美好岁月。

感谢中国留学基金委员会为我提供的博士全额奖学金；感谢中国社会科学院民族学与人类学研究所学术委员会与中国社会科学院学术出版资助评审委员会对书稿的审读与认可，感谢中国社会科学院哲学社会科学创新工程提供的学术出版资助，感谢中国社会科学出版社安芳老师的热情引见与张湉老师的认真编辑。

最后，我要把我的感谢送给我的家人。感谢我的父亲张金庆与母亲徐金英，感谢他们总是竭尽全力为我提供最好的生活与教育，感谢他们对我的信任与理解，对于我人生中的每一次重大选择，无论是高中文理分科、大学选择专业，还是出国读博、回国就业，尽管有不同意见，但最终他们都尊重了我的选择。自初中离家读书，我和父母聚少离多，再次在一起共同生活是我结婚生子之后。他们帮我照看孩子，分担家务，一味付出，不求回报，养儿方知父母恩，我自己做母亲之后才更加理解他们的不易。若不是他们的支持，书稿的修改工作定不能顺利进行。父母极易满足，女儿微小的进步与成绩就能让他们高兴许久，对父母的感激之情，难以言表，只愿书稿的出版能让他们感到欣慰。感谢我的先生林海文，留学期间我们异地四年，感谢他对我学业与工作的支持，从青春少年到为人父母，我们一路走来，互相陪伴，见证了彼此的成长。感谢我的妹妹张倩倩，她从小就是我的头号粉丝，是我所有文章作品的忠实读者，感谢她对书稿耐心细致的校对。感谢我的公公婆婆，他们如对女儿般疼爱我，让我倍感幸运与珍惜。2018 年我着手修改书稿时，儿子林懿铭刚刚出生不久，初为人母，各种忙乱，通常晚上把他哄睡后我才能开始工作，而他夜醒后见我不在身边总会嚎啕大哭，让人心疼又愧疚。时隔一年，现在他半夜再醒来时，已经能轻车熟路地爬下床走出卧室，径直走到书桌旁把我拉回床上，起初我时常因他的打断而烦躁，后来欣然接受，我想这是孩子在用他的方式提醒妈妈该休息了，感谢孩子无条件地爱与信任。努力工作，好好生活，家人的爱永远是我前行的最大动力！

张　姗

2019 年 11 月 1 日于北京家中